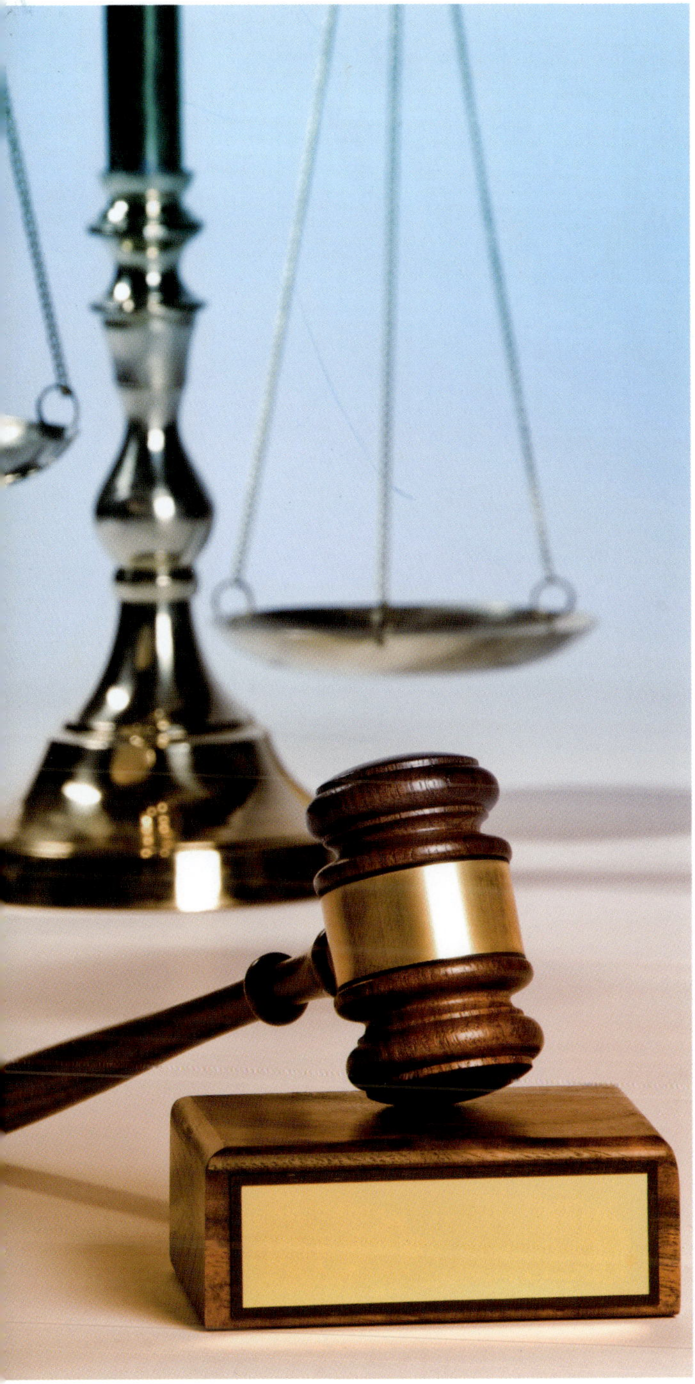

편집부 통신

지난해 말부터 이어졌던 이른바 '12·3 비상계엄 사태'가 결국 대통령의 파면과 6월 조기대선으로 어느 정도 수습되는 모양새입니다. 관련자들에 대한 사법판단은 계속 지켜봐야 하겠지만, 많은 사람들이 새로운 대통령의 선출 이후 대내외적 혼란이 잦아들고 그동안 진행이 지지부진했던 각종 정책이 다시 추진될 수 있기를 간절히 바라고 있습니다. 특히 현재 극대화된 정치적 양극화와 사회분열은 새 정부가 직면하고 있는 가장 큰 문제 중 하나죠. 과연 새 정부가 이를 어떻게 해결해나갈지도 주목해볼 만한 사안이 될 것 같습니다.

한편 이번 사태를 겪으면서 헌법과 민주주의를 향한 국민들의 관심도 여느 때보다 높아졌는데요. 이를 반영하듯 올해 초 서점가에서는 비인기 도서였던 '헌법' 관련 서적의 판매가 급증했고, 윤석열 전 대통령의 탄핵 인용 결정이 발표된 직후에는 헌법재판소의 결정문을 필사하여 공유하는 것이 SNS에서 확산하기도 했습니다. 이번 결정문에서 많은 주목받았던 문장 중 하나는 "국회가 신속하게 비상계엄 해제 요구를 결의할 수 있었던 것은 시민들의 저항과 군경의 소극적인 임무 수행 덕분"이라는 부분이었는데요. 이를 통해 민주주의 사회에서 일반시민의 역할이 얼마나 중요한지 다시금 되새길 수 있었다며 뿌듯함을 느꼈다는 평가가 많았습니다. 결국 헌정질서를 지키고 민주주의를 수호하기 위해 시민 한 사람 한 사람의 역할이 왜 중요한지 우리사회가 다시 한 번 증명한 사례가 되지 않았나 싶습니다.

발행일 | 2025년 6월 5일 발행인 | 박영일 책임편집 | 이해욱 편집/기획 | 김준일, 이세경, 남민우, 김유진, 우지영, 류채윤 표지디자인 | 김지수
편저 | 시사상식연구소 내지디자인 | 장성복, 임창규, 김휘주, 고현준, 이다희 동영상강의 | 조한 발행처 | (주)시대고시기획 마케팅홍보 | 오혁종
홈페이지 | www.sdedu.co.kr 대표전화 | 1600-3600 주소 | 서울시 마포구 큰우물로 75[도화동 538번지 성지B/D] 9F 등록번호 | 제10-1521호
인쇄 | 미성아트 창간호 | 2006년 12월 28일

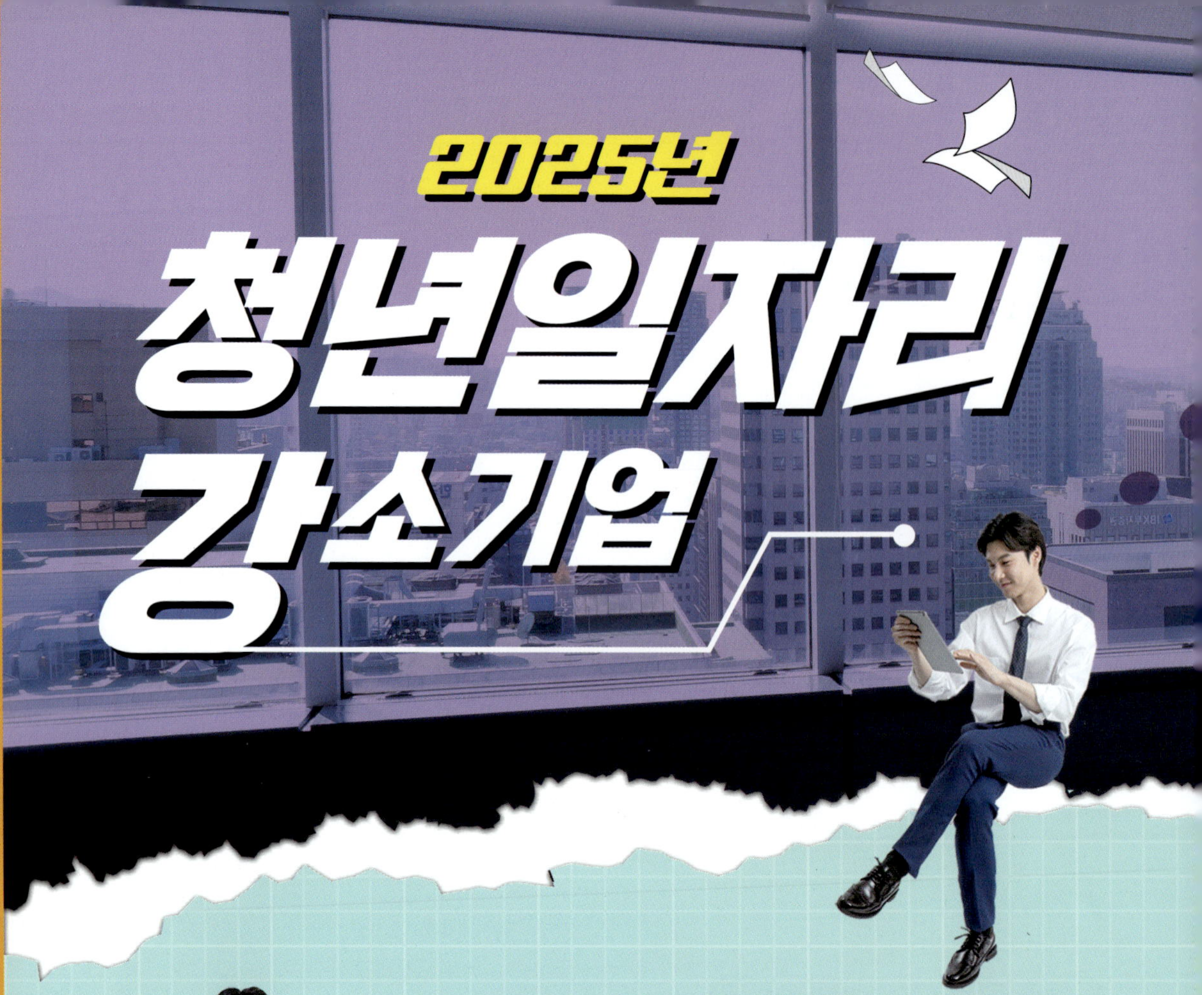

HOT - 취업대스크

2025년 청년일자리 강소기업

'청년일자리 강소기업' 이란?

이익창출능력, 일자리 양, 임금 등 보수, 고용안정, 일생활균형, 교육훈련, 혁신역량 등 7여 개의 지표를 심사하여 선정한 '청년이 선호하는 근로여건을 갖춘 우수기업'을 말한다. 강소기업 중 청년에게 양질의 일자리를 제공하고 청년고용에 앞장서고 있는 기업들이다.

이런 기업이 선정돼요!

★ 체불사업주 명단공개 중이 아닌 기업
★ 산업재해 발생 공표가 없는 기업
★ 근로자 부당해고 판정이 없는 기업
★ 직장 내 괴롭힘·성희롱으로 처벌 또는 과태료가 없는 기업
★ 취업규칙 신고기업
★ 신용평가등급 BB- 이상의 기업

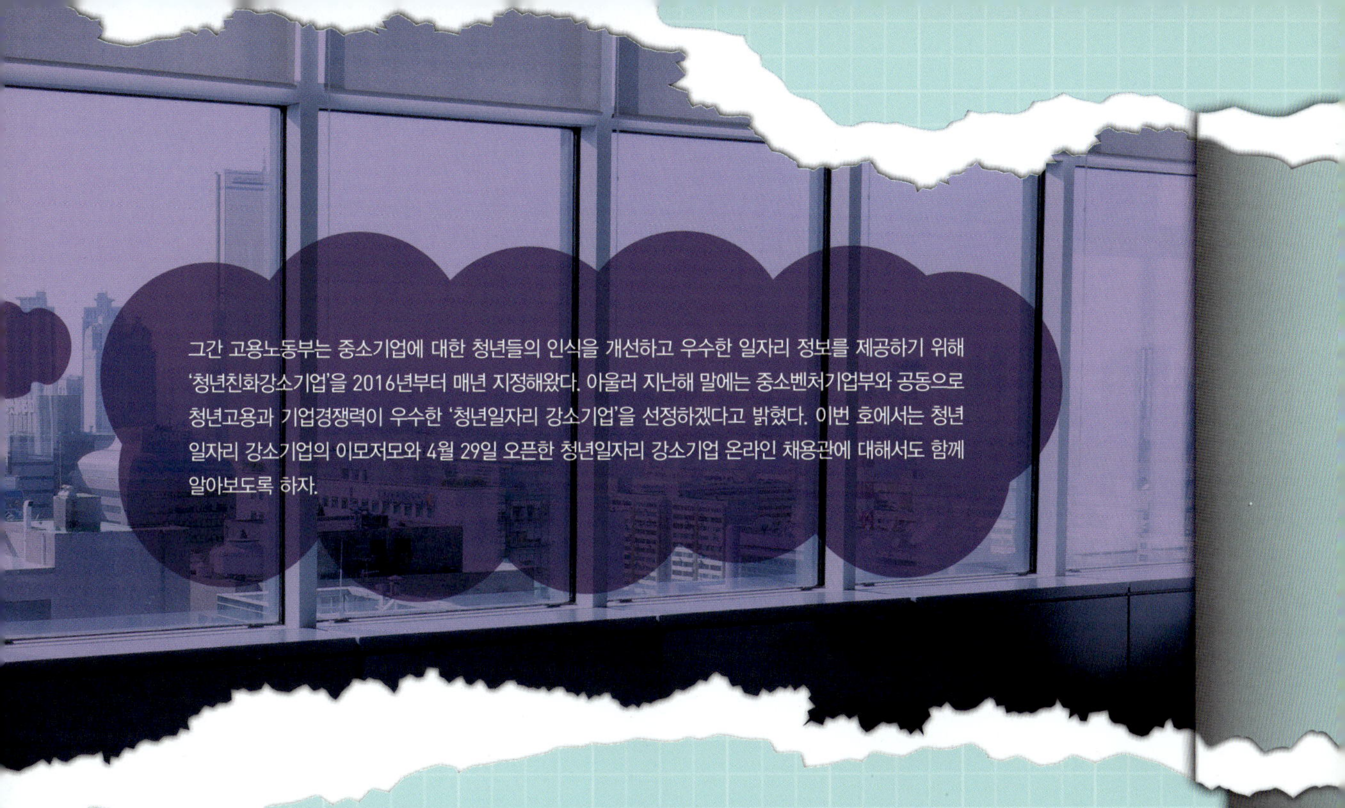

그간 고용노동부는 중소기업에 대한 청년들의 인식을 개선하고 우수한 일자리 정보를 제공하기 위해 '청년친화강소기업'을 2016년부터 매년 지정해왔다. 아울러 지난해 말에는 중소벤처기업부와 공동으로 청년고용과 기업경쟁력이 우수한 '청년일자리 강소기업'을 선정하겠다고 밝혔다. 이번 호에서는 청년일자리 강소기업의 이모저모와 4월 29일 오픈한 청년일자리 강소기업 온라인 채용관에 대해서도 함께 알아보도록 하자.

*일반기업(평균) VS 청년일자리 강소기업(평균)
자료/고용노동부

*일반기업(평균)	항목	청년일자리 강소기업(평균)	차이
2,502,462원	청년 초임 월평균임금 (보수총액 기준)	3,018,699원	516,237원 ↑
55.5%	청년고용유지율	66.5%	11%p ↑
6명(4명)	신규채용(청년)	25명(18명)	19명(14명) ↑
▲17.7%	매출액증가율	64.1%	81.8%p ↑

*2025년도 청년일자리 강소기업(280개소)을 제외한 우선지원대상기업

'청년일자리 강소기업 온라인 채용관' 오픈!

- 한편 벤처기업협회는 4월 29일 청년 구직자들을 위한 '2025년 청년일자리 강소기업 온라인 채용관'을 사람인 플랫폼 내에 정식 오픈했다.
- 해당 채용관은 우수 청년일자리 강소기업들의 실시간 채용공고만을 선별해 제공하는 온라인 채용 플랫폼으로서 청년 구직자들이 양질의 채용정보를 보다 쉽고 빠르게 확인하고 지원할 수 있도록 기획됐다.
- 이번 채용관에서는 2025년 청년일자리 강소기업 280개사와 2024년 청년친화강소기업 426개사(중복 제외) 등 총 706개사의 채용공고가 집중 제공된다.
- 온라인 채용관 오픈을 기념해 특별 이벤트도 진행한다. 채용관에서 소개하는 청년일자리 강소기업 채용공고에 서류지원을 하고 이를 인증한 선착순 100명의 구직자에게는 '사람인 AI 모의면접 이용권'이 무료로 제공된다.

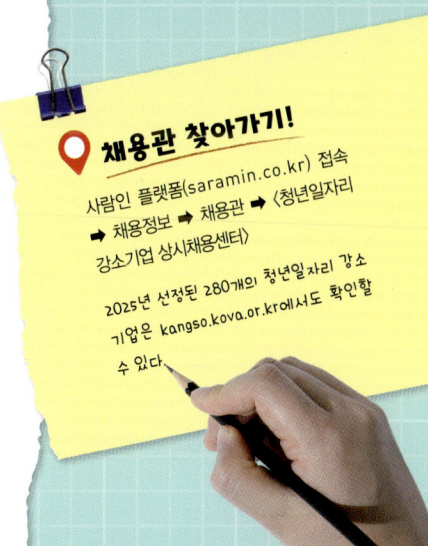

채용관 찾아가기!

사람인 플랫폼(saramin.co.kr) 접속 ➡ 채용정보 ➡ 채용관 ➡ 〈청년일자리 강소기업 상시채용센터〉

2025년 선정된 280개의 청년일자리 강소기업은 kangso.kova.or.kr에서도 확인할 수 있다.

공모전·대외활동·자격증 접수/모집 일정

6 June

SUN	MON	TUE	WED	THU	FRI	SAT
1 재 국립호남권생물자원관 필기 실시	2 대 디지털콘텐츠기업 성장지원센터 SNS기자단 모집 마감	3	4	5 대 블루크로스의료봉사단 캄보디아 의료캠프 봉사자 모집 마감	6 재 한국도로교통공단 필기 실시 공 기후테크 청업경연대회 마감	7
8 공 학생 치매인식개선 숏폼 영상 공모전 마감 공 WICO 세계발명청의 올림픽 마감	9 공 교보문고 스토리대상 마감 공 무역안보의 날 기념 국민참여 아이디어 공모전 마감	10 공 공주섬유제조 패션의류상품 공모전 마감	11 재 스포츠지도자 2급 실기 실시	12	13 공 경기도 인권 작품 공모 마감	14 재 청업진흥원 필기 실시 재 근로복지공단 필기 실시
15 재 한국도로공사서비스 필기 실시 재 KBS 한국어능력시험 필기 실시 재 토익 제544회 실시	16 공 해양수산 규제혁신과 제 대국민 공모전 마감	17	18 재 국가과학기술인력개발원 필기 실시	19 공 식품정책 홍보콘텐츠 공모전 마감	20	21 재 한국건강증진개발원 필기 실시 재 신용분석사 필기 실시
22 공 대학생 홈페이지 공모전 마감	23	24	25 공 부산광역시 공공·빅데이터 활용 청업경진대회 마감	26	27 공 광융합 기술사업화 아이디어 및 제품디자인 공모전 마감	28
29 재 토익 제545회 실시	30 대 TVCF 대학생 광고 평가단 모집 마감 대 충청남도 도립리포터 모집 마감					

대외활동 Focus 30일 마감
TVCF 대학생 광고 평가단
TVCF에서 매달 온에어되는 광고를 빨리 접하고 평가할 수 있는 대학생 광고 평가단을 모집한다. 광고에 대한 견문을 넓히고 최신 크리에이티브 트렌드를 파악할 수 있다.

채용 Focus 14일 실시
근로복지공단
근로복지공단이 올해 정규직 신입직원을 채용한다. 모집분야는 보험사업과 의료사업이며, 총 108명을 채용한다. 14일에 필기시험을 치르며, 이후 면접 전형이 이어지게 된다.

7
July

SUN	MON	TUE	WED	THU	FRI	SAT
		1	2	3	4	5 재 서울신용보증재단 필기 실시 재 국가정보원 필기 실시
6 공 재난안전데이터 활용 창업경진대회 마감	7	8	9	10	11 공 제주국제트롤플레스티벌 출품작 모집 마감	12 재 감정평가사 실기 실시 재 농산물품질관리사 실기 실시
13 재 LH한국토지주택공사 필기 실시 재 TOPIK 한국어능력시험 필기 실시 재 토익 제546회 실시	14	15	16 공 다이슨 국제 엔지니어링 및 디자인 공모전 마감	17	18 재 변리사 실기 실시	19 재 한국실용글쓰기 필기 실시 재 전기산업기사 실기 실시
20 재 투자자산운용사 필기 실시	21 공 연구실 안전 콘텐츠 및 우수사례 공모전 마감	22	23	24	25 재 유니버셜디자인 국제 아이디어 대전 마감	26 재 회계관리 1·2급, 재경관리사 필기 실시
27 재 토익 제547회 실시	28 공 자치콘텐츠 공모전 마감	29	30	31 대 문화체육관광부 2025년 상반기 해외국립공원 봉사활동 모집 마감		

대 대외활동 채 채용 공 공모전 자 자격증

공모전 Focus 6월 마감

행정안전부

재난안전데이터 활용 창업경진대회
행정안전부가 재난안전데이터를 활용하여 재난 및 안전 문제를 해결하는 서비스에 대한 아이디어 공모전을 개최한다. 공모부문은 아이디어 기획과 재품 및 서비스 개발 2가지다.

자격시험 Focus 26일 실시

재경
관리사

재경관리사
재경관리사는 국가공인 자격증으로 재무회계·세무회계·원가관리회계 지식과 실무능력을 평가한다. 여러 기업·공무원 채용에서 우대사항에 포함되며 합격 시 영구적으로 자격을 취득한다.

 일정은 향후 조율될 수 있습니다. 참고 용으로 사용한 뒤 상세일정은 관련 누리집을 직접 확인해주세요.

2025 이슈&시사상식

VOL.208

CONTENTS

HOT ISSUE

1위 대통령 파면 … 또다시 조기대선	10
2위 초유의 유심 해킹사태 … 벼랑 끝에 선 SKT	16
3위 이재명, 파기환송 판결 … 다시 2심으로	20
4~30위 최신 주요 이슈	24

간추린 뉴스 · 66

포토뉴스 | 배구 여제 김연경의 화려한 '라스트 댄스' · 74

팩트체크 | 대형산불 발생, 생태계 회복에 100년 걸리나? · 76

뉴스픽! | 전례 없는 재판진행, 사법 쿠데타인가? · 78

이슈평론 | 서울의 주말, 러너들이 점령하다 · 82

세계는 지금 | 미국을 뒤흔든 기밀유출 논란 … 시그널 게이트 · 84

찬반토론 | 학생 폰 수거 / 상법개정안 · 86

핫이슈 퀴즈 · 90

■ 필수 시사상식

시사용어브리핑	94
금융상식 실전문제	100
시사상식 기출문제 뉴스1, 한국경제, 용인도시공사, 한국폴리텍대학	106
내일은 TV 퀴즈왕	112

■ 취업! 실전문제

최종합격 기출면접 ｜ 롯데그룹 / KT그룹	116
기업별 최신기출문제 ｜ 삼성그룹 GSAT / SK그룹 SKCT	120
한국사능력검정시험	130
면접위원을 사로잡는 답변의 기술 ｜ 인성 관련 주요 질문들!	140
합격으로 가는 백전백승 직무분석 ｜ 상품의 흐름을 설계하는 전략가, MD	144
센스 있는 신입사원이 되는 비법 ｜ 좋은 보고서의 조건과 보고서 작성 원칙	148
최신 자격 정보 ｜ 회계관리 자격제도 소개!	150

■ 상식 더하기

생활정보 톡톡! ｜ 충격사건 경험한 아이들 … 트라우마 조심해요	154
초보자를 위한 말랑한 경제 ｜ 전 세계가 주목하는 무역전쟁 … 관세가 뭐길래?	156
유쾌한 세계사 상식 ｜ 깨달음을 전파하다 … 불교	158
세상을 바꾼 세기의 발명 ｜ 의식을 잃고 삶을 구하다 … 마취제	160
지금, 바로 이 기술 ｜ 가격이 변하지 않는 코인? … 스테이블코인	162
잊혀진 영웅들 ｜ 조국을 위해 투사가 되리 … 유상근 의사	164
발칙한 상상, 재밌는 상식 ｜ 있는 놈의 갑질? … 고등식물의 기생	166
일상을 바꾸는 홈 스타일링 ｜ 건강한 삶의 첫걸음이 되는 공간, 주방	168
문화가 산책	170
3분 고전 ｜ 불인지심(不忍之心)	172
독자참여마당	174

HOT ISSUE

최신 주요 뉴스	10
간추린 뉴스	66
포토뉴스	74
팩트체크	76
뉴스픽!	78
이슈평론	82
세계는 지금	84
찬반토론	86
핫이슈 퀴즈	90

이슈&시사상식
최신 주요 뉴스

1위

대통령 파면
또다시 조기대선

대통령 윤석열이 파면됐다. 박근혜 전 대통령에 이어 헌정사상 두 번째다. 대한민국 역사는 다시 한 번 탄핵에 의한 대통령 궐위를 맞으면서 또다시 조기대선이 열리게 됐다. 이번 조기대선은 대통령 파면으로 여야가 없는 원내 7당체제에서 치러지는데, 제1당 더불어민주당은 일찌감치 경선을 통해 이재명 후보를 선출한 반면 제2당 국민의힘은 단일화 문제로 진통을 겪은 후에야 김문수 후보로 결정했다.

8명의 헌법재판관은 탄핵심판 사건을 접수한 지난해 12월 14일부터 숙의를 거듭한 끝에 탄핵소추 111일 만, 비상계엄 선포 123일 만에 윤석열 전 대통령을 파면했다. 4월 4일 오전 11시 22분이었다. 파면의 근거는 '헌법과 국민신임 중대 배반'으로 요약된다.

"대통령 윤석열을 파면한다"

지난해 12월 3일 22시 23분, 윤 전 대통령이 예고 없이 선포한 비상계엄이 실패로 돌아간 뒤 더불어민주당과 야당은 국민적 지지를 등에 업고 12월 14일 윤 대통령에 대한 탄핵소추안을 통과시켰다. 이후 헌법재판소(헌재)의 탄핵심판 과정에서 윤 대통령의 탄핵소추 사유는 ▲ 비상계엄 선포요건 위반 ▲ 포고령의 위헌·위법성 ▲ 군경을 동원한 국회 봉쇄 시도 ▲ 정치인 체포 지시 ▲ 중앙선거관리위원회(선관위) 장악 시도 등 총 5가지로 정리됐다. 다만 헌재의 탄핵심판에서는 헌법 위반 여부를 판단하므로 형법 위반에 해당하는 내란죄*는 탄핵소추안에서 뺐다. 이로써 헌재는 헌법 위반과 계엄법 위반을 중심으로 윤 대통령의 탄핵 여부를 따졌다.

> **내란죄**
> 현행 대한민국 형법에서 '대한민국 영토의 전부 또는 일부에서 국가권력을 배제하거나 국헌을 문란하게 할 목적으로 일으키는 폭동'으로 규정한다. 공소시효 자체가 적용되지 않는 중범죄이므로 대통령의 불소추특권의 예외사항이고, 현직 대통령의 긴급체포 및 구속이 가능하다. 내란죄의 형량은 우두머리의 경우 사형, 무기징역 또는 무기금고뿐이다.

헌재는 73일간 11차례 변론을 거쳤고, 다시 38일간 재판관 8명의 평의 끝에 탄핵을 인용했다. 파면의 효력은 즉시 발생해 이를 기점으로 윤 대통령은 직위를 잃었다. 이날 오전 11시 당시 현직 중 최선임이자 헌재소장 권한대행인 문형배 재판관의 주문낭독으로 시작된 선고에서 헌재는 "피청구인(윤 대통령)은 군경을 동원해 국회 등 헌법기관을 훼손하고 국민의 기본적 인권을 침해해 헌법수호의 의무를 저버렸다"며 "피청구인을 파면함으로써 얻는 헌법수호 이익이 파면에 따른 국가적 손실을 압도할 정도로 크다"고 했다.

윤석열 전 대통령(가운데 아래)과 8명의 헌재재판관

헌재는 ▲ 비상계엄 선포요건과 ▲ 포고령의 위헌·위법성에 관해서는 작년 12월 3일 당시 국가비상사태가 아니었는데도 윤 대통령이 헌법상 요건을 어겨 불법으로 계엄을 선포했다고 봤다. 이른바 '경고성·호소용 계엄이었다'는 윤 대통령 주장에 대해서는 "계엄법이 정한 계엄의 목적이 아니다"라며 "피청구인의 주장을 받아들일 수 없다"고 했다.

윤 대통령이 ▲ 국회의사당에 모인 의원들을 끌어내 계엄해제 의결을 방해하려 했다는 의혹 ▲ 국군방첩사령부를 통해 주요 정치인·법조인 등을 체포하도록 지시했다는 탄핵소추 사유도 인정됐다. 탄핵심판 과정에서 윤 대통령 측이 신빙성을 적극적으로 공격했던 홍장원 전 국가정보원 1차장, 곽종근 전 육군 특수전사령관의 진술도 모두 사실로 인정된 것으로 보인다. 아울러 '내란죄 철회' 논란에 대해서는 탄핵소추 사유의 변경으로 볼 수 없다며 국회의 탄핵소추가 절차적으로 적법하다고 판단했다.

윤석열 대통령 탄핵사건 선고 헌재의 소추사유별 판단

계엄선포
- 비상계엄 선포의 실체적 요건 미충족
- 비상계엄 선포의 절차적 요건 미충족

국회에 대한 군경 투입
- 국회의 권한행사 방해
- 국회의원 불체포특권 침해
- 정당활동의 자유 침해
- 국군의 정치적 중립성 침해
- 헌법에 따른 국군통수의무 위반

포고령 발령
- 대의민주주의 권력분립원칙 등 위반
- 국민의 정치적 기본권 침해
- 국민의 단체행동권, 직업의 자유 등 침해

중앙선거관리위에 대한 압수수색
- 영장 없는 압수수색으로 영장주의 위반
- 선관위의 독립성 침해

법조인에 대한 위치 확인
- 사법권의 독립 침해

피청구인의 법 위반 행위가 피청구인을 파면할 만큼 중대한 것인지
- 중대한 법 위반행위에 해당
- 피청구인의 법 위반행위가 헌법질서에 미친 부정적 영향과 파급효과가 중대

재판관 전원의 일치된 의견으로 주문 선고

주문 : 피청구인 대통령 윤석열을 파면한다

▲ 선관위 장악 시도에 대해서도 병력을 선관위 청사에 투입해 출입을 통제하고 전산시스템을 촬영한 것을 "선관위에 대하여 영장 없이 압수수색을 하도록 하여 영장주의를 위반한 것이자 선관위의 독립성을 침해한 것"이라고 판단했다.

이로써 지난 2022년 5월 10일 출범한 윤석열정부는 1,060일 만에 막을 내리게 됐다. 윤석열정부는 취임과 동시에 대통령 집무실을 청와대에서 용산으로 이전하는 등 전임 문재인정부와의 차별화에 주력했다. 무엇보다 소득주도성장을 추진했던 문재인정부와는 달리 자유시장경제를 최우선 가치로 두고 정부 적자를 줄이기 위한 건전재정 기조를 내세웠다. 그러나 민주주의 가치외교를 표방하며 미국·일본과 결속하는 대신 중국·러시아와 선 긋기에 나서면서 우리의 대중·대러 관계는 최악으로 치달았다.

세계 주요외신들도 윤 전 대통령의 파면결정을 긴급속보로 타전했다. 로이터통신은 '계엄령을 통한 무모한 도박에서 패배해 쫓겨난 지도자 윤석열'이라는 제목으로 "(윤석열이) 아내와 관련된 개인적 스캔들, 공산주의자라고 명명했던 정치적 반대자들과의 다툼, 당내 갈등으로 어려움을 겪었다"고 전했다. 독일 주간지 디차이도 윤 전 대통령이 "계엄령 선포를 정당화하기 위해 좌익 야당이 파괴적인 행동을 하고 공산세력이 침투해 있다는 이유를 들었"지만, "이에 대한 근거는 없었다"고 지적했다. 미국의 워싱턴포스트는 윤 전 대통령의 탄핵 이유를 "(민주주의) 제도가 어떻게 조직돼야 하는지에 대한 합의를 전복하려 시도"했기 때문이라고 논평했다.

헌재의 파면선고에 대해 민주당은 "파면은 내란의 종식과 새로운 시대의 시작을 의미하며, 국민의 요구에 따른 시대정신"이라고 강조하면서 이날을 "그 엄혹한 밤을 헤치고 나와 차가운 겨우내 빛의 혁명을 일궈낸, 위대한 국민의 승리"이자 "헌법 파괴세력에 맞서 헌법을 수호하고 민주주의를 지켜낸 역사적인 날"로 평가했다. 아울러 수사기관에 윤석열 부

부와 내란세력에 대한 신속하고 철저한 수사를 촉구했다.

국민의힘, "겸허히", 그러나 차기대권 두고 갈등 노출

반면 대통령 파면으로 여당의 지위를 잃은 국민의힘에서는 공식적으로는 "안타깝지만 헌재의 결정을 무겁게 받아들이며 겸허히 수용한다"라면서도 내부적으로는 "탄핵에 찬성한 의원과는 함께할 수 없다"는 목소리가 분출했다. 지난 2024년 12월 14일 윤 전 대통령의 탄핵소추안에 찬성한 국민의힘 의원 12명을 겨냥한 것이다. 권성동 국민의힘 원내대표가 '단결'을 강조했지만, 헌재의 대통령 파면결정으로 당내 친윤·비윤 간 갈등이 커진 모양새다. 이런 분위기는 당 대선후보 선출과정에서도 고스란히 드러났다.

국민의힘 대선후보 1차 경선

조기대선이 6월 3일로 결정되자 국민의힘은 8명의 후보가 나선 가운데 4월 21일부터 이틀 동안 100% 국민여론조사를 통해 2차 경선 진출자 4명을 가렸고, 다시 27~28일 당원 선거인단 투표 50%, 국민여론조사 50%를 반영해 결승진출 후보를 가렸으며, 5월 1~2일 당원투표·국민여론조사를 50%씩 반영해 최종후보를 김문수 후보로 결정했다.

하지만 이후 대선 출사표를 낸 한덕수 전 총리와의 단일화를 둘러싼 김 후보와 당 지도부와의 갈등이 폭발하며 첨예하게 대립했다. 당 경선에서 선출된 김 후보가 15~16일 여론조사를 통해 단일화를 하자는 입장을 내세워 후보등록 마감일인 5월 11일 이내 한덕수 대선 예비후보와의 단일화를 거부하자 권영세 국민의힘 비상대책위원장(비대위원장)을 비롯한 당 지도부는 후보등록 마감일 이후의 단일화는 공직선거법 위반 소지가 있을 수 있으며, 만약 한 전 총리가 국민의힘 후보가 되면 기호 2번을 사용할 수 없을 뿐만 아니라 선거비용을 당에서 사용할 수 없다는 이유를 들어 불가하다고 비판했다.

결국 당 지도부는 본격적인 후보 교체절차를 진행했다. 실무협상이 결렬되자 당 지도부는 10일 자정께 즉각 비대위와 당 선거관리위원회 회의를 열어 김 후보의 대선후보 선출을 취소한다고 공고하고 오전 3시~4시까지 1시간 동안 대통령 후보자 등록신청 공고를 냈다. 이에 맞춰 한 후보는 오전 3시 30분께 국민의힘에 입당하며 책임당원이 됐다고 발표했으며, 후보등록 신청을 받은 결과 한 후보가 단독으로 후보등록을 신청함에 따라 김 후보는 후보자격을 상실하게 됐다고 발표했다. 또한 절차적 정당성을 확보하기 위해 10일 오전 10시부터 오후 9시까지 전 당원을 대상으로 대선후보를 한 후보로 변경해 지명하는 것에 대한 찬반을 묻는 ARS 조사를 진행했다.

당원투표가 끝나기 전인 오후 7시께 김 후보 측과 한 후보 측이 다시 실무협상을 재개했지만, 합의에 이르지 못했다. 이에 당 지도부는 오후 11시께 비대위 회의를 열어 당원투표 결과를 확인했다. 그런데 당원투표 결과 후보교체에 대한 반대의견이 찬성보다 근소한 차이로 많이 나오면서 전날 비대위에서 통과된 후보교체 안건은 부결되고 말았다. 이로써 국민의힘은 최종적으로 김 후보를 당의 대선후보로 선관위에 등록했다.

민주당 이재명, 압도적으로 경선 승리

민주당은 이보다 앞선 4월 27일 경선을 마쳤으며, 국민의힘과 달리 별다른 잡음 없이 이재명 후보를 민주당 21대 대선후보로 공식 선출했다. 민주당 대선 선거관리위원회는 이날 경기 고양시 킨텍스에서 열린 수도권(서울, 인천, 경기, 강원, 제주) 순회경선에서 지난 16일부터 진행된 지역순회경선 투표결과 누적집계 89.77%를 얻은 이 후보가 당 대선후보로 확정됐다고 밝혔다. 이 후보는 2017년, 2022년에 이어 세 번째로 대선에 도전하게 됐다.

이재명 더불어민주당 대선후보 대선 출정식(광화문)

6·3 대통령선거 공식 선거운동 첫날인 5월 12일에는 서울 중구 광화문 청계광장에서 시민들과 함께 '빛의 혁명'이라는 이름으로 출정식을 하고 자신을 국민의 일꾼으로 선택해달라고 호소했다. 이 후보는 "빛의 혁명이 시작된 이곳에서 첫 선거운동을 시작하는 의미를 남다르게 가슴에 새기겠다"며 이번 대선을 "민주당과 국민의힘의 대결이 아닌, 내란으로 나라를 송두리째 무너뜨리고 헌정질서와 민생을 파괴한 거대 기득권과의 일전"이라고 규정했다.

6월 3일 결전의 날에 7명 도전

선관위는 11일 오후 6시 대선후보 등록을 마감하고 최종 후보자 7명의 명단을 발표했다. 기호 1번은 이재명 민주당 후보, 기호 2번은 김문수 국민의힘 후보, 기호 4번은 이준석 개혁신당 후보이며, 권영국 민주노동당 후보가 기호 5번, 구주와 자유통일당 후보가 기호 6번(5월 18일 사퇴), 무소속 후보인 황교안 후보는 7번, 송진호 후보는 8번에 이름을 올렸다. 이들은 공식 선거운동 시작일인 12일부터 선거일 하루 전인 6월 2일까지 22일간의 유세 레이스를 시작했다.

제21대 대통령선거 후보자 등록현황

이번 대선 선거구도는 '1강 1중 1약'으로 형성됐다는 게 정치권의 대체적인 분석이다. 최근 발표된 여러 여론조사를 보면 이재명 후보가 오차범위 밖에서 다른 후보들을 앞서고 있고, 비교적 전통적 보수층에서 지지를 받는 김문수 후보가 역전을 노리고 있다. '중도보수'를 표방하는 이준석 후보는 한 자릿수 지지율에 머물러 있으나, 국민의힘의 후보교체 내홍사태를 계기로 존재감을 키운 모양새다.

후보별 최우선과제의 경우 이재명 후보는 '경제강국과 내란청산'을, 김문수 후보는 '기업하기 좋은 나라와 AI 강국'을, 이준석 후보는 '작은 정부, 효율적 개혁'을 내세웠다.

2위

초유의 유심 해킹사태
벼랑 끝에 선 SKT

4월 18일 국내 1위 통신사 SK텔레콤에서 일어난 가입자 유심정보 탈취사건의 사회적 여파가 극심하다. 국민 절반이 쓰는 통신사에서 주요서버에 해킹이 일어난 것이 최초 감지되고 열흘 가까이 지난 시점까지도 정확한 피해자 규모부터 유출경로 등 대부분을 파악하지 못해 불안이 가중됐다. 여기에 SK텔레콤이 희망자 전원 유심 무료교체라는 특단의 조치를 꺼낸 뒤 이행과정 초기에 현장혼란을 막지 못하면서 가입자들의 불만은 더욱 고조됐다.

유심보호 서비스 가입안내

- 유심교체와 동일한 효과가 있습니다 -

해외로밍까지 효과 확대되는 서비스도 준비중입니다

QR코드찍고
유심보호
서비스
가입하기

※ 자세한 내용은 T월드 매장 및 홈페이지를 참고해 주세요

금일 준비된 유심 재고가 모두 소진 되었습니다

빠르게 재고 확보 후
순차적으로
유심교체해 드리겠습니다

온라인
예약
하기

가입자 유심정보 통째로 털려

통신업계에 따르면 SK텔레콤(SKT)이 사내 시스템에 악성코드를 심는 해킹공격을 당해 유출된 것으로 의심되는 유심 관련정보는 이동가입자식별번호(IMSI), 단말기 고유식별번호(IMEI), 유심 인증키 등이다. SKT는 주민등록번호, 주소, 이메일 등의 민감한 개인정보나 금융정보는 유출되지 않았다고 밝혔지만, 유심이 가입자의 식별·인증 정보를 저장하는 '디지털 신원' 역할을 해왔다는 점에서 사안이 결코 가볍지 않다. 실제로 유심정보를 도용해 복제한 뒤에 금전적·사회적 피해를 준 '심 스와핑*' 사례들이 국내외에서 심심찮게 물의를 일으켰다.

> **심 스와핑**
>
> 범행주체가 탈취한 유심정보로 복제유심을 만들어 다른 단말기에 넣은 뒤 피해자의 회선인 양 도용하는 범죄수법이다. 심 카드를 무단복제해 휴대전화 본인인증을 통과하는 방식으로 타인의 개인·금융 정보와 자산을 탈취한다. 실제로 지난 2022년 KT의 일부 가입자들의 휴대전화가 갑자기 먹통이 되고 '단말기가 변경됐다'는 알림을 받는 일이 발생했다. 이들은 적게는 수백만원에서, 많게는 2억 7,000만원 상당의 가상자산을 도난당한 것으로 조사됐다.

이번에 SKT 측도 털린 정보를 사용한 불법유심 제조 가능성을 의식하고 있다. SKT는 "최악의 경우 불법유심 제조 등에 악용될 소지가 있지만 당사는 불법유심 기기변경 및 비정상 인증시도차단(FDS)을 강화하고 피해의심 징후 발견 시 즉각적인 이용정지 및 안내조치를 하고 있어 관련문제가 발생할 가능성은 매우 낮다"고 밝혔다. 하지만 이러한 해명으로 이용자 불안이 해소됐다고는 볼 수 없는 상황이다.

유심 무료교체 발표에 대리점 북새통 '대혼란'

유영상 SKT 대표이사(CEO)는 4월 25일 사옥에서 열린 고객정보보호조치 강화 설명회에서 "고객 여러분과 사회에 큰 불편과 심려를 끼쳐 드린 점 진심으로 사과드린다"며 "SKT를 이용하는 모든 고객을 대상으로 원하는 경우 유심카드를 무료로 교체하는 추가조치를 시행하겠다"며 고개를 숙였다. SKT는 FDS 시스템과 '유심보호서비스'가 유출피해를 막는 데 있어 유심교체와 동일한 효과가 있다고 안내했는데, 더욱 근본적인 대책마련을 요구하는 고객 목소리가 커지자 추가 선택지를 제공하는 차원에서 이같이 결정했다고 설명했다.

이에 따라 4월 28일 전국 T월드 매장에 오전부터 이용자가 길게 줄을 늘어섰고, 인천국제공항 등 공항 로밍센터도 유심을 교체하려는 이용자로 북적였다. SKT는 혼란을 피하기 위해 온라인으로 유심교체예약을 신청하고 방문할 것을 권장했으나, 이 사이트에도 예약자가 몰리면서 한때 대기인원이 12만명 가까이 생기는 등 접속장애를 빚었다. SKT는 이날 기준 약 100만개의 유심을 보유하고 있다고 밝혔고 5월 말까지 약 500만개의 유심을 추가로 확보할 계획을 내놨으나, 교체 대상자가 모두 2,500만명에 달해 물량부족에 따른 혼란은 당분간 이어질 것으로 전망됐다.

정치권과 소비자단체에서는 SKT의 미흡한 조치에 비판이 쏟아졌다. 이정문 더불어민주당 정책위원회 수석부의장은 4월 29일 국회에서 열린 원내대책회의에서 "사고는 SKT가 쳤는데 피해는 왜 오롯이 고객들의 몫이어야 하나"라며 질책했다. 또한 "SKT는 언론을 통해 유심 무상교체 방침을 밝히면서도 고객들에게는 아무런 안내도 하지 않았다"며 "평소 광고 문자, 전화를 남발하더니 중요한 순간에는 책임을 회피하는 1등 통신사의 민낯에 실망을 금할 수 없다"고 지적했다. 소비자시민모임 등 10여 개 단체로 구성된 한국소비자단체협의회도 성명을 통해 "대다수의 가입자는 정확한 가이드라인 없이 유심보호서비스, 유심교체 등 언론에 나온 내용에 따라 스스로 대응해보고자 안간힘을 쓰지만, 여전히 불안하고 불편한 상황이 지속되고 있다"고 지적했다.

유심을 교체하려 T월드 매장 앞에 줄을 선 이용자들

3년 전 이미 해킹, SKT는 몰라

국회 과학기술정보방송통신위원회(과방위)는 4월 30일 청문회를 열어 이번 사태가 발생한 SKT를 강력히 질타했다. 이날 과방위 청문회에는 유 CEO 등이 증인으로 출석했다. 박정훈 국민의힘 의원은 "통신사 역사상 최악의 해킹사고"라며 "SKT가 '유심보호서비스를 가입하신 분들에 대해 100% 책임진다'라는 문구로 안내한 것은 국민협박 같이 들린다. 가입하지 않아도 피해가 발생하면 보상해야 한다"고 말했다. 또 이훈기 민주당 의원은 "해킹사태의 파장이 일파만파로 커지는 이유는 SKT의 대응이 미흡하고, 신뢰가 깨졌기 때문"이라며 "불안해하는 가입자들이 번호를 이동할 수 있게 위약금을 폐지해야 한다"고 밝혔다.

위약금 폐지요구가 나오자 SKT는 난색을 표했다. 통신업계 한 관계자는 "SKT가 가입자 대규모 이탈로 인한 막대한 손해와 주주가치 훼손을 감수하면서 위약금 면제정책을 결단할지는 미지수"라고 전망했다. 5월 7일 SKT 본사에서 열린 해킹사태 관련 일일브리핑에 직접 참석한 최태원 SK그룹 회장도 "위약금 면제에 관한 SKT 이사회 논의가 진행 중"이라면서도 '자신은 이사회 일원이 아닌 만큼 직접적인 입장을 밝히기 곤란하다'고 즉답을 피했다.

과학기술정보통신부(과기부)도 아직은 위약금 면제에 대한 결론을 내지 못했지만, SKT가 '회사 측 귀책사유가 있을 때 위약금을 면제하도록 정한 약관'을 위반했다고 판단할 경우 내릴 처분의 법적 정당성과 수준에 대해서는 법률검토에 착수했다.

이런 가운데 5월 19일 해킹사고에 대한 2차 민관합동 조사결과 SKT는 3년 전 악성코드에 처음 감염됐지만, 이번 사고발생 후에야 알게 된 것으로 나타났다. 또한 23대 서버에서 악성코드 25종이 발견됐는데, 이는 지난 4월 1차 조사 발표 때보다 악성코드는 21종, 감염서버는 18대 늘어난 수치다.

2차 조사결과에 따르면 유출이 확인된 유심정보의 관련 데이터만 9.82기가바이트(GB) 달하며, 건수로는 IMSI 기준 2,695만 7,749건으로 확인됐다. IMSI와 인증키가 나란히 묶여 있는 점을 고려하면 사실상 2,500만(알뜰폰 포함) 전 가입자의 유심정보가 유출된 것으로 해석된다.

특히 감염서버 중에는 기기에 부여되는 15자리의 고유식별번호 IMEI와 이름, 생년월일, 전화번호, 이메일 등 개인정보가 포함된 서버 2대도 포함돼 있는 것으로 확인되면서 우려가 커지고 있다. IMEI 유출 시 SKT 유심보호서비스가 무력해지기 때문이다. 한편 개인정보위가 2023년 7월 약 30만건의 고객정보를 유출한 LG유플러스에 과징금 68억원을 부과한 전례와 비교해 초유의 해킹사태를 초래한 SKT에 막대한 과징금이 부과될 것이라는 전망도 나온다.

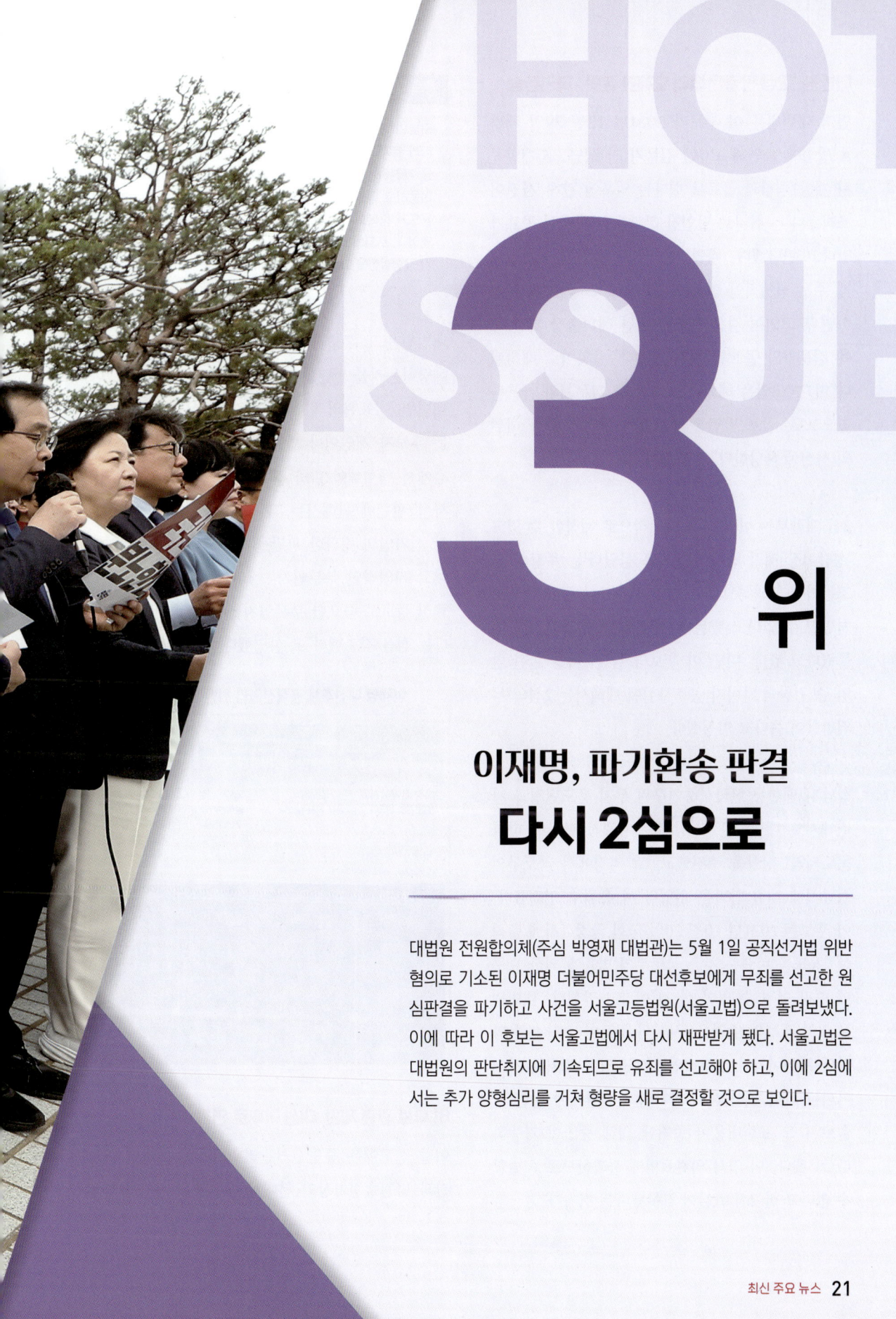

HOT ISSUE 3위

이재명, 파기환송 판결
다시 2심으로

대법원 전원합의체(주심 박영재 대법관)는 5월 1일 공직선거법 위반 혐의로 기소된 이재명 더불어민주당 대선후보에게 무죄를 선고한 원심판결을 파기하고 사건을 서울고등법원(서울고법)으로 돌려보냈다. 이에 따라 이 후보는 서울고법에서 다시 재판받게 됐다. 서울고법은 대법원의 판단취지에 기속되므로 유죄를 선고해야 하고, 이에 2심에서는 추가 양형심리를 거쳐 형량을 새로 결정할 것으로 보인다.

대법원, "2심 판결은 법리 오해한 잘못" 파기환송

먼저 대법원은 이 후보가 2021년 12월 29일 채널A 방송에 출연해 고(故) 김문기 전 성남도시개발공사 개발1처장과 골프를 쳤다는 의혹에 관해 '사진이 조작됐다'는 취지로 발언한 부분은 허위사실 공표가 맞다고 판단했다. 대법원은 "골프 발언이 선거인에게 주는 전체적인 인상을 기준으로 그 의미를 확정하면 '피고인이 김문기와 함께 간 해외출장 기간 중에 김문기와 골프를 치지 않았다'는 의미로 해석된다"며 "피고인은 해외출장 기간 중 김문기와 골프를 쳤으므로, 골프 발언은 후보자의 행위에 관한 허위의 사실에 해당한다"고 밝혔다.

2심 재판부는 이 발언을 다의적으로 해석할 수 있고 '성남시장 재직 당시 김문기를 몰랐다'는 주장의 보조논거에 불과하므로 별개의 허위사실 공표 행위로 처벌할 수 없다고 봤는데, 대법원은 이 같은 판단이 틀렸다고 봤다. 다만 이 후보의 김 전 처장 관련 발언 중 검찰의 나머지 공소사실에 대해서는 2심의 무죄판단이 옳다고 인정했다.

성남시 백현동 한국식품연구원 부지 용도변경과 관련해서도 대법원은 "성남시는 자체적 판단에 따라 **용도지역*** 상향을 추진했고, 그 과정에서 국토부의 성남시에 대한 압박은 없었다"며 유죄로 인정했다. 이 후보는 2021년 10월 20일 국회 국정감사에 출석해 "용도를 바꿔준 것은 국토부의 법률에 의한 요구에 따라 어쩔 수 없이 한 것"이라고 말했다. 대법원은 "(이 후보의 발언은) 사실의 공표이지 단순히 과장된 표현이거나 추상적인 의견표명에 그치는 것이 아니다"라며 "구체적인 과거의 사실관계에 관한 진술로서 그 표현내용이 증거에 의해 증명이 가능하다"고 했다. 이 역시 의견표명에 불과하므로 처벌할 수 없다고 한 2심 판결이 잘못됐다는 취지다.

용도지역

국토의 계획 및 이용에 관한 법률 제6조(국토의 용도구분)에 따라 토지의 이용 및 건축물의 용도, 건폐율, 용적률, 높이 등을 제한하는 지역을 말한다. 즉, 토지를 경제적·효율적으로 이용하고 공공복리의 증진을 도모하기 위해 정부가 미리 그 용도가 중복되지 않도록 도시·군 관리계획으로 결정하는 지역이다. 토지의 이용상태 및 특성, 장래의 토지 이용방향, 지역 간 균형발전을 고려해 구분하고 있다.

대법원은 또 후보자의 어떤 표현이 허위사실 공표에 해당하는지를 판단할 때와 관련해 기준도 제시했다. 대법원은 '표현의 의미'와 관련해서는 "표현의 의미는 후보자 개인이나 법원이 아닌 일반 선거인의 관점에서 해석해야 함을 강조했다"고 말했다. '허위의 사실' 판단에 관해서는 "후보자의 공직 적격성에 대한 선거인의 정확한 판단을 좌우할 수 없는 부수적이고 지엽적인 부분인지, 아니면 정확한 판단을 그르칠 정도로 중요한 부분인지를 고려해 판단해야 한다는 점을 강조했다"고 설명했다.

이재명 대선후보 공직선거법 위반 대법원 판단

1심	항소심	대법원
2024년 11월 15일 징역 1년·집행유예 2년	2025년 3월 26일 무죄	2025년 5월 1일 유죄취지 파기환송
'성남시장 재직 시절 김문기를 몰랐다'	'김문기와 골프 치지 않았다'	'도지사 시절 공직선거법 기소 이후 김문기를 알았다'	경기 성남시 백현동 한국식품연구원 용도지역 상향 변경이 국토교통부 협박에 따라 이뤄졌다'

※ 이 후보, 고 김문기 전 성남도시개발공사 개발1처장을 모른다는 취지 발언 관련

1심 유죄	1심 유죄	1심 무죄	1심 유죄
2심 무죄	2심 무죄 서울고법 판단: 허위성 인정 어렵다	2심 무죄	2심 무죄 서울고법 판단: 허위사실 공표죄로 처벌할 수 없다고 판단
	대법원 전원합의체 허위사실 공표가 맞다고 판단, 2심 판결은 법리 오해한 잘못		**대법원 전원합의체** 유죄로 인정, 과장된 표현·의견 표명에 그치는 것이 아닌 사실의 공표

이 후보 관련 재판, 대선 이후로 연기

이날 선고에는 중앙선거관리위원장인 노태악 대법관과 법원행정처장인 천대엽 대법관을 제외한 대법

관 11명과 조희대 대법원장이 관여했다. 이 같은 대법원의 다수의견에는 12인 중 10인이 동의했다. 이흥구·오경미 대법관은 이 후보의 골프 발언, 백현동 관련 발언 모두 다의적으로 해석할 수 있으므로 검찰 공소사실과 같이 해석해 유죄로 단정할 수 없다는 반대의견을 남겼다.

대법원은 지난 3월 28일 사건을 접수한 뒤 국민의 관심이 지대하고 유력 대권주자인 이 후보의 피선거권 여부가 달려 있다는 점을 고려해 이례적으로 빠르게 사건을 심리했다. 조 대법원장이 직접 전원합의체에 회부하고 4월 22일과 24일 두 차례 대법관 합의기일을 연 뒤 사건 접수 34일 만인 이날 검찰의 상고를 받아들여 2심 판결을 파기했다. 공직선거법은 선거 관련 범죄로 벌금 100만원 이상이 확정되면 피선거권을 5년간 박탈한다고 정하고 있다.

그러나 대법원 판결 직후 전례 없는 속도에 법조계와 정치권에서 논쟁이 이어졌다. 5월 4일 일부 법학자와 현직 판사 등 법조인들은 판결에 관여한 조희대 대법원장과 대법관들이 전체 기록을 모두 검토하고 숙지했는지 의문을 제기했다. 이와 관련해 대법원 측은 상고이유를 제한하는 규정, 사후심이자 법률심인 상고심 특성 등을 고려할 때 모든 기록을 전부 읽고 재판해야 하는 것이 아니라고 설명했다.

현행법상 '사형·무기·10년 이상의 징역이나 금고'가 선고된 사건이 아니면 양형 부당을 이유로 상고할 수 없고, 이런 경우가 아니면 대법원은 사실오인 여부를 심리하지 않는 게 원칙이다. 오직 '판결에 영향을 미친 헌법·법률·명령·규칙 위반'이 있는지에 관해 재판한다. 또한 대법원은 '상고 이유서'에 제출된 범위 내에서만 심리할 수 있으며, 이 범위를 넘어 재판하면 위법 소지가 생긴다. 법리에 대한 최종적 해석을 하는 게 대법원 역할이어서 이 같은 제한이 마련됐다. 상고심 단계에서 모든 사실관계를 다 살피게 하면 대법원이 업무 과부하로 실질적 기능을 할 수 없기 때문이다.

이 후보 사건에서도 원칙은 지켜졌다는 게 대법원의 입장이다. 이 후보가 어떤 발언을 했는지와 그 배경에 관한 '사실관계'는 2심이 인정한 것을 그대로 따르되, 이후 법리 판단에서 '허위사실의 공표'와 '사실과 의견의 구별', '발언의 해석'에 관한 법리가 제대로 적용됐는지 심리했다는 것이다. 하지만 논란이 확산하자 이 후보의 파기환송심을 맡은 서울고법 재판부는 이 후보에게 균등한 선거운동의 기회를 보장하고 재판의 공정성 논란을 없앤다는 취지로 5월 15일로 예정됐던 첫 공판을 6월 18일로 연기했다. 아울러 이 후보의 다른 재판들 역시 이 후보 측의 요청으로 대선 이후로 연기된 것으로 알려졌다.

한덕수·최상목 사퇴 … 이주호 권한대행 체제로

한편 이 후보의 파기환송 판결이 있던 1일 더불어민주당은 국회 본회의에서 예정에 없던 최상목 전 부총리 겸 기획재정부 장관에 대한 탄핵소추안 처리에 나섰다. 이날 오후 한덕수 전 국무총리가 대국민 담화를 통해 사실상 대선출마를 공식화하면서 최 전 부총리는 2일 0시부터 대통령 권한대행을 맡을 예정이었다. 그러나 최 전 부총리가 탄핵안 상정 직전 사의를 표명하고, 한 전 총리가 사표를 곧바로 수리하면서 탄핵안 표결은 성립되지 못했다. 이에 따라 이주호 부총리 겸 교육부 장관이 권한대행을 이어받게 됐다. 민주당은 이날 심우정 검찰총장 탄핵안도 발의해 본회의에 보고한 뒤 법사위에 회부했다. 이에 국민의힘은 대법원의 판결에 대한 '정치보복'이라며 강력히 반발했다.

HOT ISSUE

4위

프란치스코 교황 선종 …
새 교황에 미국 출신의 레오 14세

프란치스코 교황이 4월 21일(현지시간) 오전 7시 35분 88세를 일기로 선종했다. 사인은 뇌졸중과 심부전이었다. 이어서 콘클라베*(추기경단 비밀회의) 이틀째이자 프란치스코 교황 선종 17일 만인 5월 8일(현지시간)에는 제267대 교황으로 미국의 로버트 프랜시스 프레보스트 추기경이 선출됐다.

콘클라베

가톨릭교회에서 교황을 선출하는 선거시스템이다. 바티칸 내 시스티나 성당에서 추기경들이 모여 투표하는데, 3분의 2의 다수결이 나올 때까지 비밀투표가 계속된다. 콘클라베에 참여하는 추기경들은 외부와의 소통이 일절 금지되며 투표용지를 태워 나오는 연기로만 외부와 소통하는데, 검은 연기는 미결을 의미하고 흰 연기는 새 교황이 선출된 것을 의미한다.

영면에 든 '빈민의 성자'

'빈자(貧者)의 성자'로 불렸던 이탈리아 성인 프란치스코를 교황명으로 택한 프란치스코 교황은 청빈하고 소탈한 행보로 즉위 직후부터 세계적인 관심을 끌었다. 허름한 구두를 신고 순금 십자가 대신 철제 십자가를 가슴에 걸고 소형차에 몸을 싣는 겸손하고 서민적인 교황의 모습에 세계인들은 감동했다. 또한 그는 호화로운 관저를 놔두고 일반사제들이 묵는 공동숙소인 산타 마르타의 집에서 생활하며 청빈한 삶을 몸소 실천했다.

1,282년 만의 비유럽권이자 최초의 신대륙 출신 교황인 그는 역대 교황 중 가장 진보적이라는 평가를 받았다. 2013년 즉위 이후 가톨릭교회가 소수자, 사회적 약자에 더 포용적으로 바뀌고 평신도의 목소리를 존중해야 한다며 진보적 개혁을 밀어붙여 가톨릭 내 보수진영과 마찰을 빚었다. 지난해에는 동성커플에 대한 가톨릭 사제의 축복을 허용해 동성애를 금기시하는 아프리카 가톨릭사회를 중심으로 강한 반발을 사기도 했다.

프란치스코 교황

프란치스코 교황은 분쟁으로 얼룩진 세계 곳곳에 평화와 공존의 메시지를 보낸 종교지도자로도 평가받는다. 2021년에는 2,000년 가톨릭 역사상 처음으로 이라크 땅을 밟아 무장테러 희생자들을 위로하기도 했다. 또한 2014년 아시아 대륙 첫 방문지로 한국을 택할 정도로 한반도 평화문제에도 깊은 관심을 기울여왔다. 당시 교황은 방북을 추진했지만, 북한의 소극적 태도로 무산됐다. 교황은 이후에도 여러 차례 방북의사를 밝혔지만 끝내 성사되진 못했다.

프란치스코 교황의 장례미사는 4월 26일 오전 10시(한국시간 오후 5시) 바티칸 성 베드로 광장에서 엄수됐다. 고인의 생전 뜻에 따라 간소하게 치러진 장례미사는 교황이 잠든 목관을 성 베드로 대성전에서 광장 야외제단으로 운구하며 시작됐다. 교황의 유언대로 목관에는 아무런 장식 없이 십자가 문양만 새겨졌고, 그 위로 복음서가 놓였다. 프란치스코 교황은 대부분 전임 교황들이 묻힌 성 베드로 대성전 지하묘지 대신 평소 즐겨 찾던 로마 테르미니 기차역 인근 산타 마리아 마조레 대성전을 장지로 택했다.

'첫 미국 출신' 교황 … 레오 14세 선출

한편 133명의 추기경 선거인단은 5월 8일(현지시간) 제267대 교황으로 미국 출신 로버트 프랜시스 프레보스트 추기경을 선출했다. 콘클라베 이틀 만이자 네 번째 투표만이다. 새 교황의 즉위명은 '레오 14세'다. 가톨릭에서 '레오'는 라틴어로 '사자'를 의미하는데, 사자의 이미지처럼 강인함과 용기, 리더십을 상징한다. 1955년생으로 미국 시카고 태생인 레오 14세 교황은 1982년 사제서품을 받았다.

새 교황 레오 14세

빈민가 등 변방에서 사목한 그의 발자취가 교황선출 요소로 작용했다는 분석이 제기된다. 실제로 미국이 전 세계적으로 가장 강력한 '세속적' 영향력을 행사하는 점 때문에 미국인 출신 교황을 금기시하는 분위기가 있었다고 AP통신은 해설했다. 레오 14세는 프란치스코 교황보다는 중도적이고 신중한 스타일로 개혁을 적극적으로 추진하다가 보수파와 충돌한 프란치스코 교황과는 다른 길을 갈 것이라는 관측이 나온다.

HOT ISSUE **5위**

윤석열 부부 수사 본궤도 … 각종 논란·혐의 산적해

윤석열 전 대통령 부부에 대한 수사가 가속화되고 있다. 윤 전 대통령 부부와 무속인 '건진법사' 전성배 씨 사이의 캄보디아 **공적개발원조***(ODA) 사업 지원 청탁 의혹을 수사 중인 검찰이 윤 전 대통령 사저에 전격적인 압수수색을 벌였다. 아울러 김건희 여사의 연루 의혹이 제기된 도이치모터스 주가조작 사건 재판에서 관련자들에게 유죄가 확정되면서 검찰은 김 여사에 대한 재수사를 결정했다.

> **공적개발원조**
>
> 국제개발협력에 포함되는 개념으로 개발도상국의 경제·사회적 발전을 위해 공여하는 정부가 금전적 지원을 하는 것을 말한다. 우리나라의 '국제개발협력기본법'에 따르면 우리나라 공적개발원조(ODA)는 '개발도상국의 빈곤감소, 여성·아동·장애인의 인권향상 및 성평등 실현, 지속가능한 발전 및 인도주의를 실현하고 개발도상국과의 경제협력 관계를 증진하며 국제사회의 평화와 번영을 추구하는 것'을 기본정신으로 한다.

윤 전 대통령 부부 사저 첫 압수수색

서울남부지검 가상자산범죄합동수사부는 4월 30일 서울 서초동 아크로비스타를 압수수색해 김 여사의 휴대전화와 메모장 등 증거물을 확보했다. 압수수색 대상에는 김 여사가 운영한 코바나컨텐츠 사무실과 김 여사의 수행비서 2명의 자택도 포함됐다. 검찰은 통일교 전 세계본부장 윤모 씨가 전씨에게 김 여사 선물명목으로 6,000만원대 명품 다이아몬드 목걸이와 가방을 전달한 정황을 추적하는 것으로 알려졌다. 윤 전 본부장이 통일교의 캄보디아 사업과 관련해 정부의 ODA 사업지원을 받고자 전씨를 내세워 김 여사에게 청탁을 시도했다는 것이다. 청탁에는 윤 전 본부장을 대통령 취임식에 초청해달라는 내용도 포함된 것으로 전해졌다. 윤 전 본부장은 실제로 통일교 내부행사에서 2022년 3월 22일 당시 윤석열 당선인과 1시간가량 독대했다고 주장한 바 있다.

또 기획재정부는 석 달이 지난 2022년 6월 13일 향후 5년간 캄보디아에 대한 대외경제협력기금(EDCF) 차관지원한도를 기존 7억달러에서 15억달러로 증액했으며, 윤 전 대통령 부부는 그해 11월 캄보디아 순방에 나서기도 했다. 이날 압수수색은 ==김 여사가 실제로 금품을 받았는지 확인하려는 차원으로 풀이된다. 김 여사 비서들의 자택까지 압수수색한 것은 목걸이 등을 그쪽에 은닉했을 가능성==을 들여다보기 위한 것으로 전해졌다.

탄핵인용 일주일 후 관저를 나오는 윤 전 대통령 부부

윤석열 전 대통령 사저가 위치한 서초동 아크로비스타

하지만 압수수색영장에 선물의 '종착점'으로 지목된 김 여사는 피의자로 적시되지 않았다. 직접수사 대상이 아닌 참고인이라는 뜻이다. 법조계에서는 김 여사에 대한 명확한 혐의점이 발견되는 대로 역시 피의자로 전환될 수도 있다는 분석이 나온다.

도이치 주가조작 유죄 확정, 김 여사 재수사 착수

한편 ==김 여사의 연루의혹이 제기된 도이치모터스 주가조작 사건의 관련자들에게 유죄가 확정==됐다. 대법원은 자본시장과 금융투자업에 관한 법률 위반 등 혐의로 기소된 권오수 전 도이치모터스 회장 등 9인에게 전원 유죄를 선고한 원심판결을 5월 3일 확정했다. 이들은 2009~2012년 차명계좌를 동원해 조직적으로 통정매매와 가장매매 등 부정한 방식으로 주가를 조작한 혐의로 기소됐다.

앞서 김 여사는 권 전 회장의 시세조종 사실을 알고서 계좌를 제공했다고 인정할 뚜렷한 증거가 없다는 이유로 2024년 10월 검찰에서 무혐의 처분을 받았다. 김 여사가 유상증자 과정부터 참여한 초기 투자자로서 '큰 이익을 얻을 수 있다'는 권 전 회장의 권유에 투자목적으로 계좌를 일임했을 뿐 주가조작은 인지하지 못했다고 본 것이다.

그러나 서울고등검찰청은 이번 대법원 확정판결과 맞물려 김 여사에 대한 주가조작 사건을 다시 수사하기로 했다. 대법원판결 확정으로 관계인들에 대한 추가조사가 필요하다는 것이다. 수사의 칼끝은 다른 의혹으로도 향하고 있다. 윤 전 대통령과 김 여사는 정치브로커 명태균 씨를 통한 공천개입 의혹에도 연루돼 있는데, 해당 의혹 수사는 서울중앙지검이 진행 중이다. 아울러 경찰은 윤 전 대통령이 대선후보 시절 공식캠프가 아닌 서울 강남의 한 화랑에서 '비밀캠프'를 운영했다는 의혹(공직선거법 위반 혐의)에 대해서도 수사에 착수했다.

HOT ISSUE

6위

혼돈의 관세정책, 무역전쟁 점화 … 미국에도 '부메랑'

미국 우선주의를 내세운 도널드 트럼프 미국 대통령의 관세*정책이 취임 후 100일도 채 되지 않아 수십년간 이어져 온 세계 무역질서의 근간을 뒤흔들고 있다. 동맹과 우방국에도 예외를 두지 않은 미국의 고강도 관세정책은 글로벌 경기침체를 야기할 것이란 우려와 함께 국제 금융시장에 즉각적인 충격을 가했다.

관세

국가와 국가 간 무역을 할 때 수입·수출하는 상품에 부과되는 세금을 말한다. 수출관세는 자원보호를 목적으로 특정 국가의 품목에 한해서만 적용되고, 보통은 수입관세만 부과하고 있다. 관세를 부과하면 국가 재정이 확충될 뿐만 아니라 수입을 억제하는 효과가 있다. 또한 국산품의 가격경쟁력이 높아짐에 따라 결과적으로는 국내산업을 보호할 수 있게 된다.

'해방의 날' 관세전쟁 선포 … 미중 갈등 격화

트럼프 대통령은 지난 4월 2일 이른바 '해방의 날'에 백악관 로즈가든에서 상호관세정책을 발표했다. 외국의 '무역약탈'로부터 벗어나 미국 제조업을 살리고 번영을 이루겠다며 대부분 무역상대국에 10% 기본관세를 책정하고, 우리나라를 포함한 57개 경제주체에는 추가관세를 적용했다. 우리나라는 25% 관세율이 책정됐고, 중국은 34%, 유럽연합은 20%, 일본은 24%, 인도는 27% 세율이 적용됐다. 10%의 기본관세는 4월 5일 발효됐고, 9일 발효됐던 국가별 개별 추가관세는 중국을 제외하고 90일간 유예된 상태다.

그러나 다른 국가들이 미국에 협상을 제안하며 부랴부랴 대응에 나선 것과 달리 중국은 미국의 관세 부과에 '맞불 관세'로 맞서는 동시에 미국 군수기업 16곳에 대한 금수조치, 희토류 수출통제 등 전방위 무역보복에 나섰다. 이에 미국은 대중 상호관세를 145%까지 상향조정했고, 다시 중국도 즉각 대응해 관세 조정고시를 발표하는 등 양측은 공격을 멈추지 않았다. 갈등을 지속하던 양국은 공식협상 끝에 5월 12일(현지시간) 그간 폭탄 수준으로 치솟았던 상호관세를 각각 115%포인트(p) 내려 일단 90일간 유예하고 무역협상을 이어가기로 했다고 발표했다.

▲ 상호관세정책을 발표하는 트럼프 대통령

한편 상호관세 외 품목별 관세도 이미 발효됐거나 추가로 발표될 예정이다. 3월 12일부터 수입산 철강 및 알루미늄에 25% 관세가 부과됐고, 4월 3일에는 외국산 자동차와 엔진 등 주요 부품에 25% 관세가 발효됐다. 멕시코와 캐나다에는 합성마약 및 불법이민자 대응에 협조하라면서 3월 4일부터 25% 관세를 부과했다. 다만 미국·멕시코·캐나다무역협정(USMCA) 적용품목은 대상에서 제외됐다. 트럼프 행정부는 반도체와 의약품에 대해서도 품목 관세부과를 예고한 상태다.

"절대불변" → "90일 유예", 정책 변덕에 혼란 가중

방향을 종잡을 수 없는 트럼프 대통령의 정책은 혼란과 불확실성을 더욱 가중시켰다. 트럼프 대통령은 상호관세 발표 후 중국의 맞대응 조치를 비난하며

"내 정책은 절대 변하지 않는다"는 강경입장을 고수했다. 그러나 불과 며칠 뒤 자신의 SNS에 중국을 제외하고 국가별 관세를 90일간 유예한다고 깜짝 발표하면서 스스로 발언을 뒤집었다. 처음에는 으름장을 놓았다가 나중에 뒤집는 방식은 관세정책 전반에 걸쳐 이뤄졌다. 또 트럼프 대통령이 발표한 우리나라의 관세율(25%)과 행정명령 부속서에 기재된 세율(26%)이 달라 혼란이 야기되기도 했다. 이에 상호관세율 산정도 객관적인 근거 없이 상대국과의 무역적자만을 토대로 주먹구구식으로 계산한 게 아니냐는 조롱을 받았다.

미국의 국가·품목 관세 부과 현황

발효일	대상	내용
2월 4일	중국	기존 관세(평균 약 25%)에 추가 10% 부과
3월 4일	중국	10% 신규 부과돼 추가관세 총 20% 적용
	캐나다·멕시코	25% 부과(자동차는 1개월 면제)
3월 12일	철강·알루미늄	25% 부과
4월 2일	베네수엘라산 석유·가스 수입국	25% 부과
4월 3일	자동차	25% 부과
4월 5일	**상호관세** 전 세계 모든 국가 미적용품목: 철강·알루미늄, 자동차, 구리·의약품·반도체·목재, 향후 무역확장법 232조 적용품목, 금괴, 에너지 및 미국에서 구할 수 없는 특정 광물, 미국·멕시코·캐나다무역협정(USMCA) 적용품목	기본관세 10% 부과
4월 9일	**상호관세** 전 세계 모든 국가	대미 관세율과 비관세 장벽 감안해 책정한 국가별 개별관세 추가부과

※ 현지시간, 4월 2일 기준

한편 미국을 외국의 약탈로부터 '해방'시킬 것이라는 트럼프 대통령의 의도와는 달리 과세가 미국 내 물가를 올리고 고용을 위축시켜 미국경제에 부메랑이 돼 돌아올 것이라는 경제학자들의 경고는 점점 현실로 다가오는 분위기다. 실제로 트럼프 대통령의 '미국 중앙은행 때리기'와 맞물려 달러화 가치는 3년 만에 가장 낮은 수준으로 하락했고, 금값은 사상 최고치를 연일 경신했다. 해외투자자들이 미국 자산을 팔고 일부 헤지펀드들이 투자자산을 강제 청산당하면서 한동안 미국 장기국채금리가 급등하기도 했다. 이에 세계 각국은 전후 세계 경제질서의 중심축이자 최고의 안전자산으로 평가받아온 미국 국채의 신뢰도에 근본적인 의문을 제기하고 있다.

HOT ISSUE **7위**

문재인 전 대통령 검찰 기소 … 민주, "정치검찰 보복" 반발

문재인 전 대통령의 사위였던 서모 씨의 항공사 특혜채용 의혹 등을 수사해온 검찰이 문 전 대통령을 뇌물수수 혐의로 4월 24일 재판에 넘겼다. 2021년 12월 시민단체 고발 이후 약 3년 5개월 만이다. 검찰은 이스타항공 창업주인 이상직 전 의원도 뇌물공여 및 업무상 배임 혐의로 재판에 넘겼지만, 문 전 대통령의 딸인 다혜 씨와 사위였던 서씨에 대해서는 기소유예 처분했다.

문재인 전 대통령

문 전 대통령 사위 채용에 특혜 줬나?

공소장에는 문 전 대통령이 딸·사위 서씨와 공모해 이 전 의원이 실소유한 이스타항공의 해외법인격인 타이이스타젯에 서씨를 임원으로 채용하도록 했다는 내용이 담겼다. 서씨는 2018년 8월 취업 이후 2020년 3월까지 1년 8개월 동안 타이이스타젯에서 급여로 한화 약 1억 5,000만원(월 750만원가량), 주거비로 6,500만원을 받았다.

검찰은 문 전 대통령이 서씨의 취업으로 그간 다혜 씨 부부에게 <mark>임대료 명목(딸집 임대)으로 주던 생활비 지원을 중단했으므로 문 전 대통령이 이 금액만큼 직접적인 경제적 이익을 본 것으로 판단</mark>했다. 검찰은 수사과정에서 청와대 민정비서관실과 특별감찰반, 대통령경호처 등이 다혜 씨와 서씨의 해외이주에 깊숙이 개입한 사실도 확인했다고 밝혔다. 민정비서관실과 특별감찰반 관계자는 여러 차례 다혜 씨를 만나 태국 현지 부동산 중개업자 연락처와 국제학교 요청사항 등을 전달하는 등 해외이주를 지원했다고 검찰은 설명했다.

민주당 "정치검찰 보복", 기소 검사 공수처 고발

더불어민주당은 문 전 대통령에 대한 기소에 일제히 "정치검찰의 보복"이라고 비판의 목소리를 높였다. 박경미 민주당 대변인은 논평을 통해 "<mark>기소권을 독점한 검찰의 폐해를 똑똑히 보여주는 억지기소</mark>로 역사에 기록될 것"이라며 "어떻게든 전직 대통령을 모욕주고 민주당에 흠집을 내기 위한 정치기소 그 이상도 이하도 아니다"고 비판했다. 이어서 "검찰의 발악은 검찰개혁을 재촉할 뿐임을 엄중히 경고한다"며 "기득권을 지키기 위해 발악하는 검찰을 반드시 개혁할 것"이라고 강조했다.

당 전정권정치탄압대책위원회(대책위) 소속 의원들도 국회 기자회견에서 기소내용에 대해 "근거 없는 소설 같은 주장일 뿐"이라며 "검찰주장은 명백한 허위사실"이라고 했다. 대책위는 4월 30일 고위공직자범죄수사처(공수처) 앞에서 기자회견을 갖고 이날 문 전 대통령이 자신의 뇌물수수 혐의를 수사한 전주지검 검사 등을 공수처에 직권남용 및 피의사실공표 등의 혐의로 고발했다고 밝혔다.

공수처 앞에서 기자회견하는 문 전 대통령 변호인단

문재인정부를 향한 검찰의 행보는 앞서 4월 8일에도 있었다. 검찰은 사드(THAAD, 고고도미사일방어체계) 정식배치를 늦추고자 한미 군사작전 내용을 외부에 유출했다는 의혹으로 정의용 전 국가안보실장, 정경두 전 국방부 장관 등 문재인정부 당시 외교안보 수뇌부들을 재판에 넘겼다. 검찰은 이들이 이적단체가 포함된 사드 반대단체에 군사작전정보를 알려주라고 지시한 혐의가 있다고 판단했다.

이에 대책위는 다음 날 국회에서 기자회견을 열고 "윤석열정권 내내 횡행했던 감사원의 감사 착수와 검찰수사 요청, 검찰의 수사와 기소라는 저열한 정치보복 패턴이 다시 한 번 나타난 것"이라고 주장했다. 그러면서 "단언컨대 문재인정부는 사드배치를 고의로 지연한 적이 없다"며 "사드배치는 박근혜정부 시절 결정된 사안이며, 문재인정부는 법이 정한 절차를 지켜 이를 운용했다"고 강조했다.

한편 이 재판과 별개로 4월 24일 감사원은 2018년 <u>9·19 남북군사합의</u>*에 따라 북한이 파괴한 북한군 최전방 감시초소(GP)에 대한 우리 측의 불능화 검증이 부실하게 진행됐다는 의혹을 받는 문재인정부 당시 군(軍) 인사 6명을 검찰에 수사를 요청했다. 수사요청 대상자에는 문재인정부 당시 정경두·서욱 전 국방부 장관을 비롯해 국방부·합동참모본부 관계자들이 포함됐다.

9·19 남북군사합의

2018년 9월 19일 문재인 대통령과 김정은 국무위원장 남북 정상 간에 맺은 '평양선언'의 군사분야 부속 합의서다. 남과 북이 한반도에서 군사적 긴장상태를 완화하고 신뢰를 구축하는 것이 항구적이고 공고한 평화를 보장하는 데 필수적이라는 공통된 인식하에 해상, 공중을 비롯한 모든 공간에서 군사적 긴장과 충돌의 근원이 되는 일체의 적대행위를 전면 중지하기로 했다. 그러나 2023년 6월 윤석열 전 대통령은 항공완충구역 때문에 우리 군의 대북 정찰감시능력이 제한을 받아 북한의 기습공격이 있을 때 이를 조기에 탐지하기 어렵다며 관련 조항에 효력정지를 제기한 데 이어 폐기를 추진했다.

HOT ISSUE 8위

미 연준 "실업·인플레 위험↑"… 관세발 불확실성에 금리 또 동결

5월 7일(현지시간) 미국 중앙은행인 연방준비제도(Fed, 연준)는 연방공개시장위원회(FOMC) 회의에서 기준금리를 현재 수준인 4.25~4.50%로 유지하기로 결정했다고 밝혔다. 도널드 트럼프 미국 대통령의 관세정책 드라이브로 인해 경제 불확실성이 커졌다고 진단하며 경제상황을 더 지켜보겠다는 차원이다. 이로써 연준은 지난 1월 트럼프 대통령 취임 이후 이날까지 세 차례의 FOMC 회의를 개최했고, 세 번 모두 기준금리를 동결했다.

파월 "금리조정 서두를 필요 없어"

트럼프 대통령은 자신의 고강도 관세정책 때문에 물가인상과 경기둔화 우려가 커지자 연준에 기준금리 인하를 거듭 압박해왔는데, 이번 FOMC는 트럼프 대통령이 지난 4월 상호관세를 발효한 이후 첫 금리 결정이었다. 연준은 금리동결 결정을 발표한 보도자료에서 "경제전망에 대한 불확실성이 더 증가했다"면서 "실업률과 인플레이션이 더 높아질 위험이 커졌다"고 진단했다. 연준은 최대고용을 달성하고 인플레이션을 2%로 유지한다는 목표를 갖고 있는데, 이 양대 목표를 동시에 달성하기가 더 어려워졌음을 시사한 것이다.

일반적으로 경제가 둔화하면 물가가 낮아지고 실업률이 올라가기 때문에 기준금리를 인하하면 양대 목표를 둘 다 달성할 수 있다. 하지만 ==관세는 물가와 실업률을 둘 다 높일 가능성이 크기 때문에 연준이 둘 중 하나를 우선해야 하는 상황이 발생할 수도 있다.== 파월 의장은 관세가 예상보다 훨씬 크고, 진화하고 있어서 경제에 미칠 영향이 여전히 "매우 불확실하다"면서도 그 영향이 더 명확해지기를 기다릴 수 있을 만큼 '경제상황이 괜찮다며 더 관망하겠다'는 입장을 재확인했다.

한은도 금리동결 … 환율·가계대출 등 인하 '발목'

연준의 이번 결정으로 한국과 미국 간 금리차는 상단 기준으로 1.75%포인트(p)를 그대로 유지하게 됐

제롬 파월 연준 의장

다. 앞선 4월 17일 한국은행(한은) 금융통화위원회(금통위)는 기준금리를 연 2.75%로 유지하기로 한 바 있다. 원/달러 환율이 한 달 사이 1,410~1,480원대에서 출렁이며 매우 큰 변동성을 보인 가운데 미국과의 금리차가 더 벌어지면 원화가치가 하락하며 환율불안이 더 커질 수 있다고 판단한 것으로 해석됐다. 아울러 가계대출·부동산 등 금융불안과 추가경정예산(추경), FOMC 정례회의 관련 불확실성도 동결결정에 영향을 미쳤다.

자료 / 서울외환시장

전문가들은 미국발 관세전쟁의 수출디격이나 게임·탄핵 정국 속에 더 늦춰진 내수회복을 고려할 때 한은이 5월 말 예정된 금통위 본회의에서도 인하를 미루기는 어려울 것으로 내다봤다. 특히 4월 24일 발표된 올해 1분기(1~3월) 실질 국내총생산(GDP) 성장률이 -0.2%에 그치자 시장은 충격 속에 금리인하를 확신했다. 시장과 전문가들 사이에서는 당초 예상(2회)보다 올해 한은의 금리인하 횟수가 더 늘어날 것(3회 이상)이라는 전망도 나온다. 미국발 <mark>관세전쟁의 강도가 예상보다 높고 추경 등 경기부양을</mark> <mark>위한 재정정책의 집행시기가 불확실한 상황에서 금리라도 일단 더 낮춰야 소비와 투자에 숨통이 트일 수 있기 때문</mark>이다.

이처럼 금리인하의 명분은 충분하지만, 환율 등 금융시장 불안은 걱정거리다. 원론적으로 달러와 같은 기축통화가 아닌 원화 입장에서 기준금리가 미국을 크게 밑돌면 더 높은 수익률을 좇아 외국인 투자자금이 빠져나가고 원화가치가 떨어질 위험이 있기 때문이다. 원화 약세로 원/달러 환율이 오르면 수입물가상승과 함께 국내 인플레이션 압력도 커질 수 있다. 대내외 불확실성이 지속되고 있는 만큼 대선 전까지 대행체제로 운영된 정부 역시 거시경제·금융현안간담회(F4 회의*)를 매주 개최해 금융·외환시장 동향을 면밀히 점검했지만, 전문가들은 실질적 해법은 새 정부의 몫이라고 분석했다.

F4 회의

'Finance 4'의 축약어로 경제부총리, 한국은행 총재, 금융위원장, 금융감독원장이 매주 한 차례 모여 정책현안을 논의하는 비공개회의다. 경제·금융 당국 수장들이 직접 모여 기관별로 분산돼 있는 각종 정보를 공유하기 때문에 빠른 의사결정이 가능하다.

HOT ISSUE **9위**

캐나다·호주·영국 총선 이변 … 각국 선거 돌발변수는 '트럼프'

4월 28일(현지시간) 치러진 캐나다 총선에서 도널드 트럼프 미국 대통령으로 인해 선거판도가 격변하며 집권 자유당이 승리했다. 호주도 트럼프발 관세압박에 대한 반감이 진보성향 정당의 승리로 이어졌다.

반면 영국에서는 '영국의 트럼프'로 불리는 나이절 패라지 대표가 이끄는 극우성향의 영국개혁당이 지방선거와 보궐선거에서 돌풍을 일으켰다. 각국의 선거에서 트럼프 대통령이 핵심 변수로 작용하고 있는 셈이다.

관세·조롱에 반(反)트럼프 정서가 표심으로 이어져

캐나다 선거관리위원회는 4월 29일 오전 5시 7분 기준 개표가 99.15% 완료된 가운데 정치신인 마크 카니가 이끄는 중도좌파성향의 자유당이 하원의석 343석 중 168석을 확보해 1위를 차지했다고 선언했다. 반면 보수당은 144석에 그칠 것으로 집계됐다. 이로써 다수당 대표가 총리직을 맡는 의원내각제인 캐나다에서 자유당은 과반에 3석 모자라지만, 제1당으로서 다시 한 번 정부를 구성하게 됐다.

마크 카니 캐나다 신임 총리(자유당 소속)

올해 초 자유당 소속인 쥐스탱 트뤼도 당시 총리의 경제실정 등에 대한 유권자들의 불만이 팽배했던 것을 생각하면 이번 자유당의 승리는 이변일 수밖에 없다. 그러나 트럼프 미국 대통령의 관세위협 및 캐나다의 주권을 훼손하는 '합병' 발언 등으로 총리의 리더십과 경제적 생존이 결정적인 선거쟁점으로 떠오르면서 자유당으로 표심이 쏠리기 시작했고, 여기에 카니 자유당 대표가 "트럼프의 무역압박에 대응하겠다"는 공약을 내세우고 '미국과의 기존관계는 끝났다'라고 표현하는 등 유세기간 내내 트럼프에 맞서는 모습을 강조하면서 표심을 잡는 데 성공한 것으로 분석된다.

이 같은 흐름은 호주에서도 재현됐다. 호주 유권자들이 트럼프의 철강·알루미늄 관세 부과에 반발하며 노동당으로 돌아서면서 5월 3일 실시한 총선에서 앤서니 앨버니지 대표가 이끄는 노동당이 개표 중반 기준 과반을 넘는 85석을 확보하는 등 바람을 일으켰다. 이에 월스트리트저널(WSJ)은 "캐나다에 이어 호주에서도 트럼프 효과가 진보진영의 승리를 이끌었다"고 전했다. 트럼프 대통령의 노골적인 미국 편입 위협 속에 치러진 그린란드(덴마크령) 총선도 경제자립 없이 독립하게 되면 오히려 미국의 속국이 될 수 있다는 두려움이 반영되면서 '독립 신중론'을 편 민주당의 승리로 끝났다.

캐나다에서 열린 트럼프 반대시위

트럼프식 공약 내세운 보수성향 정당 승리도

반면 5월 1일 실시된 잉글랜드 지방선거와 하원 보궐선거에서는 우익 포퓰리즘 성향의 영국개혁당이 압승했다. 전통적인 노동당 강세지역으로 1년 전 압도적으로 패배한 지역에서 승리했을 뿐만 아니라 지방의회 23개 중 7개 의회에서 다수당이 되는 성과를 냈다. 특히 패라지 영국개혁당 대표는 트럼프 대통령 후보시절 찬조연설을 하는 등 두터운 친분을 쌓은 것으로도 잘 알려진 인물이다. 이에 파이낸셜타임스(FT)는 "이번 선거결과는 반(反)이민·반유럽연합(EU)·탈탄소정책 완화 등 트럼프식 공약을 내세운 개혁당이 기존 양당(노동당, 보수당)체제에 본격적으로 균열을 낸 사례"라고 평가했다.

이 외에도 루마니아 대선에서는 극우성향이면서 트럼프 대통령의 '마가(MAGA)*운동'에 대한 지지를 밝힌 바 있는 제오르제 시미온 결속동맹(AUR) 대표가 여론조사 선두를 달리고 있고, 다니엘 노보아 에콰도르 대통령은 트럼프 대통령과의 친분을 내세우며 글로벌 리더 이미지를 강조해 재선에 성공하자 사실상 외교관계 단절상태인 멕시코에 멕시코산 제품에 대한 관세를 27%로 부과하겠다고 선언하며 트럼프 따라 하기에 나섰다.

마가

2016년 미국대선에서 힐러리 클린턴 민주당 진영에서 내건 선거구호 '미국은 위대하다(America is already great)'에 대응해 도널드 트럼프 공화당 진영에서 내세운 선거구호다. '미국을 다시 위대하게(Make America Great Again)'의 영어 앞글자를 땄다. 이 표현은 민주당 지지층 사이에서는 경멸적 뉘앙스를 띤 인터넷 밈이 되면서 트럼프 진영을 일컫는 멸칭으로 사용하고 있다. 반면 공화당은 자신들의 자부심을 반영한 표현으로 사용한다.

HOT ISSUE 10위

'경북 산불' 149시간 만에 진화 … 역대 최대규모 피해

3월 22일 경북권에서 동시다발적으로 발생한 산불이 태풍급 속도로 인근 5개 시군으로 확산하다 발화 149시간 만인 28일 가까스로 진화됐다. 초기 발생 원인이 실화로 추정되는 가운데 특히 이번 사태에서 인명피해가 컸던 원인으로 최악의 기상상황과 이에 따른 산불 확산예측 실패, 주민 대피체계 미흡 등이 지목됐다.

산불에 초토화된 경북 의성군 산림

기상악화, 확산예측 실패로 피해 확산

4월 16일 행정안전부와 산림청이 낸 '초고속 산불 대비 주민체계 개선방안'에 따르면 경북지역의 산불 확산 당시 기상은 '이상고온, 극심한 건조, 강한 돌풍' 등 산불에 취약한 세 가지 악재가 겹친 상황이었다. 이 기간 전국 평균기온은 14.2℃로 평년보다 6.4℃ 높아 역대 1위를 나타냈다. 건조한 상황도 계속돼 영남권 최근 4개월 누적 강수량은 평년 대비 50% 이하로 떨어진 상태였다. 특히 경북지역을 중심으로 상대습도가 평년 대비 15% 적었다.

태풍급 강풍도 이어졌다. 산불이 확산 중이던 3월 25일 경북 의성은 최대 순간풍속이 초속 27m에 달했다. 이는 의성지역에서 역대 3위에 해당하는 일 최대 순간풍속이었다. 이런 강풍을 타고 불씨가 먼 곳으로 날아가는 비화(飛火)현상도 잦았다. 당시 경북 내륙지역인 안동에서 바닷가인 영덕까지 시간당 8.2km 속도로 불씨가 확산했던 것으로 잠정 분석됐다. 기상악화와 연무* 등으로 드론과 헬기가 뜨지 못하면서 화선(火線, 불의 띠) 정보를 얻지 못했고, 이에 근거한 산불 확산예측과 적절한 주민 대피시점 파악을 어렵게 만들었다.

연무

연기와 안개를 아울러 이르는 말로 대기 중의 먼지나 연기 등 고체입자로 인해 가시거리가 감소하는 현상을 뜻하기도 한다. 주로 공장에서 배출된 매연과 자동차 배기가스가 원인이다. 반면 대기 중의 수증기에 의해 가시거리가 감소하는 것은 안개 또는 박무라고 한다.

역대 주요 대형산불

날짜	지역	피해면적(ha)
1996년 4월 23~25일	강원 고성	3,762
2000년 4월 7~15일	강원 동해안 (삼척 등 5지역)	23,794
2002년 4월 14~15일	충남 청양·예산	3,095
2017년 5월 6~9일	강원 강릉·삼척	1,017
2019년 4월 4~6일	강원 고성·강릉·인제	2,872
2020년 4월 24~27일	경북 안동	1,944
2022년 3월 4~13일	경북 울진·강원 삼척	16,302
2023년 4월 2~4일	충남 홍성	1,337
2025년 3월 21~30일	경남 산청·하동	3,397
2025년 3월 22~27일	경남 울산 울주	1,190
2025년 3월 22~28일	경북 5지역	99,289 의성 28,853 안동 26,709 청송 20,655 영덕 16,208 영양 6,864

자료 / 산림청, 행정안전부

사망자 대부분이 고령층이어서 이동이 쉽지 않았고, 이동수단 확보에도 어려움을 겪었다. 더욱이 산불이 급속히 확산하면서 단전·통신망 두절이 곳곳에서 발생했다. 특히 구형 휴대전화 사용 등 디지털 격차로 재난문자를 받지 못한 취약계층이 대피시점을 놓쳐 인명피해가 커졌다. 산불 확산이 거센 상황에서 시군 경계를 넘어선 대피계획 역시 없었다. 인근에 불에 타기 쉬운 침엽수림이 있어 산불이 옮겨 붙을 경우 피해에 그대로 노출될 수 있는 '위험도로' 파악이 미흡했던 것으로 당국은 분석했다. 여기에 기후변화에 따른 '초대형 산불' 가능성이 전문가들 사이에서 누차 경고됐지만, 당국의 적극적인 대처가 부족했던 점도 아쉬웠던 부분으로 지적됐다.

경북 산불 산림피해 9만ha … 산림청 발표의 '2배'

4월 17일 각 지자체와 당국 등에 따르면 정부기관 합동조사 결과 이번 산불 피해규모는 9만 9,289ha인 것으로 나타났다. 이는 당초에 산림청이 추산한 4만 5,157ha의 2배 수준에 달한다. 발표된 산불영향구역보다 실제 조사결과 피해규모가 대폭 늘어난 것은 이례적인 상황이다. 이에 산림청의 진화선언 때 피해규모 추산 자체가 '엉터리였다'라는 지적과 함께 '축소발표 의혹'이 제기됐다.

산불영향구역은 화재현장에 형성된 화선 안에 포함된 면적으로 진화가 완료된 뒤 확인하는 피해면적과는 개념이 다르다. 진화가 완료된 뒤 타지 않은 부분은 산불영향면적에는 포함되지만 피해면적에는 들어가지 않기 때문에 통상 영향면적이 실제 피해면적보다 넓게 잡힌다. 하지만 이번 산불의 경우 조사결과 실제 피해면적이 눈덩이처럼 불어났다. 이에 대해 박은식 산림청 산림산업정책국장은 "강풍으로 불이 빠르게 지나가면서 꺼진 지역의 화선이 존재하지 않았고, 이후에도 심한 연무 등으로 화선 파악이 쉽지 않았다"면서 "향후 초고속·초대형 산불에 대비해 강풍과 강한 연무상황에서도 화선 관측이 가능할 수 있는 시스템을 구축하기 위해 관계부처와 긴밀히 협의하겠다"고 밝혔다.

이번 산불로 사망 27명과 부상 156명 등 183명의 인명피해가 발생했다. 사유시설은 주택 3,848동과 농어업시설 6,106건, 농기계 1만 7,158대, 농·산림작물 3,419ha 등의 피해를, 공공시설은 국가유산, 전통사찰, 도로시설 등 총 769건의 피해가 났다. 이에 정부는 삶의 터전을 잃은 이재민에게 안정적인 주거공간 제공 외에 생계유지가 어려운 주민이 조속히 생업에 복귀할 수 있도록 '산불 피해지원 대책'을 마련하고, 복구비로 총 1조 8,809억원을 지원하기로 결정했다. 사망자 유가족과 부상자에게 지원기준에 따라 구호금과 장례비를 지원하고, 산불 진화과정에서 목숨을 잃은 공무원과 진화대원에겐 관련 법령에 따라 보상금을 지급한다는 계획이다.

HOT ISSUE **11위**

격변기 맞은 산업계, 전방위 구조조정

최악의 위기를 겪는 내수산업을 중심으로 구조조정의 회오리가 휘몰아치는 양상이다. '코로나19 양적완화'의 부메랑으로 2021년 본격화한 금리인상기를 버티다 재무구조가 허약해진 가운데 소비침체와 경쟁심화 등의 악재가 겹치며 더는 버티지 못하는 한계기업이 속출하고 있다.

유통부터 물류까지 … 내수 전후방 산업 총체적 위기

4월 2일 산업계에 따르면 금리인상기와 불황기 구조조정의 파고는 내수침체의 직격탄을 맞은 유통업계부터 덮쳤다. 지난해 7월 국내 6~7위권 온라인 쇼핑몰 티몬·위메프(티메프)가 대규모 판매대금 미정산의 후폭풍을 남기며 먼저 쓰러졌고, 올해 3월에는 대형마트 2위 홈플러스가 유동성* 위기를 이기지 못하고 기습적으로 기업회생절차(법정관리)를 신청했다. 또 같은 달 말 연간 거래액 3,000~4,000억원대의 온라인 명품 1위 플랫폼 발란이 돌연 법정관리의 문을 두드리며 유통업계 전반에 작지 않은 파장을 불렀다.

유동성

기업, 금융기관 등 경제주체가 가진 자산을 현금으로 바꿀 수 있는 능력을 의미한다. 즉, 현금화할 수 있는 재산을 얼마나 갖고 있는지를 나타내는 경제용어. 보통 물건을 사고팔 때 대금결제수단으로 바로 활용가능한 현금이 가장 유동성이 높으며, 언제든지 현금으로 인출할 수 있는 예금도 유동성이 높은 편이다. 반면 건물이나 토지 등 부동산의 경우 바로 현금화할 수 없기 때문에 상대적으로 유동성이 낮은 재산으로 분류된다.

상품을 유통해 판매하는 온·오프라인 유통업체에서 시작된 이런 흐름은 내수를 기반으로 하는 제조업체와 산업의 대동맥이라는 물류 등으로 급속히 전이되는 모습이다. 애경그룹이 재무구조 개선을 위해 그룹의 모태이자 핵심 계열사인 애경산업 매각을 검토하는 것도 같은 맥락이다. 애경산업은 샴푸, 치약, 비누 등의 생활용품과 화장품을 주로 제조해 판매해온 업체다. 1954년 애경유지공업이라는 이름으로 설립된 이래 대중에게 애경이라는 브랜드를 알린 일등공신이자 핵심수익원 역할을 했으나 그룹 차원의 유동성 악화의 희생양이 되는 상황이 됐다.

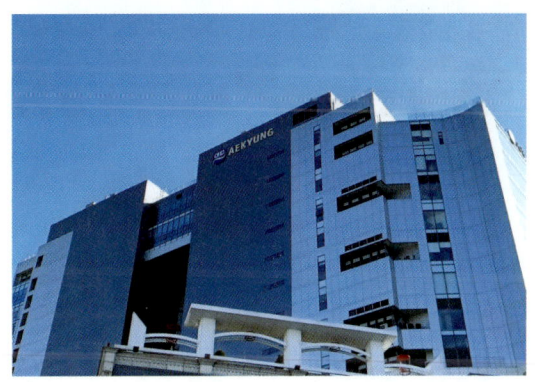

애경그룹

여기에 최근 냉동·냉장 새벽배송대행을 전문으로 하는 물류업체 팀프레시가 자금난으로 새벽배송을 일시 중단하면서 업계의 불안감을 키웠다. 2023년 기준 매출 3,884억원의 중견 물류사인 팀프레시는 최근 4년 새 1,000억원이 넘는 누적 영업손실이 쌓이며 자금난을 겪어왔다. 팀프레시의 서비스 중단으로 당장 현대그린푸드, NS홈쇼핑, 풀무원 등 주요 식품 자사몰이 새벽배송 서비스를 멈췄다.

고금리·소비침체·시장경쟁 … '트리플 악재'

이처럼 유통사는 물론 전후방 연관기업까지 자금경색의 한계상황으로 내몰린 것은 고금리에 따른 자금사정 악화와 내수침체와 맞물린 판매부진, 업계경쟁 심화 등이 복합적으로 작용한 결과로 업계에서는 보고 있다. 내수기업들은 그동안 투자 또는 대출받아 수혈한 자금으로 매출을 키워 시장점유율을 높이는 데 집중했다. 하지만 2021년 단계적인 금리인상이 이어지고 설상가상으로 시장의 성장세마저 둔화하면서 위기가 현실화됐다는 것이다.

그동안 업계는 고비용 차입구조가 한계에 부닥치자 생존을 위해 할인쿠폰을 남발하며 '제 살 깎아 먹기식' 거래로 간신히 지탱해왔다. 그러나 이마저도 부채 원리금상환 부담, 소비심리 위축에 따른 판매부진이 동반 심화하면서 더는 부실을 감당하기 어려운 상황이 됐다. 결국 티메프를 시작으로 유동성이 취약한 한계기업이 하나둘씩 수면 위로 떠오르며 내수산업 전반의 구조조정으로 연결됐다.

더 큰 문제는 바닥까지 내려간 소비심리가 좀처럼 살아날 기미를 보이지 않는 데다 '트럼프발' 관세전쟁으로 경기가 하방압력을 받을 가능성이 더 커졌다는 것이다. 비상계엄 사태 이후 지속된 정국불안도 내수를 짓누르는 악재다. 내수경기 영향을 받는 건설업계는 이미 구조조정을 겪고 있으며, 산업계의 위기감도 큰 상황이다. 이에 업계에서는 재무가 탄탄한 소수의 대형사업자 중심으로 재편될 가능성이 크며, 국내 산업과 기업 구조조정의 문제는 점차 석유화학, 항공 등 업종을 가리지 않고 산업계 전반으로 번질 수 있다는 우려가 나온다.

HOT ISSUE **12위**

전국에 '싱크홀' 비상 … 지자체 점검·대책 분주

최근 전국 각지에서 지반침하(싱크홀) 사고로 피해가 잇따르자 시민불안이 커지고 있다. 각 지자체는 인공지능(AI) 장비 도입이나 지반탐사 확대 등으로 재발을 방지하겠다는 입장이지만 사고를 막기에는 역부족이라는 평가도 나온다.

인명·재산 피해 잇따라 … 노후관·지하공사 영향

서울 강동구에서는 지난 3월 24일 직경 20m, 깊이 20m 규모의 싱크홀이 도심 사거리 한복판에서 발생해 지나가던 오토바이 운전자 1명이 사망하는 사고가 발생했다. 또 4월 11일에는 경기 광명시에서 신안산선 지하터널 공사현장이 붕괴해 50대 근로자 1명이 사망한 채로 발견됐다. 지난해 8월에는 서울 서대문구 연희동에서 가로 6m, 세로 4m, 깊이 2.5m의 싱크홀에 승용차가 통째로 빠져 운전자와 동승자 2명이 중상을 입었다. 부산에서는 지난해 9월 사상구 한 도로에서 가로 10m, 세로 5m, 깊이 8m가량의 싱크홀에 트럭 2대가 빠지기도 했다.

서울 강동구 싱크홀 사고현장(25.3.24)

국토교통부에 따르면 2014~2023년까지 10년간 전국에서 발생한 싱크홀 사고는 2,085건이다. 광역단체 기준 가장 많이 발생한 곳은 경기도로 429건이다. 이밖에 강원 270건, 서울 216건, 광주 182건, 충북 171건, 부산 157건, 대전 130건 등이 뒤를 이었다. 각 지자체와 국토안전관리원 등에 따르면 노후 하수관 손상, 지하수 유출, 시공 불량 등이 주요 원인으로 꼽힌다. 이와 더불어 지하철 공사나 대심도 도로 등 지반공사가 늘어나면서 인근지역의 싱크홀 사고도 증가한 것으로 나타났다.

GPR 탐사·AI 도입 등 대응책에도 시민불안 여전

잇단 싱크홀 사고로 시민들의 불안이 커지자 지자체들은 재발방지 대책으로 AI 장비 도입과 지표투과레이더(GPR)를 통한 안전점검을 실시하겠다고 밝혔다. 서울시는 GPR 탐사 확대와 노후관로 교체를 포함한 '지반침하 예방 종합대책'을 마련했고 '우선 정비구역도'와 '안전지도'를 제작해 대응에 나섰다. 제주도는 **포트홀*** 을 중심으로 AI 탐지장비를 도입해 선제대응 중이며, 울산은 간선도로를 중심으로 GPR 탐사와 천공내시경을 통한 정밀점검을 진행한 다고 밝혔다. 부산시도 GPR 탐사차량을 확충하고, 지하 굴착공사 때 자동계측을 통해 실시간 모니터링을 강화하기로 했다. 부실한 차수공법이 시행된 사상~하단선 지하철공사 구간 1,100곳에는 물 침투를 막고 지반을 보강하는 그라우팅 공법을 실시하겠다고 설명했다.

> **포트홀**
> 도로포장 표면이 침식 또는 마모되면서 구멍이 생기는 현상을 말한다. 주로 우기(雨期)에 많이 발생하는데, 아스팔트 포장면의 균열부로 빗물이 유입되면 차량의 반복 하중에 의해 표면이 박리되면서 작은 구멍이 생기고 그것이 점점 커지게 된다. 지반침하와는 무관하게 발생하며, 차량의 주행에 방해가 될 뿐만 아니라 크기가 큰 포트홀은 차량을 파손시킬 수도 있어 지속적인 관리가 필요하다.

대규모 택지개발, 전철 신설, 기존 철도 지하화 등 지하공간 공사가 집중된 경기도는 이미 2020년 '경기지하안전지킴이' 제도를 도입한 바 있다. 지하안전지킴이는 토질, 지질, 구조 등 지하 안전전문가 40여 명으로 구성돼 10m 이상 굴착 공사현장을 대상으로 지하안전을 평가하고 점검한다. 이들은 지반침하 사고가 주로 우기 때인 6~8월(47.2%) 집중된 것을 고려해 지반침하 사고 취약시기인 해빙기(3~4월), 우기(6월), 집중호우기(9월) 등 연간 3차례 이상 점검하고 시군 담당자를 대상으로 연간 2회 지하안전에 대한 실무교육도 받는다.

광명 신안산선 붕괴현장(25.4.11)

하지만 일부 지자체는 GPR 장비를 보유하고 있지 않으며, 도입했더라도 운용할 인력이 부족한 경우가 많다. 전북도 내 14개 시군에는 GPR 장비가 단 한 대도 없는 실정이다. 충북의 경우 GPR 장비가 있지만 저가형이고, 이를 운용할 전문직원 확보에 애를 먹고 있다. 동아대 이동규 재난관리학과 교수는 "같은 사고가 되풀이되는 것은 더 큰 위험성이 존재한다는 의미"라며 "민관이 머리를 맞대 안전성을 우선 확보하는 방안을 고려해야 할 때"라고 조언했다.

HOT ISSUE 13위

전 세계 AI 전쟁, 이제는 휴머노이드 로봇 전쟁으로

사람과 같은 체형에 인공지능(AI)을 탑재한 로봇, 이른바 휴머노이드 개발경쟁이 치열해지고 있는 가운데 중국은 작년부터 100종에 가까운 **체화지능 로봇***(Embodied Intelligence Robot)을 만들어 글로벌시장의 70% 비중을 차지하게 됐다고 밝혔다.

> **체화지능 로봇**
> 체화지능이란 실제환경과 상호작용하는 하드웨어를 갖춘 인공지능(AI)으로서 최근 인간의 외형을 닮은 '휴머노이드 로봇' 기술의 발달과 함께 떠오른 새로운 개념이다. 가상세계의 AI와는 달리 로봇의 몸체가 반드시 현실세계에서 작동하는 것을 전제로 하며, 입력된 내용을 '보고' '듣고' '분석하는' 것에서 그치지 않고 수집된 데이터를 바탕으로 하는 판단의 결과로서 행동하는 것이 가능하다.

중국, 로봇 운동회·생활 속 협업로봇 선보여

중국은 지난 4월 19일 베이징에서 세계 최초로 휴머노이드 마라톤대회를 개최한 데 이어 같은 달 24~26일에는 장수성 우시에서 중국전자학회의 주최하에 '2025 세계로봇대회-제1회 체화지능 로봇대회'를 열었다. 이번 행사에서는 중국의 주요 로봇업체 100여 곳이 참가해 육상·축구·농구 등 경기를 진행했고, 당국과 학계·기업 전문가들이 모인 토론회도 있었다.

글로벌타임스는 이번 대회 참가 로봇 중 특히 남부 광둥성 선전에 기반을 둔 도봇로보틱스의 휴머노이드 로봇 '아톰'을 별도로 조명했다. 아톰은 민첩한 동작과 무릎을 곧게 편 보행능력을 갖춘 세계 최초의 풀사이즈 휴머노이드 로봇으로 명령에 따라 초콜릿상자 조립, 우유 따르기, 악수, 꽃 배달 등의 작업을 수행할 수 있는데, 리자셴 도봇 대표는 "아톰은 자동차 조립 준비와 커피숍 음료 준비, 약국 야간근무 등 산업현장에 주로 쓰인다"며 "2024년 80개 이상 국가·지역의 해외시장에 8만개 넘는 협업로봇을 수출했다"고 설명했다.

마라톤대회에 참가한 중국의 휴머노이드 로봇(중국 베이징)

이런 성과에 대해 중국 공업정보화부 당국자 두광다는 우시 로봇대회 폐막 다음 날인 27일에 열린 포럼에 참석해 "중국은 생산·공급·판매를 통틀어 휴머노이드 로봇 제조를 위한 완전한 산업망을 갖춘 세계에서 유일한 국가"라고 평가했다.

체화지능은 경제체질 개선 활로 … 빅테크도 참전

이처럼 중국이 로봇 관련 행사를 연이어 개최하고 있는 것은 지난 3월에 있었던 중국 연례 최대 정치행사인 양회(兩會)에서 6세대 이동통신(6G)과 휴머노이드 로봇, AI스마트폰·PC와 함께 '체화지능'을 중점 육성분야로 처음 명시한 데 따른 행보다. 이런 움직임을 두고 ==중국이 미국과의 무역전쟁 격화와 경기침체로 경제체질 개선을 요구받는 상황에서 '첨단산업 굴기'에 한층 무게를 싣고 있다는 평가도 나온==다. 시장분석기관 헤드레오파드상하이도 중국의 체화지능 시장규모가 2023년 기준 4,186억위안(약 82조 6,000억원)이었으나, 이런 기조가 지속된다면 2027년까지 6,328억위안(약 124조 9,000억원)으로 성장할 것이라고 전망했다.

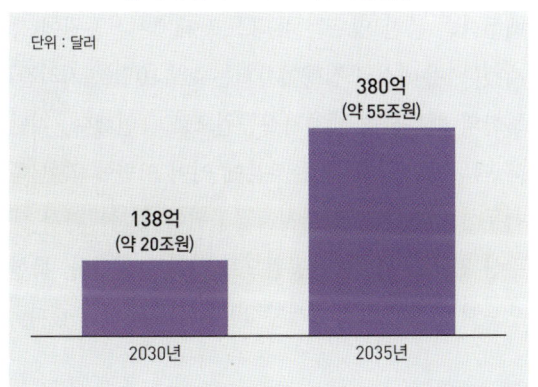

전 세계 휴머노이드 로봇 시장전망
자료 / 골드만삭스

휴머노이드 로봇 개발경쟁에 사활을 건 것은 중국만이 아니다. 지난 2월에는 구글이 미국 로봇 개발업체 앱트로닉에 투자하는 방식으로 경쟁에 참전을 선언하면서 주요 빅테크 간 로봇 개발경쟁도 본격화됐다. 일찌감치 로봇 개발경쟁에 뛰어든 테슬라는 '옵티머스'라는 로봇을 개발해 올해 안에 자체 공장에 최대 1만대를 배치하고, 내년부터는 외부판매를 시작한다는 계획이다.

이 밖에 마이크로소프트(MS), 오픈AI, 아마존, 엔비디아는 지난해 휴머노이드 개발 스타트업 '피규어'에 투자한 바 있다. 국내기업인 LG이노텍과 삼성투자 조직도 피규어에 투자한 것으로 알려졌다. 피규어는 테슬라와 현대차그룹이 인수한 보스턴다이내믹스 출신의 엔지니어들이 2021년 만든 회사다.

한편 리서치업체 'STIQ'의 설립자인 토마스 앤더슨은 휴머노이드 로봇을 개발 중인 기업 49곳을 비롯해 100곳 이상의 성과를 추적한 결과 향후 휴머노이드 로봇시장을 중국기업이 지배할 가능성이 크다고 예상했다. ==“중국의 로봇 공급망과 생태계는 매우 방대하며, 개발과 연구를 반복해서 수행하기 수월한 환경이 마련돼 있다”==는 설명이다. 골드만삭스에 따르면 휴머노이드 로봇의 글로벌시장 규모는 2035년까지 380억달러에 달할 것으로 전망되고 있다.

HOT ISSUE **14위**

한반도의 기억과 지형, 세계유산으로 남다

제주4·3의 아픈 역사와 전후 녹색혁명 과정을 기록한 자료가 유네스코(UNESCO) 세계기록유산이 됐다. 4월 11일 국가유산청과 제주도 등에 따르면 유네스코 집행이사회는 4월 10일(현지시간) 오후 프랑스 파리에서 열린 회의에서 '제주4·3기록물'과 '산림녹화 기록물'을 세계기록유산으로 등재하기로 결정했다. 같은 날 북한의 백두산도 유네스코 세계지질공원으로 새롭게 이름을 올리며 남북한의 유산이 나란히 세계적 가치를 인정받았다.

'제주4·3'·'산림녹화' 기록물, 세계기록유산 등재

제주4·3기록물은 제주4·3 당시 민간인 학살에 대한 피해자 진술, 진상규명과 화해의 과정을 아우르는 자료로 총 1만 4,673건에 달한다. 군법회의 수형인 명부와 옥중 엽서(27건), 희생자와 유족의 증언(1만 4,601건), 시민사회의 진상규명운동 기록(42건), 정부의 공식 진상조사 보고서(3건) 등이 포함됐다. 1947년 3월 1일을 기점으로 1954년 9월 21일까지 제주를 중심으로 약 7년간 이어진 무력충돌과 이를 진압하는 과정이 기록돼 있어 의미가 크다. 유네스코 측은 제주4·3기록물의 역사적 가치와 진정성, 보편적 중요성을 인정했다. 앞서 기록물을 평가한 국제자문위원회(IAC) 측은 "국가폭력에 맞서 진실을 밝히고, 사회적 화해를 이뤄내며 희생자의 명예를 회복하기 위한 노력을 조명한다"고 판단했다. 또 "화해와 상생을 향한 지역사회의 민주주의 실천이 이룬 성과"라고 높이 평가했다.

제주4·3평화공원

함께 세계기록유산*으로 등재된 산림녹화 기록물은 6·25전쟁으로 황폐해진 국토를 민관이 힘을 모아 성공적으로 재건했던 경험을 정리한 기록물이다. 녹화(綠化)는 산이나 들에 나무, 화초 등을 심어 푸르게 하는 것을 말한다. 등재된 기록물은 산림 복구를 위해 작성한 각종 공문서, 사진, 홍보물, 우표 등 9,600여 건의 자료를 아우른다. 각 마을에서 '산림계'를 꾸리면서 만든 각종 규칙, '삼천만의 희망을 산에 심자'는 문구가 적힌 포스터 외에도 1973~1977년 포항 영일만을 복구할 때 촬영한 사진 등이 포함됐다. 이번 등재로 제주도는 '유네스코 5관왕'이라는 기록도 달성하게 됐으며, 한국의 세계기록유산은 20건으로 늘어나게 됐다.

세계기록유산

유네스코가 전 세계의 귀중한 기록물을 보존하고 활용하기 위해 1997년부터 2년마다 세계적 가치가 있는 기록유산을 선정하는 사업이다. 유산에는 서적(책)이나 문서, 편지 등 여러 종류의 동산이 포함된다. 세계기록유산에 등재되면 보존관리에 대한 유네스코의 보조금 및 기술적 지원을 받을 수 있으며, 세계기록유산 로고 사용 및 유네스코를 통한 지속적 홍보가 가능하다.

북한의 백두산, 세계지질공원 등재

백두산의 북한 영토는 유네스코 세계지질공원에 등재됐다. 유네스코 집행이사회는 4월 10일(현지시간) 북한의 백두산을 세계지질공원으로 승인했다. 지난해 백두산의 중국 영토 부분에 이어 이번에 북한 쪽 백두산도 유네스코 세계지질공원에 등재되면서 백두산 전체가 세계지질공원으로 지정된 것이다. 북한으로서는 처음으로 세계지질공원을 보유하게 됐다.

북한 중앙TV에 방영된 '백두산 8경' 기록영화

세계지질공원은 지질학적 가치를 지닌 지역을 보존하고 지속가능한 방식으로 관리하기 위해 지정한다.

세계지질공원으로 인정된 이후에는 4년마다 재검토와 재평가를 받아야 하며, 기준에 부합하지 않을 경우에는 인증이 취소된다. 북한이 백두산 세계지질공원 인증을 신청한 것은 2019년으로 중국보다 한 해 앞섰으나 코로나19로 전문가들의 현장실사가 늦춰지면서 중국 쪽보다 승인이 늦어졌다.

유네스코 세계지질공원 이사회는 지난 2월 공개한 후보지 소개문에서 백두산에 대해 "화산폭발로 형성된 장엄한 경관이 특징"이라며 "빙하침식(빙하가 이동하면서 지표를 침식하는 현상)으로 형성된 권곡(빙하침식으로 만들어진 오목한 골짜기) 등 빙하지형이 발달한 지역"이라고 설명했다. 또 서기 1000년께 백두산에서 발생한 '밀레니엄분화'를 소개하면서 "향후에 또 폭발할 가능성이 큰 화산으로 여겨진다"고 설명했다.

HOT ISSUE **15위**

더본코리아, 지속된 논란으로 가맹점 수익 줄고 주가 '위기'

백종원 대표의 외식기업 더본코리아가 상장 반년 만에 큰 위기를 맞았다. 지난해부터 소비심리가 위축돼 외식업 전반의 침체가 장기화한 상황에서 연초부터 더본코리아를 둘러싼 각종 논란이 끊이지 않으면서 산하 브랜드의 타격이 심각한 것으로 업계에서는 보고 있다.

일부 점주, '매출 감소'로 어려움 호소

더본코리아 산하 빽다방과 홍콩반점 등 25개 외식 브랜드 가맹점주들이 수익성 악화로 어려움을 호소하고 있다. ==브랜드에 따라 다르지만 대체로 가맹점 수익이 두 자릿수가량 감소==한 것으로 알려졌다. 더본코리아는 가맹점과 상생을 실현하기 위해 50억원 규모의 지원책을 5월 2일 내놨다. 먼저 가맹점의 고정비 부담을 낮추기 위해 전 브랜드 가맹점을 대상으로 3개월간 로열티를 면제하기로 했다. 또 전 가맹점에서 가정의달인 5월 통합 프로모션을 실시하고, 본사가 비용을 전액 지원하기로 했다. 같은 달 브랜드별 핵심식자재도 할인공급한다.

백종원 더본코리아 대표

백 대표는 해외출장에서 돌아온 5월 3일 홍콩반점 가맹점주 간담회를 열어 최근 제기된 이슈에 대해 정면해결을 시도했다. 백 대표는 간담회에서 "최근의 오해와 이슈에 관해 설명이 부족했던 점을 인정한다"며 "앞으로는 적극적으로 해명하고 빠르게 해결해 가겠다"고 말했다. 이어 "주주 이익 때문에 가맹점주들에게 불이익이 있을까 걱정하시는 분들이 계실 텐데 우리는 가맹점이 무엇보다 우선"이라고 강조하며 "주주 이익실현은 해외 소스사업 등 다양한 신규사업을 통해 가맹사업과 함께 실현할 계획"이라고 말했다. 백 대표는 연말까지 브랜드별로 점주들과 소통하며 현장의 목소리를 반영한 해법을 찾을 계획이라고 밝혔다.

주가는 공모가보다 22% 내려 '최저'

더본코리아는 지난해 11월 증시 상장을 성공적으로 마쳤을 때만 해도 증시에서 성장 기대감이 높은 새내기주로 세간의 주목을 받았다. 그러나 논란과 함께 하락세가 이어지면서 최근에는 상장 이후 최저 수준으로 떨어졌다.

더본코리아는 유가증권시장(KOSPI, 코스피*) 상장 첫날인 지난해 11월 6일 공모가(3만 4,000원) 대비 51.2% 오른 5만 1,400원으로 장을 마치면서 순조롭게 출발했으나, 얼마 지나지 않아 약세로 돌아서 지난 2월 3만원 밑으로 내려갔다. 5월 7일에도 주가는 장중 2만 6,100원까지 하락했다가 전 거래일보다 약간 오른 2만 6,450원에 거래를 마쳤다. 공모가 대비 22% 하락한 것이다. 더본코리아는 의무보호예수기간이 5월 6일 끝났으나, 백종원·강석원 각자대표(회사를 대표하는 이사가 2인 이상일 때 각 이사가 단독으로 의사결정과 행위를 할 수 있는 형태)의 주식 매도계획이 없다고 밝혔다.

진 것처럼 오인하게 만들고(표시광고법 위반), '덮죽' 제품에 베트남산 새우를 사용하면서 광고에는 '국내산', '자연산' 등의 표현을 사용해(식품표시광고법 위반) 경찰의 조사를 받고 있다.

2024년 11월 코스피 상장에 성공한 더본코리아

방송인으로 더 잘 알려진 백 대표는 5월 6일 "모든 방송활동을 중단하겠다"고 선언했다. 그는 "이제 방송인이 아닌 기업인 백종원으로서 저의 모든 열정과 온 힘을 오롯이 더본코리아의 성장에 집중하겠다"고 강조했다.

> **코스피**
>
> 정식명칭은 유가증권시장이다. 원래는 유가증권시장의 '종합주가지수'를 가리키는 말이었으나 의미가 확대돼 현재는 국내 종합주가지수 및 주식시장을 가리키는 말로 사용된다. 시장 전체의 주가 움직임을 측정하는 지표로 이용되며, 이 밖에 투자성과 측정, 다른 금융상품과의 수익률 비교척도, 경제상황 예측지표로도 활용된다.

더본코리아를 둘러싼 논란은 3개월째 이어졌다. 지난 2월부터 '빽햄'의 품질 논란과 감귤맥주의 재료함량 문제, 농지법 위반 의혹, 제품의 원산지 표기 오류에 이어 직원이 면접을 명목으로 여성 지원자를 술자리에 부르거나 축제현장에 집기와 재료를 방치하는 등의 문제가 제기됐다. 최근에는 산업용 금속으로 만들어진 조리도구를 식품용 금속으로 만들어

HOT ISSUE 16위

**전국 의대, 미복귀 학생 처분 확정…
전체 인원 중 43% 유급예정**

전국 40개 의대의 미복귀 학생에 대한 유급·제적* 처분이 5월 7일 확정됐다. 무단결석으로 제적예정 통보를 받은 의대생들은 거의 전원 복귀했지만, 유급 대상 학생들은 대부분 수업거부를 이어가는 것으로 파악됐다. 이에 따라 전국 40개 의대 재학생의 43%가 유급 대상자로 확정됐다.

유급과 제적

학사관리에서 유급(留級)이란 다음 학년으로 진급하지 못하고 그대로 남는 것을 말한다. 반면 제적(除籍)은 용어 그대로 학교에서 학적을 없앤다는 의미로 학생으로서의 신분을 박탈하는 것을 말한다. 대학에서는 주로 미인정 결석이 잦거나 학사경고가 기준 이상으로 누적된 경우, 등록금을 내지 못한 경우 등의 사유로 제적될 수 있다.

의대생들, '제적 처리' 데드라인 직전 대부분 복귀

교육당국과 각 대학 등에 따르면 전국 의대는 이날까지 미복귀 의대생의 유급·제적 처분현황을 교육부에 보고했다. 이날 이후로는 처분결과를 번복할 수 없는 만큼 사실상 대상 인원이 확정된 셈이다. 정부는 같은 달 전체 의대 유급·제적 현황을 공개하기로 했다.

일부 학교에서는 수십명 단위로 학생들이 수업에 참여하기도 했지만, 전향적인 복귀 움직임은 없는 것으로 파악됐다. 이에 수업 참여율은 4월 말 26%에서 약간 오른 30% 안팎으로 추정됐다. ==유급이 예정된 의대생은 8,305명으로 전체 재학생(1만 9,475명)의 42.6%에 달했다. 제적예정 인원은 재학생의 0.2%인 46명==이다. 대다수 대학이 2~4회 유급 누적 시 제적할 수 있도록 학칙에서 규정하고 있으며, 유급되면 등록금을 돌려받지 못하는 등 불이익이 생긴다. 그래도 제적과 달리 유급은 의대생 신분을 일단 유지하는 것이어서 학생들의 '대오'를 무너뜨리기에는 역부족이었던 것으로 보인다.

다만 한 달 이상 무단결석해 제적예정 통보를 받은 순천향대(606명), 을지대(299명), 인제대(557명), 건양대(264명), 차의과대(의학전문대학원, 190명) 학생들은 수업에 거의 전원 복귀했다. 미복귀 의대생에 대한 유급·제적 처분시한은 원래 4월 30일까지였으나 학교 재량에 따라 확정일까지 복귀할 기회를 열어뒀다. 제적은 유급과 달리 결원이 있어야만 재입학할 수 있다. 특히 1학년의 경우 내년도 신입생이 들어오는 만큼 사실상 재입학이 불가능하다고 여겨진다. 더욱이 교육부는 일부 의대의 건의를 수용해 유급·제적으로 인한 결원 발생 시 편입학으로 해당 인원을 100% 채울 수 있게 편입학 기본계획을 개정하는 방안을 검토 중이다. 이르면 오는 10월께 개정해 내년부터 적용될 수 있다. 학사경고가 2회 누적되면 제적 처분되는 충남대 의대 24학번 역시 복귀를 결정한 것으로 전해졌다. 이들은 작년에 수업거부로 이미 학사경고를 받았기 때문에 올해도 학사경고를 받을 경우 제적된다.

의대 학생회 대표 40인 '자퇴' 결의

이런 가운데 의대생 대표 단체인 '대한의과대학·의학전문대학원 학생협회(의대협)'는 이날 오후 학생 대표 40명이 작성한 자퇴원서를 첨부한 공동성명서를 발표했다. 의대협은 공동성명서에서 ==" 국가의 허가 없이는 의대생의 개인 휴학도 불가능하다고 말하는 교육부는 40일째 제적을 하겠다며 협박한다"==며 "교육의 본질마저 왜곡한 형태"라고 비판했다. 이어 "의대협은 교육부의 압박에 노출돼 기본권을 심각히 침해당하고 있는 학생 회원들을 보호하기 위해 총력을 다할 것"이라며 "교육부라는 국가권력 앞에 무력했던 학생들로서 이들의 불법적 행위에 대해 고발하려고 한다"고 밝혔다.

이번 성명은 각 대학의 학칙에 따라 제적 또는 유급이 달리 적용되는 상황에서 제적에 준하는 자퇴결의를 함으로써 '단일대오'를 이어가려는 것으로 해석됐다. 그러나 이주호 대통령 권한대행 부총리 겸 교육부 장관은 5월 5일 "각 대학은 7일까지 유급과 제적 대상을 확정해 원칙대로 처리할 것"이라며 "확정된 유급 또는 제적은 철회되거나 취소되지 않는다"고 학사 유연화 불가 방침을 재확인했다. 한편 선거를 앞두고 대선후보들이 의대생들의 복귀를 촉구하며 의료개혁 재검토 및 공공의대 설립 등에 관한 공약을 내세우자 그 실현 가능성에 관심이 쏠렸다.

HOT ISSUE

17위

'지브리풍' 사진 바꾸기 열풍 속 개인정보 보호 문제는 묻혀

최근 챗GPT 개발사인 오픈AI의 새 이미지 생성모델을 써서 특정 화풍으로 사진 바꾸기가 유행하고 있다. 그러나 오픈AI로 넘어간 사진 속 인물의 초상권이나 해당 데이터가 인공지능(AI) 학습에 사용될 가능성에 대한 관심은 높지 않은 것으로 나타났다. 화풍이 활용된 일본의 대표 애니메이션 제작사 스튜디오 지브리 등의 저작권 문제에는 관심이 쏠린 바 있는데, 이용자들의 개인정보 보호 문제는 유행 열풍 속에 묻혀 있다는 지적이 나온다.

사진 데이터, 모델별로 AI 학습 사용여부 달라

4월 4일 AI 업계에 따르면 데이터플랫폼 기업 아이지에이웍스는 3월 27일 기준 챗GPT 국내 일간활성이용자수(DAU)가 125만 2,000명으로 같은 달 1일 DAU 79만 9,000명보다 56% 급증했다고 밝혔다. 이러한 이용자 수 급증세에는 사진변환 유행을 몰고 온 '챗GPT-4o 이미지 생성*' 출시가 영향을 미쳤다는 분석이 지배적이다. 3월 초에 비해 월말에 늘어난 챗GPT 일일 이용자 약 45만명이 이미지 변환을 한 번만 했다고 가정해도 오픈AI는 최소 45만명의 인물사진을 확보했다는 이야기가 된다.

> **챗GPT-4o 이미지 생성**
>
> 오픈AI의 멀티모달 AI모델 '챗GPT-4o'와 결합한 이미지 생성모델이다. 명령어를 하나하나 입력할 필요 없이 이용자의 의도를 파악해 이미지를 생성한다. 오픈AI가 해당 서비스를 출시한 이후 전 세계적으로 사진 화풍변환 열풍이 불면서 챗GPT뿐만 아니라 유사한 기능을 제공하는 비슷한 앱들도 덩달아 반사이익을 누리고 있다. 저작권 침해 논란 속에서도 사진 화풍변환이 전방위적 문화현상으로 자리 잡은 상황이다.

자신과 지인의 사진을 입력하면 지브리 스튜디오를 비롯해 디즈니, 심슨 가족 등 인기 애니메이션 화풍 이미지로 바꿔주는데, 특히 지브리풍 이미지 생성이 신드롬으로 불릴 수준의 큰 인기를 끌었다. 사진 화풍변환은 국내뿐 아니라 전 세계적으로도 인기를 끌고 있어서 글로벌 규모로 보면 오픈AI가 이번 '대히트'를 통해 얻은 이미지 데이터가 어마어마할 것으로 추산됐다. 샘 올트먼 오픈AI 최고경영자(CEO)는 3월 31일 불과 1시간 만에 챗GPT 이용자 수가 100만명 늘었다고 밝히기도 했다.

그러나 이미지 변환을 위해 입력된 사진이 이용자 자신도 모르는 새에 오픈AI의 데이터 학습에 활용될 소지가 있어 주의가 필요하다. 오픈AI 관계자는 "챗GPT 엔터프라이즈, 챗GPT 에듀(Edu), 챗GPT 팀 등의 서비스에 입력되는 데이터는 모델학습에 쓰이지 않고, 챗GPT 무료·플러스·프로 사용자 데이터는 사용된다. 하지만 이용자가 데이터 제어 설정에서 향후 모델개선에 기여할 지 여부를 손쉽게 설정할 수 있다"며 챗GPT 버전에 따라 입력된 사진 데이터가 AI학습에 사용될 수 있음을 시사했다. 개인정보보호위원회는 오픈AI가 이용자들의 사진을 영리적 목적이나 2차 가공 등에 무단사용했다는 침해신고 등이 들어오지 않는 이상 개인정보 보호방침이 지켜질 것으로 봐야 한다는 입장을 밝혔다.

'지브리 프사' 열풍, 창작자들에 '실존적 고민' 안겨

한편 예술계에서는 '지프리 프사(프로필 사진)' 열풍으로 창작이란 무엇인가에 대한 열띤 논쟁이 벌어지기도 했다. 미야자키 하야오 감독의 지브리 애니메이션은 한땀 한땀 공들인 수작업을 통해 아날로그 감성을 보여주는 것으로 정평이 나 있다. 그런데 이런 화풍을 챗GPT가 단 몇초, 몇분 만에 '모방'해버리기 때문에 창작활동을 하는 이들에게 실존적 고민을 안기고 있는 것이다. 아울러 설령 누군가가 챗GPT로 자신의 그림체를 베끼더라도 문제를 제기하기 어렵다는 점도 문제로 지적된다.

일본 애니메이션 거장 미야자키 하야오 감독

창작자들은 결국 독창성에 답이 있다고 입을 모았다. AI가 가질 수 없는 사람들의 감정과 생각에 대해 연구하고 AI가 따라 할 수 없는 자신만의 콘텐츠와 스토리를 찾아야 한다는 것이다. 전문가들도 '지브리 프사' 열풍으로 창작의 본질이 명확해졌다고 했다. 한창완 세종대 만화애니메이션학과 교수는 "인공지능은 이제 창작의 도구라고 봐야 한다"며 "공장시스템의 웹툰 스튜디오라 하더라도 이제는 AI를 잘 쓰는 사람을 요구할 것"이라고 말했다. 김영재 한국애니메이션학회장(한양대 문화콘텐츠학과 교수)도 "제작 및 기술적인 영역은 점점 AI가 대체해나가는 만큼 창작자 고유의 세계관과 철학을 배양하는 일이 핵심"이라고 했다.

HOT ISSUE 18위

중국, 서해에 무단 구조물 설치 … 해양안보 악영향 우려

3월 18일 정부 소식통에 따르면 정부는 2월 26일 해양수산부 산하 한국해양과학기술원 해양조사선인 온누리호(1,422톤(t)급)를 서해 한중 잠정조치수역(PMZ)에 보내 중국이 무단설치한 구조물에 대한 점검을 시도했다. 그런데 온누리호가 구조물에 약 1km 거리까지 접근하자 중국해경과 민간인들이 온누리호에 접근해 조사장비 투입을 막았고, 이에 대기하던 한국해경도 함정을 급파해 현장에서 중국해경과 2시간여 동안 대치했다.

중국이 2024년 일방적으로 설치한 서해구조물 선란2호

중국은 "영유권과는 무관"하다지만 우려 깊어

PMZ는 한국과 중국의 200해리 **배타적 경제수역***(EEZ)이 겹치는 서해수역의 일부로 양국 어선이 함께 조업하고 양국 정부가 수산자원을 공동관리한다. 항행과 어업을 제외한 다른 행위는 금지된다. 하지만 근래 중국 측이 심해 연어양식시설이라며 PMZ에 선란1호(2018년)와 2호(2024년)를 설치했고, 2022년에는 관리시설이라며 석유시추설비 형태의 구조물도 설치했다. 이에 '영유권 주장'의 근거를 만들기 위한 것이 아니냐는 의혹이 제기됐다.

> **배타적 경제수역**
>
> 자국 연안으로부터 200해리까지의 수역에 대해 천연자원의 탐사·개발 및 보존, 해양환경의 보존과 과학적 조사활동 등 모든 주권적 권리를 인정하는 유엔(UN) 해양법상의 개념이다. 배타적 경제수역은 영해와 달리 영유권은 인정되지 않는다. 따라서 경제활동의 목적이 없는 외국선박의 항해와 통신 및 수송을 위한 케이블이나 파이프의 설치는 허용되지만, 자원탐사 및 개발, 어업활동 등의 경제활동은 연안국의 허가를 받아야 하며 이를 위반했을 때는 처벌을 받는다.

4월 23일 한중 양국이 서울에서 개최한 제3차 해양협력대화에서는 PMZ에 중국이 일방적으로 설치한 구조물 문제가 주요하게 다뤄졌다. 한국 수석대표인 강영신 외교부 동북·중앙아시아국장은 회의에서 이 구조물에 대한 정부의 깊은 우려를 전달하고, 우리의 정당하고 합법적인 해양권익이 침해돼서는 안 된다는 입장을 강조했다. 이에 중국 측은 이 구조물이 순수 양식목적의 시설로서 영유권이나 해양경계 획정 문제와는 무관하다는 점을 설명했다고 외교부는 전했다.

제3차 한중 해양협력대화

정부는 대응방안에 고심

강준영 한국외대 교수는 "무엇을 하든 양쪽에서 협의해서 해야 하는 수역에서 중국이 일방적으로 구조물을 설치한 것은 반칙"이라고 지적했다. 그러면서 "큰 틀에서 중국의 해양 영유권 전략하에 이뤄지는 것이니만큼 경각심을 가져야 한다"며 "중국이 장기적으로 다수의 구조물을 세우게 되면 우리 해양안보에 악영향을 끼칠 수 있다"고 강조했다. 미국정부도 4월 23일(현지시간) 중국이 무단으로 구조물을 설치한 행위를 비판했다. 미국 국무부 대변인은 이날 국내 한 언론사의 관련질의에 "중국은 항해의 자유를 포함한 국제법을 준수하기를 수십년간 거부해 자국의 경제이익을 저해하고 역내 불안정을 초래하고 있다"고 지적했다.

정부는 대응방안을 고심 중이다. 최근 국회에 출석한 조태열 외교부 장관과 강도형 해양수산부 장관은 비례대응조치로 해양과학기지나 양식시설 설치 가능성을 내비쳤다. 일각에서는 PMZ 내 기지 설치 외에 이어도과학기지를 업그레이드하는 방안도 거론된다. 대형 부이(바다에 띄우는 인공구조물)를 설치하는 것도 하나의 방안으로 꼽힌다. 그러나 이 같은 비례대응조치는 정부 내에서 상당기간 검토됐지만 어떤 시설물이 적정한지 아직 결정된 것은 없다. 시설물 설치는 관련예산이 갑자기 추경에서 논의되면서 속도를 내는 듯했으나 결국 반영되지 않았다.

한 정부 관계자는 "경제성과 기술적인 문제, 외교 전략상 도움이 되는지를 고민해 관계부처가 논의해야 한다"면서 "한중관계와 국제정세를 살펴봐야 하고 중국의 추가설치 가능성도 고민해야 한다"고 설명했다. 강 교수도 시설물 설치에 대해 "우리에게 전략적으로 득이 되는지 따져봐야 한다"며 "우리가 곧바로 비슷한 것을 설치해버리면 중국이 '너네도 했잖아' 식으로 나오면서 상황이 고착할 수도 있다"고 지적했다.

HOT ISSUE **19위**

4년제·전문대·유치원 다 올랐다 … 금융위기 이후 교육물가 최대인상

가계지출의 주요항목 중 하나인 교육물가가 금융위기 이후 가장 큰 폭으로 오른 것으로 집계됐다. 사립대를 중심으로 등록금이 오른 여파가 국공립대와 전문대로 퍼졌고, 유치원비도 9년여 만에 가장 크게 뛴 영향이다. 향후 아직 등록금을 올리지 않은 대학교들이 인상에 동참하면 전체 교육물가 상승압력은 더욱 커질 것으로 전망됐다.

사립대 '도미노 인상' … 교육물가 2.9% ↑

4월 7일 통계청 국가통계포털에 따르면 지난 3월 교육물가(지출목적별 분류)가 1년 전보다 2.9% 상승했다. 금융위기 시절인 2009년 2월 4.8% 이후 16년 1개월 만에 최대폭 인상이다. 교육물가는 전체 소비자물가를 0.21%포인트(p)를 끌어올리는 효과를 냈다. 3월 소비자물가 상승률은 2.1%다.

이러한 교육물가 상승의 주요원인은 사립대를 중심으로 한 등록금 인상이다. 그간 정부는 대학들의 등록금 동결을 유도하기 위해 국가장학금Ⅱ유형*(대학연계지원형) 지원을 활용해왔다. 정부는 2012년부터 국가장학금Ⅱ유형 지원을 받으려면 등록금을 동결해야 한다는 조건을 내걸었고, 대부분 대학은 정부의 동결기조에 동참했다. 등록금 인상액보다 국가장학금을 통해 정부로부터 받을 수 있는 지원금이 더 많기 때문이다. 그러나 정부의 등록금 동결기조가 17년째 이어지자 재정위기에 직면한 대학의 셈법이 달라졌다. 등록금을 동결하고 국가장학금Ⅱ유형 지원을 받는 것보다 법정상한 내에서라도 등록금을 올리는 게 더 이득이라는 판단이었다. 올해 법정상한선은 5.49%였다.

국가장학금 II 유형

대학의 적극적인 등록금 부담완화 참여를 도모하기 위해 한국장학재단에서 대학 자체노력과 연계해 지원하는 장학금을 말한다. 대한민국 국적으로 국가장학금 II 유형 참여대학에 재학 중인 대학생 중 대학별 선발기준을 충족한 자를 대상으로 가구원 동의, 서류제출 등을 완료해 소득수준이 파악된 학생에게 지원한다.

등록금 줄인상 우려는 결국 현실화했다. 4년제 대학의 70%에 육박하는 131개교가 올해 신학기 등록금을 올렸다. 수도권 사립대만 보면 10곳 중 무려 9곳이 인상을 단행했다. 등록금을 올린 131개 대학의 인상률을 보면 4.00%~4.99%가 57곳(43.5%)으로 가장 많았고, 54곳은 5.00%~5.49%의 인상률을 보였다.

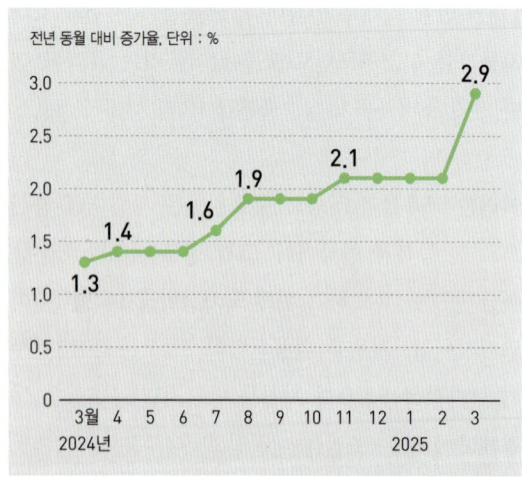

자료 / 통계청 국가통계포털

등록금 인상, 물가불안 '뇌관' 되나

이러한 대학교 등록금 인상은 향후 물가불안의 뇌관으로 작용할 여지가 있다. 16년간 이어진 각 대학들의 등록금 동결기조가 무너진 만큼 인상대열에 합류하지 않은 사립대학은 물론 다수 국공립대학의 연쇄인상 가능성이 있기 때문이다. 통계청 관계자는 "2025학년도 1학기 등록금 인상은 내년 2월까지 매달 전년 대비 전체 물가(헤드라인)에 상승기여로 반영된다"며 "전례상 가능성은 높지 않지만, 2학기에 등록금을 올릴 경우 그만큼 소비자물가지수 상승에 추가로 반영될 수 있다"고 말했다.

다만 등록금 인상 법정상한선이 내년에는 대폭 하향할 수 있다는 점이 변수가 될 것이라는 시각도 있다. 고등교육법상 등록금은 최근 3년간 물가상승률 평균의 1.5배를 초과해서 올릴 수 없는데, 이러한 법정상한선은 2023년 4.05%에서 2024년 5.64%로 뛰었다가 올해 5.49%로 하락세로 돌아섰다. 교육계 관계자는 "등록금을 올릴 수 있는 한도가 낮아지면 대학들로서는 등록금 동결에 따른 국가장학금 II 유형 지원을 받는 게 더 나을 수 있다"며 "법정상한선에 따라 대학별 판단도 달라질 것"이라고 말했다. 무엇보다 조기대선으로 6월에 출범하는 새 정부의 대학정책 기조에 따라 대학별 등록금 인상·동결 전략도 연동될 것이라는 관측에 무게가 실린다. 새 정부가 출범 초기부터 대학 재정위기를 해소하기 위해 강력한 정책 드라이브를 걸 경우 대학의 등록금 인상흐름에 제동을 걸 수 있다.

HOT ISSUE **20위**

부정부패·실정에 폭발 … 세르비아 반정부시위 5개월째

동유럽 발칸반도에 위치한 세르비아에서 반정부시위가 5개월째 이어지고 있다. 16명이 사망한 제2도시 노비사드의 기차역 지붕 붕괴사고로 촉발된 시위는 대통령의 사과와 총리의 사임에도 불구하고 세르비아 전역의 400개 도시와 마을로 확산하고 있다.

시민 "붕괴참사는 정부의 부정부패와 실정이 원인"

반정부시위의 직접적 원인은 노비사드역 지붕 붕괴 사고다. 지난해 11월 1일(현지시간) 노비사드역에서 콘크리트로 된 길이 35m의 야외지붕(캐노피)이 갑자기 보도 위로 무너졌다. 그로 인해 6세에서 74세까지 16명이 사망하고 1명이 사지 절단의 중상을 입었다. 1964년 지어진 노비사드 기차역은 세르비아 인프라 개선을 위한 계획의 일환으로 3년간 보수공사를 마친 뒤 지난 7월 재개장한 상태였다. 재개장 후 넉 달도 되지 않아 참사가 발생한 것이다.

희생자의 피를 상징하는 빨간 장갑을 낀 세르비아 시민들

그런데 참사원인을 밝히기 위한 조사과정에서 부실 보수 문제가 반복적으로 제기됐지만 정부가 그동안 묵인해왔다는 의혹이 일었다. 결국 ==노비사드역 참사가 안전기준 미비와 정부의 부패한 행정절차로 인해 발생한 인재였다는 데 시민들이 분노==했다.

이런 가운데 참사 20여 일 만인 11월 22일 참사 희생자들을 위해 묵념을 하던 학생들이 공격을 받자 베오그라드 예술대학교 연극학부 학생들이 희생자 15인을 추모하는 의미로 15분(후에 사망자 16명으로 증가) 동안 학교를 봉쇄하는 행동에 나섰고, 이는 다시 다른 학부와 고등학교의 참여로 확대됐으며, 시민들이 동참하면서 현재 세르비아 전역의 400개 도시와 마을로 확산됐다. 지난 3월 15일에는 수도 베오그라드에 최소 10만명(정부 추산 10만 7,000명, 민간 추산 30만 내외)이 운집해 참사에 대한 투명한 진상규명과 분명한 책임자 처벌을 요구하는 한편 알렉산다르 부치치 세르비아 대통령을 규탄했다.

트럼프 사위 개발특혜도 논란 … 정부는 강경대응

3월 24일에는 도널드 트럼프 미국 대통령의 사위인 재러드 쿠슈너의 옛 국방부 부지 재개발사업에 반대하는 시위도 열렸다. 세르비아정부가 지난해 쿠슈너가 운영하는 투자회사 어피니티 파트너스를 옛 국방부 부지 재개발 프로젝트 사업자로 선정했으며, 이에 회사가 해당 부지를 99년간 무상으로 임대해 고급호텔과 아파트단지로 재개발한다는 사실이 알려지면서 특혜논란이 강하게 일어난 것이다.

옛 국방부의 건물부지는 **1999년 북대서양조약기구 (NATO, 나토)의 폭격***을 받은 곳으로 지금도 폭격 흔적이 남아 있으며, 2005년부터 보호대상 문화재로 지정돼 있다. 이 때문에 AP통신은 세르비아에 ==아픈 역사의 상징인 이곳이 당시 폭격을 주도했던 미국의 기업, 그것도 미국 대통령 사위에 의해 재개발된다는 점이 분노를 키웠다==고 분석했다. 이날 시위대도 "이 건물은 지금 그대로 남아 있어야 한다", "나토의 침략을 증언하는 증거이기 때문"이라고 목소리를 높였다.

1999년 나토 공습

코소보전쟁 당시 나토(NATO)가 유엔 안전보장이사회의 명시적인 지지와 국제법적 승인 없이 군사력을 사용한 사건이다. 나토의 공습은 1999년 3월 24일부터 같은 해 6월 10일까지 지속됐으며, 유고슬라비아 연방공화국 전역에 걸쳐 진행됐다. 이 과정에서 미국과 나토 동맹군은 베오그라드 중심부 시설 등 세르비아 목표물에 대한 폭격을 확대하기로 결정하고 베오그라드에 위치한 중국대사관, 방송국, 국방부, 대통령 관저 등을 폭격했다.

국민적 분노에도 정부는 경찰을 앞세워 야당 활동가 6명을 포함해 13명을 구금하는 등 강경한 태도를 고수하고 있다. 특히 부치치 대통령은 대학생들이 외국 정보기관으로부터 금전적 지원을 받아 폭력으로 체제전복을 시도하고 있다고 주장하고, 국영방송사 RTS 등 친정부 언론을 이용해 시위의 정당성을 훼손하기 위한 여론전을 펼치고 있다. 또한 부치치 대통령이 폭력사태를 유도하기 위해 축구 훌리건이나 사설 폭력조직원으로 추정되는 이들을 동원했다는 의혹도 나왔다. 부치치 대통령은 2014~2017년 총리를 지낸 데 이어 2017년 대선 이후 현재까지 대통령으로 집권 중이다.

정권퇴진과 부패척결을 요구하며 거리로 나선 세르비아 시민들

한편 2012년부터 현재까지 정권을 잡고 있는 부치치 대통령이 속한 세르비아혁신당의 폭압과 부정부패에 대한 시민들의 분노에 더해 최근에는 경찰이 시위 군중을 향해 '음파무기'를 사용했다는 논란까지 커지고 있다. 하지만 유럽 각국 정부들은 침묵으로 일관하고 있다. 이런 태도는 세르비아 시민들의 자원개발 반대운동(특히 리튬광산 개발 반대)에 대해 보여온 무관심과 맞닿아 있는 것으로 보인다.

지난해 올라프 숄츠 독일 총리와 에마뉘엘 마크롱 프랑스 대통령이 잇따라 베오그라드를 방문해 세르비아의 유럽연계 강화를 강조하며 유럽연합(EU)과의 협력협정을 홍보했는데, 이 협정은 주로 리튬을 포함한 '핵심광물' 수입과 관련된 것이었다. 즉, 광산개발을 반대하는 야당과 시위대에 힘이 실리는 것을 우려하기 때문이라는 분석이다. 다만 시위를 지지했다는 이유로 크로아티아 국적자를 잇달아 추방한 것에 대해서는 '유럽과 국제 인권기준을 준수해야 한다'고 우려를 표했다.

HOT ISSUE 21위

일본 외교청서에 또 '독도는 일본땅', 정부 철회촉구

외교부는 4월 8일 일본정부가 또다시 외교청서에 부당한 독도영유권 주장을 한 데 대해 항의하고 즉각 철회를 요구했다. 외교부는 이날 대변인 명의 논평을 내고 "역사적·지리적·국제법적으로 명백한 우리 고유의 영토인 독도에 대해 부당한 영유권 주장을 되풀이한 데 대해 강력히 항의하며, 이를 즉각 철회할 것을 촉구한다"고 밝혔다. 그러면서 "앞으로도 정부는 독도에 대한 일본의 어떠한 도발에 대해서도 단호히 대응해나갈 것임을 다시 한 번 분명히 밝힌

외교부로 초치되는 주한일본대사관 총괄공사

다"고 강조했다. 외교부는 서울청사로 미바에 다이스케 주한 일본대사관 총괄공사를 초치해 항의의 뜻도 전달했다.

일본, 올해도 어김없이 "독도는 일본땅" 주장

이와야 다케시 외무상은 4월 8일 열린 각의(국무회의)에서 '외교청서 2025'를 보고했다. 일본 외무성은 매년 4월 최근 국제정세와 일본 외교활동을 기록한 백서인 외교청서를 발표한다. 일본정부는 올해 외교청서에서도 독도와 관련해 "한국은 경비대를 상주시키는 등 국제법상 어떠한 근거도 없이 불법점거를 지속하고 있다"며 "일본은 국제법에 따른 평화적 해결을 위해 앞으로도 끈질기게 외교적 노력을 할 것"이라고 밝혔다. 일본 외무상은 신년 국회연설에서 12년째 독도가 일본영토라는 주장을 거듭하고 있고, 초중고 교과서에서도 일본의 독도영유권 관련 기술이 강화되고 있다.

아울러 일본정부는 일제강점기 강제동원 피해 배상에 대해서는 1965년 한일청구권협정*을 통해 이미 해결된 문제라는 기존입장을 고수했다. 외무성은 외교청서에서 한국정부가 2023년 3월 징용 피해자들에게 제3자 변제방식으로 배상금 등을 지급할 것임을 표명했다면서 "2024년 12월 시점에서 원고 측 노동자 21명에 대해 한국재단에 의한 지급이 이뤄졌다"고 강조했다. 제3자 변제해법은 행정안전부 산하 일제강제동원피해자지원재단이 민간의 자발적 기여로 마련한 재원을 통해 소송에서 배상 확정판결을 받은 피해자들에게 일본기업 대신 배상금과 지연이자를 지급하는 것을 뜻한다.

> **한일청구권협정**
> 1965년 박정희정부가 한일관계 정상화를 위해 체결한 한일기본조약에 따른 협정으로 우리나라와 일본 간의 재산 및 청구권에 관한 문제해결과 경제협력을 내용으로 한다. 이 협정에서 일본은 우리나라에 3억달러의 무상자금 등을 제공하기로 한 대신 우리나라는 일본에 국가배상청구권(일본에 대해 가질 수 있는 외교적 보호권) 행사를 포기하기로 했다. 일본은 이 협정으로 인해 피해자 개개인에 대한 배상청구권도 해결됐다고 주장한다.

일각에서는 "독도전략 재정비해야"

서경덕 성신여대 교수는 일본이 "독도는 일본 땅"이라는 주장을 다시 펼치자 "독도전략을 재정비해야 한다"고 촉구했다. 서 교수는 "지난 3월 일본 고등학생이 내년 봄부터 사용할 사회과 교과서 상당수에 '독도는 일본 땅'이라는 억지주장이 반영된 것으로 확인됐다"고 지적했다. 이어 "2월 일본 우익매체 산케이신문 사설에서는 '한국이 불법점거한 지 70년 이상 지났다. 명백한 주권침해로 결단코 용납될 수 없다'고 주장했다"고 덧붙였다.

그는 "일본의 외교청서, 교과서, 언론매체 등에서 총공세를 펼치고 있는 모양새"라며 "우리도 일본에 철회만 외칠 것이 아니라 장기적인 독도전략을 재정비해야만 할 때"라고 주장했다. 그러면서 "독도 입도시설을 확충해 더 많은 사람이 독도를 쉽게 방문할 수 있도록 한다면 실효적 지배를 강화하는 데 큰 도움이 될 것"이라는 의견을 제시했다. 또 "몇 년 뒤 울릉공항이 개항하면 울릉도와 독도를 대한민국 대표관광지로 만들어 세계인들에게 독도가 한국 땅임을 자연스럽게 인식시킬 수 있을 것"이라며 "우리만

이 할 수 있는 독도에 관한 문화관광 콘텐츠를 더 개발해야만 한다"고 제안했다.

HOT ISSUE 22위

유럽 최대 정전사태 …
스페인·포르투갈 블랙아웃

4월 28일(현지시간) 스페인과 포르투갈에서 일어난 대규모 정전사태로 인프라가 마비되고 수천만명이 피해를 입었다. 다음 날 6,000만명에 가까운 피해자와 7조원이 넘는 경제적 손실을 낳고 전력은 대부분 복구됐지만, 갑작스러운 정전이 일어난 원인은 아직 밝혀지지 않고 있다.

전기 없는 원시시대로 회귀 … 18시간 넘게 이어져

스페인 국영 철도회사 렌페(Renfe)는 이날 낮 12시 30분께 "국가 전역의 전력망이 차단됐다"며 모든 역에서 열차가 멈춰 출발이 중단됐다고 공지했다. 이 시간을 기점으로 스페인의 공항과 지하철, 기차 운영이 모두 중단됐고, 현금인출기(ATM)와 전화, 인터넷 연결도 모두 끊겼다. 스페인보다 1시간 빠른 포르투갈의 수도 리스본과 북부·남부 지역도 오전 11시 30분부터 정전이 시작됐고, 프랑스 남부지역 일부도 피해를 입었다.

스페인과 포르투갈 정부는 즉각 국가비상사태를 선포하고, 복구작업에 나섰다. 하지만 전력공급이 정상 수준으로 회복된 것은 포르투갈의 경우는 28일 밤, 스페인의 경우는 정전 발생 18시간이 훌쩍 지난 29일 아침 6시께였다. 그러는 동안 대규모 정전피해를 본 지역에서는 신호등이 작동하지 않아 교통이 마비됐다. 스페인 마드리드에서는 3만여 명의 경찰을 동원해 수신호로 교통을 통제해야 했고, 지하철과 엘리베이터가 갑자기 운행을 멈추면서 안에 갇힌 사람들이 구조를 기다려야 했으며, 스페인에서만 열차 100대가 고립돼 승객 3만 5,000명이 구조됐다.

정전사태 후 마드리드의 지하철역에서 빠져나오는 시민들

마드리드 오픈 테니스대회도 갑작스러운 정전에 경기 도중 중단됐으며, 스페인 에너지회사 모에베는 정유공장 가동을 일시 중단했다고 발표했다. 시민들은 휴대전화 불빛에 의존해 건물 밖으로 쏟아져 나왔고, 일부는 물과 식료품, 생필품을 비축해두기 위해 마트로 몰려들기도 했다.

원인은 오리무중인데, 재생에너지에 비판 쏠려

스페인과 포르투갈 정부는 긴급회의를 각각 소집하고 사태 파악과 대응에 나섰지만, 일주일이 지난 시점까지도 정확한 원인을 파악하지 못했다. 다만 사고원인으로 재생에너지의 수급 불안정, 이상기후로 인한 유도 대기 진동 발생으로 스페인~프랑스 간 송전망 단절, 송전망 투자 미흡, 전력시스템 오류, 사이버공격 등 온갖 가능성이 제기됐다.

이번 정전은 스페인 남서부에 위치한 태양광 발전소들의 전력망 접속이 끊기고 단 5초 만에 스페인 전체 전력공급의 60%에 해당하는 15기가와트(GW)의 전력이 손실되며 발생했다. 이로 인해 전력망이 불안정해졌고, 여러 발전소가 연쇄적으로 가동을 멈췄다. 이 때문에 정확한 원인이 파악되지 않은 상태에서 스페인 야당은 정부가 추진해온 재생에너지 확대와 탈원전 등 전력망 개혁에 대해 의문을 제기했다. 고압 송전망이 재생에너지에 과도하게 의존한 것이 원인일 수 있다고 주장하고 나선 것이다.

스페인의 중도좌파 성향의 산체스정부는 유럽연합(EU)의 공급망실사법*(CSDDD ; Corporate Sustainability Due Diligence Directive)에 발맞춰 2023년 기준 절반 이상을 차지하고 있는 재생에너지 전력 생산비중을 오는 2030년 80%까지 끌어올린다는 계획을 추진 중이다. 지난 4월 16일에는 사상 처음으로 태양광과 수력, 풍력 등 재생에너지만으로 전력수요의 100%를 충당했다. 당시 오전 11시 15분에는 풍력과 태양광 등 두 가지 전력원만으로 수요의 100%를 초과생산하기도 했다.

EU 공급망실사법

EU 회원국 및 EU 시장에서 활동하는 기업이 자사 공급망 내 인권 및 환경 문제에 대한 실사를 의무적으로 수행하도록 하는 법안으로 정식명칭은 '기업 지속가능성 실사지침'이다. 기업이 자신의 공급망에서 발생할 수 있는 인권침해 및 환경적 부정적 영향을 예방하고 해결하도록 책임지도하는 것을 목표로 한다. 2024년 7월 25일 발효됐으며, 2027년부터 순차적으로 적용된다.

이에 페드로 산체스 스페인 총리는 "이번 사고가 재생에너지 과잉이나 원자력 발전소 부족 때문에 발생했다는 실증적 증거는 없다"면서 그 근거로 정전이 발생한 4월 28일 당시 스페인의 전력시스템에서 재생에너지 비중은 평소보다 낮은 70% 수준이었다고 강조했다. 또한 '태양광이나 풍력 발전은 과잉생산되지 않도록 정확한 일기예보를 바탕으로 예측해서 전력공급을 이미 조정하고 있기 때문에 이것이 대규모 정전사태의 근본원인이 될 수 없다'고 반박했다.

HOT ISSUE 23위

여성단체, '미아리 텍사스' 여성 자립·생계 대책 촉구

서울의 마지막 성매매 집결지인 이른바 '미아리 텍사스' 철거가 속도를 내자 여성단체들이 정부에 성매매 여성의 자립·생계 대책 마련을 촉구하고 나섰다. 해당 지역은 2009년에 재개발이 결정됐으며 지난해 12월부터 철거가 시작됐다. 이 일대는 '신월곡1구역'으로 불리며 역세권 복합주거단지로 탈바꿈할 예정이다.

사라지는 미아리 텍사스 … 자립대책은 공백

'성매매 문제해결을 위한 전국연대'와 한국여성단체연합 등 여성단체들은 4월 22일 오전 종로구 정부서울청사 앞에서 기자회견을 열고 '미아리 성매매 집결지 여성 지원대책 마련을 위한 공동대책위원회(공대위)'를 발족한다고 밝혔다. 한국여성단체연합 상임대표인 김민문정 공대위 공동대표는 "국가가 스스로 '성매매는 불법'이라면서도 성매매 집결지를 방치해 긴 시간 여성인권이 침해됐다"며 "명백한 국가폭

신호등이 꺼지면서 교통이 마비된 스페인 마드리드 외곽

력으로서 국가가 불법행위에 응당한 책임을 져야 한다"고 주장했다.

미아리 텍사스를 포함한 신월곡1구역은 3개 구역으로 나뉘어 지난해부터 철거가 시작됐다. 성매매 업소 밀집지역은 3차 철거구역에 포함돼 7월부터 철거된다. 공대위는 현재 미아리 텍사스에 약 50개 업소, 200여 명의 여성이 남아 있는 것으로 추정한다. 미아리 텍사스에 거주하다 강제퇴거한 일부 성매매 여성은 이주대책을 마련해달라며 성북구청 앞에서 천막을 세우고 농성했다.

공대위의 정부서울청사 앞 기자회견

성북구청은 이들이 자진철거 통보를 이행하지 않자 4월 28일 오후 6시를 시한으로 행정대집행을 계고했다. 행정대집행은 법률 등에 의거해 의무자가 해야 할 행위를 하지 않을 때 행정청이 스스로 하거나 제3자가 하도록 하고, 그 비용은 의무자로부터 징수하는 행정의무 이행확보 방안이다. 기한까지 이행되지 않은 경우 대집행 방침을 알려주는 계고를 한 뒤 실행해야 한다.

공대위는 기자회견 직후 여성가족부(여가부)·성북구청 측과 면담하고 성매매 여성들을 위한 긴급주거 지원방안과 자활지원조례 집행방안 등을 논의했다. 여가부는 향후 관련단체와 만나 지원방안을 모색하고 서울시와 성북구청과도 협의를 이어갈 계획이다. 여가부는 "현장 상담소를 통해 성매매 여성에게 상담과 의료·법률을 지원하고 있다"며 "이들이 지원시설에 입소하면 숙식과 생계비도 함께 제공한다"고 말했다.

강제퇴거 주민, 재개발조합장 등 고소

한편 미아리 텍사스에서 법원의 명도집행*으로 강제퇴거당한 주민이 재개발조합장과 성북구청장 등을 고소했다. 미아리 성노동자 이주대책위원회에 따르면 지난 4월 16일 법원의 명도집행으로 거주하던 집에서 강제퇴거당한 김수진 이주대책위 위원장은 신월곡1구역 조합장과 용역업체 대표를 폭력행위처벌법상 공동주거침입·공동재물손괴·공동폭행 등 혐의로 경찰에 고소했다. 성북구청장과 종암경찰서장도 직무유기·폭력행위처벌법상 방조 혐의로 고소됐다. 이주대책위는 이들이 명도집행 당시 직원을 동원해 불법행위를 돕거나 방조했다고 말했다.

> **명도집행**
> '명의양도 집행'의 줄임말이다. '명도'는 토지나 건물 또는 선박을 점유하고 있는 자가 그 점유를 타인의 지배하로 옮기는 것을 뜻한다. 명도명령 이후 6개월 내에 이행되지 않았을 때 이뤄지는 강제집행을 명도집행이라 말한다. 예를 들어, 재개발 지역에서 세입자나 점유자가 자진철거하지 않을 경우 법적 판결이나 명령을 근거로 집행관이 출입문을 열고 내부 물건을 옮기거나 사람을 퇴거시킨다.

4월 24일 이주대책위를 지원하고 있는 강현준 전 한터전국연합회 사무국 대표는 성북구청 앞에서 기자회견을 열어 "김 위원장이 기거했던 곳은 다음 달 22일 서울북부지법 법정에서 명도소송 변론기일이 잡혀 있었다"며 "아직 판결이 안 난 상태에서 법적근거도 없이 김 위원장의 주거지를 강제 명도했다"고 주장했다. 집회에서 김 위원장은 구청에 이주대책을 마련해달라고 호소하다가 혼절해 구급차로 이

송됐다. 이주대책위는 매주 목요일 오전 9시 성북구청 앞에서 집회하고 있으며, 지난 4월 17일부터는 구청 앞에 천막을 세우고 농성 중이다.

기자회견하는 강현준 전 한터전국연합회 사무국 대표

HOT ISSUE 24위

9년 만의 '상업공연' 첫 허가 … '한한령 완화' 기대감 고조

중국 지방정부가 전원 한국 국적으로 구성된 K팝 아이돌 그룹의 단독 콘서트를 허가하면서 9년을 끌어온 중국의 '한한령(限韓令, 한류 제한령)' 완화 움직임에 속도가 붙었다는 관측이 나오고 있다.

차츰 폭 넓혀가는 '한한령 완화'

4월 29일 외교가에 따르면 중국 남동부 푸젠성 푸저우시 문화여유국(문화관광국)은 같은 달 25일 한국 8인조 보이그룹 이펙스(EPEX)의 5월 31일 현지 콘서트 '2025 EPEX 3rd 콘서트 청춘결핍 in 푸저우'를 정식 허가했다. 허가 결정문에 따르면 공연 장소는 푸저우시 대학성(大學城)문화예술센터로 약 1,100명을 수용할 수 있는 곳으로 전해졌다.

중국은 주한미군의 **사드***(THAAD, 고고도 미사일 방어체계) 배치에 반발해 2016년께부터 한국의 음악과 드라마, 영화 등을 제한하는 '비공식적 보복조치' 한한령을 적용해왔고, 이후 한국 대중음악계에서 활동하는 가수들의 현지공연은 허가되지 않았다. 그동안 외국 국적 K팝 스타들은 중국 TV 프로그램 등에 종종 얼굴을 비췄지만, ==멤버 전원이 한국 국적인 K팝 그룹이 '상업공연(營業性演出, Commercial Performance)' 성격의 단독 콘서트를 현지에서 여는 것은 9년 만에 처음==이다. 오는 9월에는 중국 하이난에서 수만명 규모의 K팝 콘서트가 예정돼 있어 한한령 완화가 현실화하는 게 아니냐는 기대가 나온다.

> **사드**
>
> 1991년 걸프전 당시 이라크의 스커드미사일 공격에 대한 방어망체제를 구축하기 위해 개발된 고고도 미사일방어체계의 핵심수단을 말한다. 사거리 3,000km급 이하 단거리·준중거리 탄도미사일이 목표물에 근접해 대기권으로 하강할 때 고도 40~150km 상공에서 직격해 격추할 수 있다. 2016년 7월 박근혜정부는 북한의 핵과 미사일 위협에 대응한다는 명목으로 사드를 주한미군에 배치하기로 최종결정하고, 경북 성주를 사드 배치지역으로 정했다.

중국 외교부 "양국 영역별 교류·협력 발전 희망"

한동안 얼어붙었던 한중관계는 지난해 5월 서울에서 열린 한중일 정상회의를 계기로 풀리기 시작했고, 중국은 올해 초 미국의 2기 트럼프행정부 출범을 전후해 적극적인 관계개선 움직임을 보이고 있다. 중국입장에서는 동맹국까지 거세게 압박하는 트럼프식 대외정책이 중국과 막대한 경제교류 규모를 유지해온 이웃 한국과의 관계를 푸는 데 오히려 긍정적 환경을 만들어준 셈이라는 평가도 나온다.

중국은 작년 말 한국을 무비자 입국 허용대상에 포함하기로 결정한 데 이어 올해 2월에는 시진핑 국가주석이 계엄·탄핵 정국 속에 중국을 방문한 우원식

국회의장을 정상급으로 예우하면서 '올해 아시아태평양경제협력체(APEC) 정상회의를 계기로 방한을 고려 중'이라는 뜻을 직접 밝혔다. 이렇게 중앙 차원에서 한중 관계개선과 문화교류 활성화 메시지가 나오자 정치·사회적 분위기를 조심스럽게 따지면서 ==수도에서 먼 지방, 소규모, 비공식부터 시작해 폭과 깊이를 차츰 확대하는 중국 특유의 '점진적 개방'에도 속도가 붙는 모양새다.==

앞서 4월 12일에는 3인조 래퍼 '호미들'이 후베이성 우한에서 봄 투어 '형제들' 첫 공연을 열었고, 같은 날 남부 하이난성에서는 트로트 가수 윤수현이 무대에 올랐다. 다만 두 공연은 한국 국적 가수의 중국 공연이기는 했지만, 공연 성격은 제한적이었다. '호미들'은 정식 상업공연이 아닌 한중 청소년 교류행사의 하나로서 중국 가수들과 함께 한 것이었고, 윤수현의 공연은 양국의 유명 휴양지인 제주도와 하이난성 자매결연 30주년 기념행사의 일부였다.

이런 점에서 이펙스가 받은 상업공연 허가는 한국 가수의 본격적인 중국 공연에 한 발짝 더 나아간 것이라는 평가가 나온다. 다만 대형기획사 소속 톱스타들의 경우 최소 1~2만석 이상의 대형 공연장이 필요하기 때문에 '한한령 해제'를 본격적으로 이야기하려면 결국 현지 당국의 대규모 공연허가 여부가 관건이라는 것이 가요계 중론이다. 궈자쿤 중국 외

교부 대변인은 이날 브리핑에서 이펙스의 공연 여부와 지난 9년 동안 K팝 콘서트가 없었던 이유에 대해 "나는 그 공연에 관한 구체적인 상황은 모른다"며 "우리는 한국과 유익한 문화교류·협력을 전개하는 것에 개방적 태도를 유지하고 있고, 한국이 중국과 함께 노력해 양국의 영역별 교류·협력에서 발전을 추동하기를 희망한다"고 말했다.

HOT ISSUE 25위

고발사주 의혹 '손준성' 무죄…
탄핵심판 다시 열려

이른바 '고발사주' 의혹으로 재판에 넘겨진 손준성 대구고검 차장검사(검사장)에게 무죄가 확정됐다. 대법원 1부는 4월 24일 공직선거법 위반, 공무상 비밀누설 등의 혐의로 기소된 손 검사장에게 무죄를 선고한 원심판결을 확정했다. 2022년 5월 기소된 지 3년 만이자 2심 선고 후 약 5개월 만이다.

손준성 검사장

대법원, "2심 판결에 관련법리 오해 없어"

손 검사장은 21대 총선 직전인 2020년 4월 대검찰청 수사정보정책관으로 재직하며 범여권 인사들에

대한 고발장 이미지와 실명 판결문 등을 텔레그램 메신저로 김웅 당시 미래통합당(국민의힘 전신) 국회의원 후보와 주고받은 혐의로 기소됐다. 검찰이 당시 여권에 부정적인 여론을 형성하기 위해 열린민주당 비례대표 후보였던 최강욱 전 의원과 황희석 전 최고위원, 유시민 당시 노무현재단 이사장 등을 미래통합당에서 고발하도록 사주했다는 것이 의혹의 핵심이었다. 이 사건은 2021년 9월 한 언론의 보도로 세상에 알려졌고, 이후 시민단체의 고발로 고위공직자범죄수사처(공수처)가 수사에 착수했다.

지난해 1월 ==1심은 손 검사장이 실명 판결문을 김 전 의원에게 전달해 직무상 비밀과 형사사법 정보를 누설한 혐의를 유죄로 인정==해 징역 1년을 선고했다. 반면 같은 해 12월 ==2심은 손 검사장이 김 전 의원에게 고발장과 판결문 등을 보낸 사실이 증명되지 않았다며 전부 무죄를 선고==했다. 다만 2심은 손 검사장과 김 전 의원 사이에 검찰 상급자 등 제3자가 개입했을 가능성이 있다고 판단했다. 당시 재판부는 "피고인이 메시지를 검찰총장 등 상급자에게 보고했을 가능성은 충분히 합리성 있는 의심"이라며 당시 검찰총장이었던 윤석열 전 대통령의 개입 가능성을 강하게 시사했다. 공수처는 무죄판결에 상고했지만, 대법원은 이날 원심판결에 문제가 없다고 보고 상고를 기각했다.

대법원은 원심판결이 손 검사장 측 참여 없이 수집된 증거의 증거능력을 부정한 것은 잘못이 없고, 선거법 위반 혐의를 무죄로 판단한 것과 관련해서도 '선거에 영향을 미치는 행위'나 '선거운동의 기획에 참여하거나 그 기획의 실시에 관여하는 행위'와 관련한 법리를 오해하거나 판단을 누락하지도 않았다고 밝혔다.

무죄 확정 후 손 검사장의 탄핵심판 재개

손 검사장이 무죄 확정판결을 받으면서 손 검사장에 대한 탄핵심판도 1년 만에 재개됐다. 국회는 지난 2023년 12월 더불어민주당 주도로 손 검사장에 대한 탄핵소추안을 통과시켰으나, 헌법재판소(헌재)는 형사재판 진행을 이유로 손 검사장의 탄핵심판 변론 진행을 멈췄다. 헌재는 4월 29일 손 검사장의 탄핵심판 사건 두 번째 변론준비기일을 열었다. 이날 재판은 김형두 헌재 소장 권한대행과 김복형 재판관이 주관했다. 손 검사장은 출석하지 않았고, 국회와 손 검사장 양쪽 대리인단이 참석했다. 손 검사장의 탄핵심판은 지난해 3월 첫 준비기일 이후 형사재판의 결과를 기다리기 위해 장기간 정지됐기 때문에 재판부는 먼저 그간의 변동사항을 점검했다.

손 검사장 측은 형사재판 2·3심 무죄 판결문을 증거로 제출하며 "피청구인(손 검사장)은 고발장 작성 자체에 관여한 사실이 없다"고 주장했다. 아울러 기존에 냈던 증인신청을 철회하고 국회의 탄핵소추가 **일사부재의 원칙***을 어겨 위법이라는 주장도 거둬들였다. 형사재판에서 무죄가 확정된 만큼 치열하게 다투지 않겠다는 뜻으로 읽힌다. 국회 측은 수사기록을 검토한 뒤 추가 증인신청 여부를 결정할 예정이다.

> **일사부재의 원칙**
>
> 한 번 부결된 안건은 같은 회기 중에 다시 발의하거나 제출하지 못한다는 원칙이다. 어떤 사건에 대해 일단 판결이 내려지고 그것이 확정되면 그 사건을 다시 소송으로 재판하지 않는다는 원칙인 '일사부재리 원칙'과 다른 개념이다. 일사부재의 원칙은 소수파에 의한 의사방해를 막기 위한 제도로 국회법상의 원칙이다. 따라서 국회법의 개정으로 폐지되거나 내용이 달라질 수 있다. 또한 국회의 대의기능을 제한하는 의사원칙이므로 그 적용범위는 국회법의 규정문언(부결된 안건은 같은 회기 중에 다시 발의 또는 제출하지 못한다)에 엄격히 한정돼야 한다.

HOT ISSUE

26위

복지국가 스웨덴의
유럽 최대 총기사망국 오명

지난 2월 성인대상 교육시설에서 무차별 총기난사로 무고한 시민 10명이 사망하는 역사상 최악의 총격사건으로 충격에 빠졌던 스웨덴에서 두 달여 만인 4월 또다시 16세 청소년에 의한 총기난사로 3명이 숨졌다. 올해 1월 한 달 동안에만 30건의 폭탄테러가 발생하기도 했다. 세계 최고의 복지국가이자 '안전국가'로 꼽히던 스웨덴이 공포에 떨고 있다.

대낮에 학교와 미용실, 대상을 특정하지 않는 난사

지난 2월 4일 낮 12시 30분께 수도 스톡홀름에서 서쪽으로 약 200km 떨어진 외레브로 지역에 있는 성인 교육시설 리스베리스카 캠퍼스에서 총성이 들렸다. 그로 인해 시민 10명이 사망하고 6명이 부상을 당했다. 총격범은 악기 모양의 상자에 사냥용 소총을 숨겨 교육센터에 진입한 뒤 화장실에서 옷을 갈아입고 총기를 난사한 것으로 알려졌으며, 경찰이 현장에 도착한 후 숨진 채 발견됐다. 범인은 스웨덴 국적의 35세 남성으로 전과가 없고 경찰 관리대상 인물도 아니었던 것으로 알려졌다.

경찰은 주변 탐문결과 범인이 스웨덴의 사회적 문제로 꼽히는 갱단 조직과 연관이 없으며 단독범행으로 추정하고 있다. 범행동기는 오리무중이다. 다만 사건이 발생한 리스베리스카 캠퍼스가 20세 이상 성인을 위한 초·중등교육과 이민자를 대상으로 스웨덴어 수업, 직업훈련 및 지적장애인 교육 등의 프로그램을 제공하는 교육기관이라는 점을 근거로 이민자 혐오 관련성에 무게가 실리고 있다.

이 사건은 흉기난동, 갱단총격 등이 아닌 무차별 총격이라는 점, 범행장소가 교육기관이었다는 점에서 스웨덴 사회에 큰 충격을 던졌다. 울프 크리스테르손 스웨덴 총리는 엑스(X, 옛 트위터)를 통해 "스웨덴에 매우 고통스러운 날"로 "평범한 학교에서 하루가 한순간에 공포의 순간이 된 모든 이들에게 위로를 전한다"고 말하며 이 사건을 '스웨덴 역사상 최악의 총기난사'로 지목했다.

10대 청소년의 총기난사로 3명이 숨진 웁살라 시내

그런데 충격이 채 가시기도 전인 4월 29일 스웨덴 중부 대학도시 웁살라에서 대낮 총기난사 사건이 벌어져 3명이 숨졌다. 경찰에 따르면 용의자는 이날 웁살라에 있는 한 미용실 안으로 들어가 총기를 난사했고, 범행 후 달아났으나 출동한 경찰에 의해 자택에서 살인혐의로 체포됐다. 피해자는 3명으로 모두 15~20세로 추후 확인됐다. 경찰은 범행에 갱단과의 연관을 조사 중이다. 웁살라가 현지에서 가장 악명 높은 갱단 조직 2개의 본거지인 데다가 최근 ==갱단이 스웨덴의 형사처벌 가능연령이 15세인 점을 악용, 온라인을 통해 10대 조직원을 대거 고용해 저지르는 청소년 청부범행이 급증==하고 있기 때문이다.

사회통합 실패의 결과 … 우익세력의 날개 돼

스웨덴은 미국과 마찬가지로 총기 소유가 합법이다. 국제무기조사기관 '스몰 암스 서베이(Small Arms

Survey)' 통계에 따르면 2017년 기준 스웨덴 민간인이 소지한 총기는 인구 100명당 23.1정으로 세계 19번째이며, 이는 유럽 전체 평균보다 높은 수준이다. 그러다 보니 2017년 이후 스웨덴 내 총격사건 건수가 300건 이하로 떨어진 적이 단 한 번도 없다. 2022년에만 총기사고가 370여 건 발생했고, 62명이 사망하고 100여 명이 부상당했다. 총기에 의한 사망률이 유럽 평균의 2.5배나 되는 셈이다.

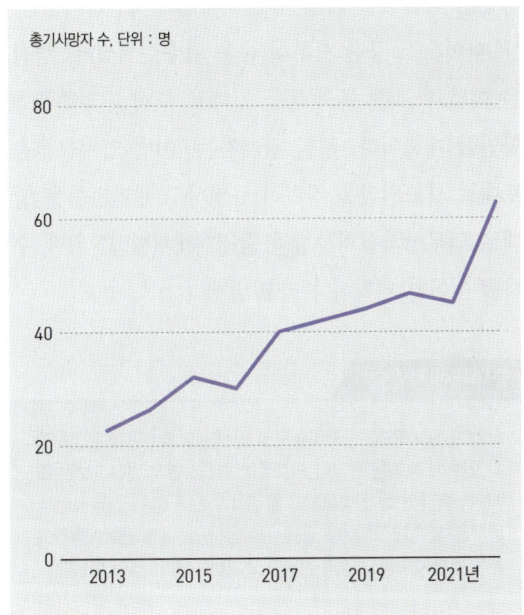

자료 / 스웨덴 국립범죄예방협의회

> **촉법소년**
>
> 범행 당시 형사책임연령에 도달하지 않는 어린 범죄자로 범죄사실이 있어도 형사처벌을 할 수 없다. 촉법소년은 범죄의 구성요건해당성(構成要件該當性)과 위법성(違法性)이 있다는 점에서는 범죄소년과 같지만, 책임연령에 이르지 않아 형사책임이 없다는 점에서 다르다. 형사책임연령은 국가마다 다르며, 우리나라는 '소년법'에 의해 만 14세로 규정돼 있다. 스웨덴의 경우는 만 15세다.

한편 사회불안과 이민자에 대한 우려는 정치적으로 우익세력에 힘을 주는 방향으로 이어지고 있다. 지난해 11월에 치러진 스웨덴총선에서 장기집권을 이어왔던 좌파 사회민주당을 제치고 우파정당연합(온건당, 스웨덴민주당, 기독민주당, 자유당)이 승리해 정권을 잡았다. 이 중 극단적 나치즘에 기반을 둔 스웨덴민주당은 20% 이상의 득표율로 제2정당으로 부상하기도 했다.

총격사고가 급증한 것을 두고 '대량 이민자 유입'에 원인이 있다는 목소리도 커지고 있다. ==이민자들의 낮은 취업률과 반이민 정서의 확대로 이민자들을 스웨덴 사회로 통합하는 데 실패==했고, 그 결과 낙오된 이민자들이 범죄조직에 가담했다는 것이다. 스웨덴 정부는 현재 갱단 소속이거나 관련된 이들이 6만명이 넘는 것으로 파악하고 있다. 더욱이 갱단들이 소셜미디어(SNS)를 통해 이민 2세 청소년 및 어린이, 특히 **촉법소년***인 미성년자들을 공공연하게 조직원으로 포섭하고 있어 우려가 크다.

HOT ISSUE **27위**

창원NC파크 구조물 추락 사망사고 지자체·구단 책임소재 논란

프로야구 경기가 열린 지난 3월 29일 오후 5시 17분께 마산회원구 창원NC파크 3루 측 매점 인근에서 20대 관중 A씨가 위에서 떨어진 구조물에 맞아 머리 등을 크게 다쳤다. A씨는 병원에 이송된 뒤 중환자실에서 치료를 받았지만 사고 이틀 만인 31일 오전 11시 15분께 끝내 숨졌다.

사망사고에 야구팬, 불안 호소·트럭시위

경찰 등에 따르면 떨어진 구조물은 약 길이 2.6m, 폭 40cm로 무게는 60kg가량인 것으로 조사됐다.

구조물은 알루미늄으로 된 외장 마감자재인 '루버'인 것으로 알려졌다. 평소에는 고정된 상태였으나 사고 당일 알 수 없는 이유로 떨어졌고, 매점 천장에 한 번 부딪힌 뒤 3~4m 아래로 추락했다. 이 사고로 A씨와 10대인 친동생 B씨 등 3명이 다쳤다. B씨는 쇄골이 골절돼 병원에서 치료 중이며 나머지 한 명은 다리에 타박상을 입은 것으로 알려졌다.

추모 꽃다발 등이 놓인 창원NC파크 앞

야구 역사상 초유의 관중 사망사고에 많은 야구팬이 정신적 트라우마를 호소했으며, 일부 팬은 한국야구위원회(KBO)와 창원시를 규탄하는 트럭시위를 벌였다. 경남지역 프로야구 팬 허모(31) 씨는 이번 사고에 대해 "뉴스를 보고 정말 충격이 컸다"며 "당분간 직관(현장관람)은 못 갈 것 같다"고 심경을 밝혔다. 프로야구 시즌이면 한 달에 한 번씩 시간을 내 창원NC파크와 부산 사직구장 등에 방문해 현장경기를 본다는 그는 "숨진 팬이 너무 안쓰럽고, 이런 일이 나한테 벌어지지 않는다는 보장도 없기에 불안하다"고 말했다.

창원시·구단 압수수색 … 책임 규명 나선 경찰

현재 프로야구가 열리는 야구장은 모두 지방자치단체가 소유하고, 각 구단이 임대하는 형태로 운영된다. 다만 사고원인인 루버의 일상적인 유지나 관리 운영은 창원시설관리공단과 NC다이노스 중 어느 쪽이 담당하는지 아직 명확히 확인되지 않았다. 창원시 산하 창원시설공단이 2019년 NC 측과 체결한 '사용·수익허가 계약서'를 보면 NC파크의 일상적인 유지·관리 운영은 NC 측이 맡는다. 단, 주요 구조부의 개·보수만 공단이 이행한다는 게 공단의 설명이다. 공단은 이에 따라 법적으로 시행하는 주요 구조부의 각종 안전점검은 모두 정상적으로 이행했고, 그동안 이상은 발견되지 않았다는 입장이다.

경찰은 지난 4월 11일 창원시와 창원시설관리공단, NC다이노스 구단 사무실 등을 압수수색했다. 경찰은 이날 확보한 문서 등을 토대로 루버 관리주체를 확인할 계획이다. 경찰 관계자는 "이번 압수물들을 토대로 사고원인을 정확히 규명하고 관련자들을 상대로 업무상과실치사상과 중대재해처벌법* 위반 수사를 이어갈 계획이다"라고 말했다.

중대재해처벌법

사업 또는 사업장, 공중이용시설 및 공중교통수단을 운영하거나 인체에 해로운 원료나 제조물을 취급하면서 안전·보건 조치의무를 위반해 인명피해를 발생하게 한 사업주, 경영책임자, 공무원 및 법인의 처벌 등을 규정한다. 중대재해를 예방하고 시민과 종사자의 생명과 신체를 보호하는 것이 제정 취지다.

이어 경찰은 4월 25일 문제가 된 외벽구조물 루버를 야구장에 설치한 시공업체에 대해서도 압수수색을 진행했다. 업체가 계약서나 설계도면 등 시공과 관련해 제대로 설치했는지 등을 확인하기 위한 조치다. 경찰은 관련 자료를 확보해 문제가 드러날 경우 관련자를 입건하고 조사를 확대할 방침이다.

사고수습을 위해 출범한 경남 창원시·창원시설공단·NC다이노스 합동대책반은 사고발생 한 달 만인 4월 29일, 야구장 안팎에 설치된 루버 313개를 모두 철거하는 작업을 마무리했다고 밝혔다. 합동대책반은 그동안 안전점검은 물론이고 사고 여파로 심리적 어려움을 겪는 사고 목격자 등을 위한 심리지원 상담소도 운영했다. 장금용 창원시장 권한대행은 "이번 사고는 우리 모두에게 큰 경각심을 주는 사건"이라며 "조사결과에 기초해 안전관리 시스템을 강화하고, 앞으로 이런 사고가 재발하지 않도록 지속적인 안전교육 등을 실시할 계획"이라고 말했다.

HOT ISSUE 28위

"법인소득" vs "개인소득" … 연예인 '1인 기획사' 세금 추징 논란

최근 배우 이하늬와 유연석, 이준기에 이어 조진웅도 과세당국으로부터 억대 세금추징 통보를 받은 사실이 알려지며 연예인들의 세금 논란이 또다시 도마 위에 올랐다. 특히 국세청이 이들에게 부과한 세금이 억대에 달해 의도적인 탈세시도가 아니냐는 의혹이 제기됐다.

소득세 '최고세율' 45% … 법인세는 24%에 불과

국세청 고지에 따르면 이하늬가 60억원대, 유연석이 70억원대, 이준기가 9억원대, 조진웅이 11억원대의 세금추징을 각각 통보받았는데, 이들은 의도적인 탈세가 아니라 세법 해석과 적용에 관한 견해차이에서 비롯된 것이라고 해명했다. 이처럼 최근 세금추징으로 논란이 된 연예인들은 모두 소속 기획사가 있으며 동시에 '1인 기획사*'를 따로 설립했다는 공통점이 있다. 연예인이나 그 가족이 1인 기획사를 차려 독자적으로 운영하는 것은 합법적인 경영방식이지만, 그로 인한 소득을 정산하고 세법에 따라 세금을 납부하는 과정에서 1인 기획사·세무대리인과 과세당국 간의 '시각차'가 발생하곤 한다.

1인 기획사

흔히 연예인 본인이나 그 가족이 직접 연예기획사를 차려 독자적으로 운영하는 형태를 말한다. 여러 명의 연예인을 직원들이 관리하는 기존 연예기획사와 달리 전속 연예인 1명만 전담하며, 크게 개인사업자와 법인사업자로 나뉜다. 해당 연예인이 소속된 연예기획사(소속사)가 있는 경우 소속사와 1인 기획사(법인)가 계약을 체결함으로써 소득분배를 법인으로 전환할 수 있다. 이 경우 연예인은 1인 기획사로부터 월급을 받는 구조가 된다.

연예인들이 1인 기획사를 설립하는 이유는 콘텐츠 개발 및 제작, 투자 등 다각화된 사업을 진행하기 위해서이기도 하지만, 높은 개인 종합소득세율을 피하고 상대적으로 낮은 법인세율을 적용받을 수 있기 때문이다. 현행법상 개인소득세의 최고세율은 45%인 반면 법인세는 24%에 불과하다. 단순히 세금회피목적이 아니라 **실질적인 사업목적으로 회사가 운영되고 있다면 1인 기획사 설립을 통한 절세가 위법은 아니다.** 다만 국세청이 경제적 실질에 따라 과세를 진행하는 '실질과세원칙'을 내세워 절세과정을 인정하지 않을 수도 있다. 이 경우 소득은 법인세가 아닌 개인소득세 납부대상으로 해석돼 추가세금을 내야 하거나 적법한 절차에 따라 소명해 추징세액을 재산정받을 수 있다.

2025년 개인 종합소득세·법인세 세율

구분	과세표준	세율
개인 종합 소득세	1,400만원 이하	6%
	1,400만원 초과~5,000만원 이하	15%
	5,000만원 초과~8,800만원 이하	24%
	8,800만원 초과~1억 5,000만원 이하	35%
	1억 5,000만원 초과~3억원 이하	38%
	3억원 초과~5억원 이하	40%
	5억원 초과~10억원 이하	42%
	10억원 초과	45%
법인세	2억원 초과	9~19%
	2억원 초과~200억원 이하	19%
	200억원 초과~3,000억원 이하	21%
	3,000억원 초과	24%

다만 일부 전문가들과 학계에서는 국세청의 이러한 조치가 '선별적 과세 의혹'을 불러일으킬 수 있다고 주장한다. 국세청이 사회적 이슈화가 상대적으로 쉬운 유명 연예인들을 표적으로 삼아 세수확보와 조세 정의 실현이라는 명분을 얻으려 하는 것이 아니냐는 의심을 받을 수 있다는 것이다. 따라서 ==1인 법인에 대한 명확한 과세기준을 확립하고 이들이 자신의 사업구조에 대한 세법해석을 명확히 할 수 있도록 '사전 세무해석' 제도를 강화할 필요==가 있다고 입을 모았다.

문체부, 연예인에 '회계내역' 서면 제공 의무화

한편 연예계의 정산·회계 내역 투명성을 강화하기 위한 법적 조치도 추진되고 있다. 지난 3월 24일 문화체육관광부(문체부)는 대중문화예술산업발전법 시행령 일부 개정안을 통해 앞으로 연예기획사가 소속 연예인들에게 연 1회 이상 정산내역과 그 근거가 되는 회계내역을 '서면(전자문서 포함)' 또는 '우편(전자우편 포함)'으로 제공하는 것을 의무화하겠다고 밝혔다. 현행법상 소속 연예인의 요구가 있을 경우 회계내역을 지체 없이 공개하도록 하고 있으나, '공개'라는 방법에 대해 기획사와 연예인 간 해석차이에 따른 갈등이 발생하는 데다가 연예인이 기획사를 상대로 자료를 요구하기 쉽지 않은 등의 문제가 있었다. 특히 2022년 가수 겸 배우 이승기가 18년간 몸담았던 당시 소속사로부터 음원 사용료를 제대로 정산받지 못한 사실이 드러나 규정을 손봐야 한다는 목소리가 커졌다.

이에 국회는 기획사가 소속 연예인의 '요구가 없더라도' 수익정산 등 회계내역을 공개하도록 하는 이른바 '이승기 사태 방지법(대중문화예술산업발전법 개정안)'을 지난해 9월 통과시켰고, 4월 23일부터 시행됐다. 문체부는 이러한 법률 개정에 맞춰 정산 주기와 제공방법을 구체적으로 정한 것이다. 그러나 정산자료에는 회사의 민감한 정보가 다수 포함돼 있는 만큼 외부노출을 막기 위해 예외규정이 필요하다는 목소리도 나왔다.

HOT ISSUE 29위

커피농장의 착취 여전…
구매자 스타벅스 책임져라

브라질 커피농장에서 일하던 일꾼들이 세계적인 커피업체인 스타벅스에 피해배상 소송을 제기했다. 스타벅스가 해당 농장과 커피 원두를 거래한 책임을 져야 한다는 것이다.

"노예처럼 일했다"… 농장과 거래한 책임을 져야

영국 일간 가디언에 따르면 4월 24일(현지시간) 스타벅스에 커피 원두를 공급하는 브라질의 한 농장에서 중노동에 시달렸던 일꾼 8명이 국제권리변호사회(IRA)의 도움을 받아 미국 스타벅스를 상대로 자신들이 입은 피해를 금전적으로 배상하라는 민사소송을 냈다. 피해자들은 이 외에도 인권이 침해받는 커피농장에서 생산된 원두수입을 중단할 것 등의 소송을 미국 워싱턴 D.C. 연방법원에 제기했다. 아울러 해당 농장과 스타벅스의 보복을 우려해 실명을 밝히지 않은 피해자들은 법원에 스타벅스 측이 보복하는 것을 금지하는 명령을 내려달라고 요구했다고 알려졌다.

피해자 증언에 따르면 그들은 미성년 때 농장에 고용됐으며, 농장은 약속된 고용조건을 지키지 않고 '무급'으로 일을 시켰다. 또한 부츠와 장갑 등 보호장비조차 없이 뜨거운 햇볕 아래서 오전 5시 30분부터 오후 6시까지 일해야 했고 점심시간은 고작 20분이었다. 이들은 지난해 6월 브라질당국이 농장을 급습하고서야 혹사에서 해방될 수 있었다. 당국은 보고서에서 이들이 '위험한 환경에서 아동노동을 했으며, 해당 농장 노동자들은 노예와 같은 처지에 놓인 인신매매 피해자들'이었다고 결론지었다.

IRA 대표이사인 테런스 콜링즈워스는 "스타벅스가 커피 한 잔에 약 6달러를 받는다는 사실, 그 회사가 강제노동자와 아동노동자가 수확한 커피를 받는다는 사실은 정말로 범죄행위를 넘어서는 것"이라며 "도덕적으로 혐오스러운 일"이라고 강조했다. 이와 관련해 비정부기구(NGO) 커피워치도 같은 날 미국 관세국경보호청(CBP)에 브라질 내 강제노동으로 생산된 커피를 스타벅스와 네슬레, 던킨, 맥도날드 등 다른 주요기업이 수입하는 것을 금지해달라는 청원을 제기했다. 커피워치는 청원서에서 브라질 커피농장에서는 노동력을 착취하는 경우가 허다하며, 해당 사례는 빙산의 일각일 뿐이라고 강조했다.

스타벅스, 실적부진에 관세폭풍까지 악재 겹쳐

이번 소송으로 그동안 공정무역*을 통한 원두 구매활동을 한다고 자부해온 스타벅스는 기업이미지에 타격을 입게 됐다. 스타벅스는 '2005년부터 전 세계 최대의 공정무역 인증 커피 구매업체 중 하나로 공정무역 및 제3자 인증의 윤리 구매방식을 통해 국제시세보다 높은 가격에 원두를 구매하고 있다'고 홍보해왔다. 따라서 이번 소송은 실적부진으로 고전하고 있는 스타벅스로서는 악재일 수밖에 없다.

> **공정무역**
>
> 경제적으로 불리한 환경에 처한 생산자들에게 공정한 가격을 지급하고, 좋은 노동조건을 보장하며, 환경을 존중하는 국제무역의 한 형태를 말한다. 개발도상국 생산자에게 정당한 가격을 지불해 자립할 수 있도록 하는 것을 목적으로 삼는 사회운동으로 시작됐다. 시장가격이 과잉생산 등으로 인해 수준 이하로 떨어지더라도 농민들이 해당 품목을 지속가능한 생산을 할 수 있도록 최서비용을 보장한다는 게 원칙이지만, 감시기능이 없어서 일부 기업들이 이를 마케팅으로만 이용하고 있다는 비판도 있다.

블룸버그 등에 따르면 스타벅스는 4월 29일(현지시간) 회계연도 2분기 동일매장 매출이 전년 동기대비 1% 감소했다고 밝혔다. 이는 5분기 연속 매출감소로 블룸버그 등의 예상치를 밑도는 수치다. 실적발표 후 스타벅스 주가는 시간 외 거래에서 약 7% 하락했다. 지난해 실적부진의 책임을 지고 사임한 랙

스먼 내러시먼 전 스타벅스 최고경영자(CEO)의 뒤를 이어 영입된 브라이언 니콜 스타벅스 현 CEO는 취임일성으로 스타벅스를 예전의 모습으로 돌려놓겠다는 의지를 밝힌 바 있지만, 성과를 내지 못했다는 평가가 나왔다. 여기에 파이낸셜타임스(FT)는 트럼프행정부의 관세폭탄으로 비용상승이 예상되고 있어 점점 더 어려운 도전에 직면하고 있다고 지적했다.

한편 가디언은 '브라질 농장주들은 강제노동 단속에서 적발되면 벌금을 내야 하고 정부의 주시대상이 되는, 이른바 '더티 리스트'(Dirty List)'에 오를 수 있지만 스타벅스와 같은 기업들은 그런 농장들로부터 커피를 계속 구매하고 있다'고 지적했다. 브라질은 16~19세기 노예무역으로 데려온 아프리카인과 아프로-브라질인(사하라 이남 아프리카계 혈통을 지닌 브라질인) 수십만명을 19세기부터 커피농장에 투입, 세계 최대 커피생산국으로 성장한 어두운 역사를 지니고 있다. 브라질의 노예제는 1888년 폐지됐지만, 오늘날도 각지의 농장에서 노예와 비슷한 환경에 시달리다 구출되는 노동자들의 3분의 2는 아프로-브라질계라고 가디언은 전했다.

HOT ISSUE 30위

"월드옥타 명칭 변경 추진"…
박종범 회장 일방 공표에 '시끌'

박종범 세계한인무역협회(월드옥타) 회장이 협회명칭을 이사회 검토 없이 변경하려다 내부반발에 직면해 사과문을 발표한 사실이 뒤늦게 밝혀졌다. 박 회장은 "회원 여러분께 혼란과 우려를 끼쳐드린 점에 대해 깊이 사과드린다. 회원 여러분과 함께 신중히 논의해 결정돼야 한다"는 글을 최근 단체 카카오톡방(단톡방)에 올렸다고 한 상임이사가 4월 20일 전했다.

박종범 월드옥타 회장

박 회장, 이사진 반발에 사과문 내고 서둘러 해명

박 회장은 4월 11일 동포언론 인터뷰에서 '세계한인경제무역협회'로 협회명칭을 바꾸는 것을 추진하고 있다며 배경설명을 한 바 있다. '국내 경제 7단체로의 위상 정립을 위해 포괄적인 의미의 '경제'라는 용어가 들어가는 것이 좋다고 판단해 3월 27일 상임집행위원회에서 명칭변경 안건이 통과됐다'는 설명이었다. 최대 재외동포 경제단체를 자처하는 세계한인무역협회의 영문명은 'World Federation of Overseas Korean Traders Associations(OKTA)'이다. 국문에 '경제'를 넣지만 영문은 그대로 둔다는 게 명칭 변경의 골자다.

해당 소식을 접한 월드옥타 이사진은 곧바로 반발했다. 월드옥타 창립에 동참한 원로회원은 "1981년 협회 창립 때부터 무역인이 중심이 돼 뭉친 단체라서 각종 대회나 모임 때마다 건배사로 '옥타(OKTA)'를 외쳤다. 국문명이 바뀌면 장차 영문명도 바뀔 테고, 그러면 모두가 자부심을 가져온 옥타란 이름도 사라지는 것 아니냐"고 질타했다. 이를 두고 박 회장이 협회 수장직을 연임하려고 무리수를 둔 게 아니냐는 지적도 나왔다. 월드옥타의 한 지회장은 "개인회사도 아닌 협회의 이름을 바꾸는 문제를 협회장 인터뷰 기사로 접한다는 것은 바람직하지 않다. 수십년간 옥타라는 명칭으로 활동해온 회원들의 의견을 무시한 결과"라고 비판했다.

내부항의가 확산하자 박 회장은 유럽지역 한인회 행사 중 협회홍보와 함께 향후 방향성을 설명하는 과정에서 언급된 발언이 기사화됐다고 해명했다. 하지만 박 회장이 명칭변경 추진계획을 철회하지 않은 채 같은 달 말 안동대회(세계대표자대회)에서 충분한 논의의 기회를 갖게 되길 바란다고 밝혀 진통이 이어졌다.

무역인 양성 국고지원 사업 '부실운영' 논란도

한편 월드옥타가 거액의 국민혈세를 쓰는 차세대 한인 청년리더 양성 프로그램을 부실하게 운영하고 있다는 비판이 제기됐다. 1981년 설립된 월드옥타는 산업통상자원부 예산을 대한무역투자진흥공사(KOTRA, 코트라)로부터 재교부받아 교포무역인 네트워크 구축 사업인 '차세대 글로벌 창업 무역스쿨'을 운영 중이다. 차세대 무역 사관생도 10만명을 육성한다는 비전을 내건 이 사업은 2003년 제1기를 시작으로 지난해까지 20년 이상 이어졌다. 월드옥타의 핵심사업인 차세대 무역스쿨을 통해 3만여 명의 교육생이 배출됐으나, 어엿한 기업인으로 성장한 사례가 드물어 '속 빈 강정'이라는 지적을 받았다.

한국상품 수출에 관심 있는 만 39세 이하 재외동포 청년경제인이 참여하는 이 사업이 실효를 거두지 못한 것을 두고 스타트업 창업지원보다는 인맥구축에 치중했기 때문이라는 비판도 나왔다. 국가별 지회 단독 또는 대륙별 통합으로 이뤄지는 해당 사업기간에 국내에서 '모국방문 교육'이 진행되는데, 재외동포들의 '공짜 귀국관광' 기회나 '청년 친목행사' 등으로 변질됐다는 목소리도 심심찮게 나왔다.

월드옥타 주최로 오스트리아 빈에서 열린 '한국상품박람회'

차세대 무역스쿨 참가자 숫자를 공공연하게 부풀린다는 의혹이 일거나 핵심사업 성과가 지지부진한데도 정부 등에서 막대한 자금이 해마다 제공돼 '도덕적 해이(모럴 해저드*)' 논란도 일고 있다. 이에 동포 기업계에서는 월드옥타 사업이 제 기능을 하는지, 국민혈세를 투명하게 사용했는지 등에 대한 철저한 검증을 요구하는 목소리가 높아지고 있다.

모럴 해저드

쌍방 간의 계약체결 이후 법적·제도적 허점을 이용해 한쪽 당사자가 자신이 해야 할 최선의 의무를 다하지 않아 다른 쪽 당사자가 손해를 보는 상황을 가리키는 경제용어다. 즉, 상황 변화에 따라 자신의 이익만을 추구함으로써 다른 사람이나 사회에 피해를 주는 일종의 기회주의적 행동이라 할 수 있다. 보험시장에서 보험가입자들의 부도덕한 행위를 가리키는 말로도 사용한다.

화제의 뉴스를 간단하게!
간추린 뉴스

깊어지는 공천개입 의혹 … 명태균 "김 여사, 김상민 검사 도와주라해"

명태균 씨

검찰은 김건희 여사의 4·10 총선 공천개입 의혹 등을 확인하는 차원에서 4월 29, 30일 이틀간 명태균 씨를 부른 것으로 알려졌다. 김 여사가 자신에게 김상민 전 검사가 조국 전 법무부 장관 수사 당시 고생을 많이 했다는 이유를 들어 도와달라고 했고, 김영선 전 국민의힘 의원에게 공기업이나 장관직을 제안했다는 게 명씨 주장이다. 한편 검찰은 명씨가 20대 대선에서 당시 윤석열 후보를 위해 총 81차례에 걸쳐 불법 여론조사를 해준 대가로 김 전 의원이 그해 6·1 국회의원 보궐선거에서 경남 창원 의창 선거구 공천을 받았다는 의혹도 확인하고 있다.

의료사고 때 환자 돕는 '환자 대변인' 신설 추진

4월 22일 보건복지부 의료개혁추진단은 도움이 필요한 환자와 가족을 도울 '환자 대변인(가칭)'을 도입한다고 밝혔다. '환자 대변인'은 의학적·법적 지식이 부족한 환자를 조력하고, 필요에 따라 의료인(기관) 상담도 병행한다. 추진단이 제시한 예시를 보면 환자 대변인은 사망 등 중상해 사건이 발생했을 때 환자나 가족을 대상으로 인과성을 판단할 핵심쟁점 등을 담은 조정신청서와 의견서 작성을 돕는다. 추진단은 "소송 전 환자-의료진 소통을 통해 불필요한 소송을 줄이고 사고감정·조정제도의 사회적 공신력을 높이겠다"고 강조했다.

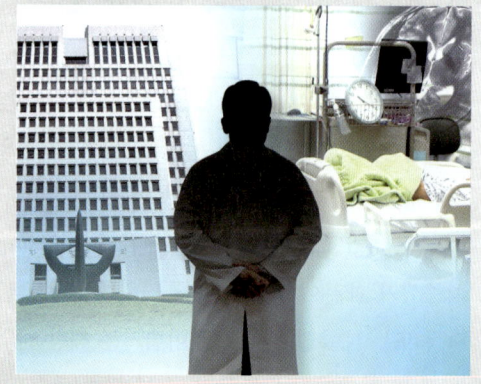

한화에어로 유상증자 3.6조 → 2.3조 ⋯ "경영권 승계 논란 불식"

한화에어로스페이스가 3월에 예고한 유상증자 규모를 3조 6,000억원에서 2조 3,000억원으로 축소하기로 했다. 유상증자 자금이 대주주 경영권 승계에 이용되는 것 아니냐는 의혹을 해소하고 주주 불만을 달래기 위한 조치로 해석된다. 나머지 1조 3,000억원 규모의 유상증자는 한화에너지, 한화임팩트파트너스, 한화에너지싱가포르 등 3개사가 제3자 배정 방식으로 참여한다. 이번 결정으로 한화에너지 등은 한화에어로스페이스 주식 171만 5,040주를 할인 없이 75만 8,000원에 인수한다. 향후 유상증자에 참여하는 소액주주들은 15%를 할인받을 예정이다.

10억원에 시민권 ⋯ EU법원, 몰타 '골든비자' 불법 판결

거금을 낸 외국인에게 시민권을 부여하는 유럽연합(EU) 회원국 몰타의 '골든비자' 제도가 불법이라고 법원이 최종 판결했다. EU 최고법원인 유럽사법재판소(ECJ)는 4월 29일(현지시간) EU 집행위원회가 몰타의 투자이민제도 시행을 금지해달라며 제기한 소송에서 집행위의 손을 들었다. 몰타는 최소 60만유로(약 10억원)를 투자한 외국인에게 시민권을 부여해 몰타에서 거주하고 일할 수 있도록 했다. 2022년 당시 러시아-우크라이나 전쟁 발발로 러시아 부유층이 서방 제재를 회피할 목적으로 몰타의 제도를 악용할 수 있다는 우려가 제기됐다.

토허제 확대에도 아파트 40%가 '신고가'

토지거래허가구역 확대 지정 이후 40일간 강남 3구와 용산구에서 거래된 아파트 40%가 신고가를 기록한 것으로 나타났다. 부동산시장 참여자들 사이에서 '토허제 확대지역 입지가 역시 견고하다'는 인식이 퍼지며 가격이 계속해서 올라가는 모습이다. 특히 재건축 고가 아파트 위주로 신고가 행렬이 이어지고 있다. 김효선 NH농협은행 부동산수석전문위원은 "우수한 입지 위주로 매수가 몰리면서 양극화가 점점 심해지는 모습"이라며 "서울 외곽 재건축단지의 사업성 부족 문제를 획기적으로 개선할 만한 정책적 지원이 필요한 상황"이라고 했다.

서울 시내버스 노사협상 결렬 … 서울시, 특별교통대책 내놔

서울 시내버스 노조가 4월 30일 오전부터 '준법투쟁(안전운전)'에 돌입했다. 서울시버스노동조합은 이날 오전 2시께 서울시버스운송사업조합과의 협상결렬을 선언했다. 서울지방노동위원회가 중재안을 제시했으나, 노사 양측 모두 받아들이지 않은 것으로 전해졌다. 쟁의행위 가운데도 물밑협상을 이어갈 것으로 보여 타협이 성사될 수 있을지 주목된다. 한편 서울시는 지하철의 출근 주요 혼잡시간을 오전 7~10시로 확대한다. 또한 공무원을 주요 중앙버스전용차로 정류소에 배치해 불필요한 정차행위 등을 확인하는 즉시 현장에서 조치할 계획이다.

쟁위 관련 안내문이 부착된 서울 시내버스

불공정거래 시 계좌 지급정지 … 최대 5년간 거래 제한

4월 23일부터 불공정거래나 불법공매도 등에 사용된 것으로 의심되는 계좌에 지급정지제도가 새롭게 도입됐다. 불공정거래 행위자에는 최대 5년간 금융투자상품 거래를 제한한다. 상장사뿐만 아니라 금융회사 임원 선임도 5년간 제한된다. 개정 자본시장법은 특정 불공정거래 행위에 사용됐다고 의심되는 계좌에 금융위원회(금융위)가 금융회사에 지급정지 조치를 최대 1년간 요구할 수 있도록 규정하고 있다. 금융위는 "부당이득 은닉을 최소화하고 불공정거래 유인을 줄여 투자자 보호와 건전한 거래질서 확립에 기여할 것"이라고 말했다.

이란 항구 폭발 사상자 급증 … 최소 40명 사망·1,000명 부상

이란 남동부의 최대규모 항구에서 벌어진 폭발로 인명피해가 크게 늘어나고 있다. 4월 27일(현지시간) 현지보도에 따르면 호르모즈간주(州) 당국은 전날 반다르압바스의 샤히드라자이 항구에서 발생한 사고로 최소 40명이 숨지고 1,000여 명이 다쳤다고 집계했다. 사고가 일어난 토요일은 이란에서는 한 주의 업무가 시작되는 날이다. 당시 항구에 많은 직원이 분주하게 움직이고 있던 터라 인명피해가 컸다. 호르모즈간 주정부는 4월 29일까지 사흘 동안을 애도기간으로 선포했다. 이와 별도로 중앙정부도 28일 하루를 애도일로 정했다.

이란 항구 폭발사고 현장

국군, '기밀 유출' 정보사 외부감사 추진 … 8년 만에 진행

군이 국군정보사령부에 대해 약 8년 만에 외부 보안감사를 추진한다. 국방보안업무훈령 개정안은 정보사와 777사령부에 대한 보안감사를 국방정보본부가 단독으로 매년 실시하던 것을 국군방첩사령부와 국방정보본부가 격년으로 번갈아 실시하는 방안을 추진한다. 국방정보본부는 정보사를 예하에 둔 기관이어서 감사가 제대로 이뤄지기 힘들다는 지적이 있었다. 특히 정보사 소속 군무원에 의한 블랙요원명단 유출사건이 드러나면서 외부감사의 필요성이 부각됐다. 군은 하반기 방첩사 주관으로 정보사 및 777사령부 등에 대한 보안감사를 실시할 계획이다.

내년 최저임금 심의 시작 … 1차 전원회의 개최

2026년도 최저임금을 결정하기 위한 최저임금위원회(최저임금위)의 심의가 4월 22일 시작됐다. 국내외 경제난으로 기업과 근로자의 어려움이 가중되는 가운데 최저임금 수준과 업종별 구분을 둘러싸고 노사가 시작부터 치열한 공방을 벌였다. 근로자·사용자·공익위원 각 9명씩 총 27명으로 이뤄진 최저임금위는 정부세종청사에서 제1차 전원회의를 열고 내년도 최저임금 심의에 돌입했다. 최저임금위는 6월 말까지 최저임금 수준을 의결해 노동부 장관에게 제출해야 하지만, 시한을 넘겨 7월까지 심의가 이어지는 경우가 많았다. 제2차 전원회의는 5월 27일 열렸다.

수도권 지하철요금 6월 28일부터 1,550원 … 150원 인상

수도권 지하철 교통카드 기본요금이 6월 28일 첫차부터 150원 오를 전망이다. 4월 29일 서울시에 따르면 시는 대중교통 통합환승할인제도를 함께 시행하는 경기도, 인천시, 한국철도공사와 회의를 열어 지하철운임 조정에 합의했다. 교통카드를 기준으로 현행 1,400원인 수도권 지하철 기본요금은 1,550원으로 150원 인상된다. 청소년은 800원에서 900원으로, 어린이는 500원에서 550원으로 각각 100원, 50원씩 오른다. 300원을 한꺼번에 인상할 계획이었지만, 공공요금 동결기조를 고려해 150원씩 두 차례에 걸쳐 인상하기로 했다.

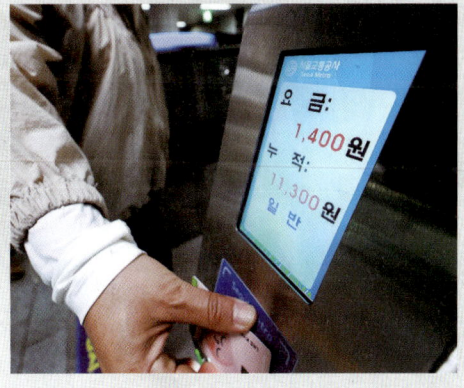

이스라엘 장관 "가자지구 완전파괴" … 재점령 공식화

팔레스타인 무장정파 하마스가 더는 휴전협상에 관심이 없다고 밝힘에 따라 가자지구 민간인들의 인도주의적 위기가 심화할 것이라는 우려가 커지고 있다. 4월 6일(현지시간) 외신에 따르면 이스라엘에서 극우 강경파로 분류되는 베잘렐 스모트리히 재무장관은 이날 요르단강 서안의 유대인 정착촌에서 열린 콘퍼런스에서 "가자지구는 완전히 파괴될 것"이라고 말했다. 이에 대해 영국 노팅엄대 국제법 교수인 빅터 카탄은 "로마규정(국제형사재판소에 관한 다자조약) 중 인도에 반한 죄로 규정한 민간인의 추방과 강제이주를 명백히 요구하는 것"이라고 비판했다.

베잘렐 스모트리히 이스라엘 재무장관

시리아와 외교관계 수립 … 191개 유엔 회원국 수교 완결

철권통치에 종지부를 찍은 시리아와 외교관계를 맺으면서 우리나라는 북한을 제외한 191개 유엔 회원국 모두와 수교하게 됐다. 양국 수교가 성사된 배경에는 북한과 친밀한 관계를 유지해온 알아사드정권이 몰락한 점이 주효했다. 조태열 외교부 장관은 시리아의 안정과 번영이 중동평화와 글로벌평화에 중요하다며 한-시리아 수교를 바탕으로 한 협력이 시리아 발전과 중동 안정에 기여하기를 바란다고 전했다. 특히 시리아의 재건과정에서 우리나라의 개발경험을 전수할 의사를 밝히고, 제반여건이 개선될 경우 한국기업의 재건활동 참여 가능성도 타진했다.

공군 "기관총 낙하사고, 조종사가 히터 조절하려다 버튼 실수"

4월 18일 발생한 KA-1 공중통제공격기의 기관총·연료탱크 낙하사고는 조종사가 히터를 조절하려다 버튼을 잘못 눌러 발생한 것으로 조사됐다. 공군은 21일 조종사 진술 등을 조사한 결과 사고원인이 후방석 조종사의 부주의로 확인됐다며 이처럼 밝혔다. 당시 야간 모의사격 훈련 중이던 조종사들은 바이저(전투기 헬멧의 고글) 위에 야간투시경을 쓰고 있었는데, 후방석 조종사가 시야에 불편을 느껴 풍량을 조절하려다가 비상투하 버튼을 잘못 눌렀다고 한다. 공군은 안전분야 처분심의위원회를 통해 사고 조종사에 대한 문책 등을 결정할 예정이다.

KA-1 전술통제공격기

예금금리만 뚝뚝 … 은행 예대금리차 '공시 이래 최대' 속출

주요 시중은행 이자이익의 기반인 예대금리차(대출-예금 금리)가 무려 8개월 가까이 계속 커지고 있다. 대출수요 억제 차원에서 가산금리 인하에 제동이 걸렸지만, 예금금리는 계속 추락하고 있기 때문이다. 5월 5일 은행연합회 소비자 포털에 공시된 '예대금리차 비교' 통계에 따르면 올해 3월 5대은행에서 실제로 취급된 가계대출의 예대금리차는 1.38~1.55%포인트로 집계됐다. 시중은행 관계자는 "은행권 가계대출이 4월 다시 뛰었기 때문에 특정 은행이 앞장서 대출 가산금리를 낮추기에는 부담스러운 면이 있다"고 분위기를 전했다.

중국이 인수 거부한 보잉 항공기, 인도 항공사가 구매 '눈독'

4월 25일 로이터 통신은 트럼프발 관세폭탄의 여파로 중국 항공사들이 인수를 거부한 보잉 항공기들에 인도 항공사가 관심을 보인다고 보도했다. 익명을 요구한 두 명의 소식통은 저비용항공사(LCC)인 에어 인디아 익스프레스가 10대의 보잉 협동체(기내 통로가 1열인 기종) 여객기를 원하고 있다며 보잉과 초기협상 단계라고 밝혔다. 항공기들이 중국 항공사 요구사양에 따라 제작됐기 때문에 구성차이가 있을 수 있으며, 이 점이 가격협상에 반영될 가능성이 있다고 전했다. 에어 인디아 익스프레스는 과거에도 다른 특정고객을 위해 제작된 항공기를 도입한 전례가 있다.

'오프라인 그루밍도 처벌' 아동·청소년법 개정안 국회 통과

아동·청소년 대상 그루밍 범죄의 처벌범위를 기존 온라인에서 오프라인까지 확대하는 내용의 법률 개정안이 4월 2일 국회 본회의를 통과했다. 개정안에는 아동·청소년을 성적으로 착취하기 위한 목적으로 성적대화를 하거나 성적행위를 하도록 유인하는 환심형 범죄를 뜻하는 그루밍 범죄의 근절을 위해 오프라인상에서 발생하는 그루밍 범죄에 대한 처벌규정과 미수범 처벌규정이 담겼다. 또 피고인의 반대 신문권을 보장하면서 피해 아동·청소년을 2차 피해로부터 보호할 수 있도록 아동 친화적 증거보전절차를 '성폭력처벌법'과 동일하게 도입했다.

국회 여성가족위원회

8월부터 신분증 발급 시 장기기증 희망 안내받는다

오는 8월부터 주민등록증 등 신분증을 발급받을 때 장기기증 희망등록에 관한 안내를 받게 된다. 4월 14일 한국장기조직기증원에 따르면 장기 등 이식에 관한 법률 개정에 따라 오는 8월 21일부터 주민등록증이나 여권, 운전면허증, 선원신분증 등 신분증명서를 발급받을 때는 각 지방자치단체의 기증 업무나 신분증명서 업무 담당자로부터 장기기증 희망등록 설명을 듣는다. 신분증 발급 외에 재발급이나 갱신 시에도 마찬가지다. 구체적인 기증 희망등록 방법은 국립장기조직혈액관리원 홈페이지(www.konos.go.kr)에서 확인할 수 있다.

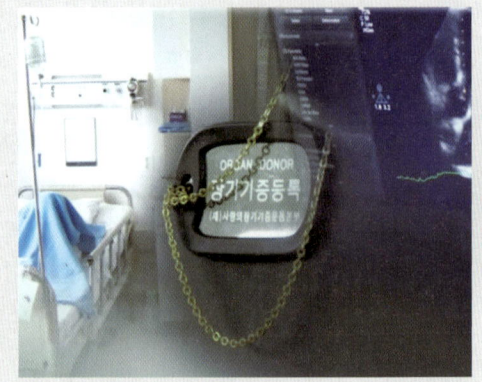

앱 거래액 최대 4분의 1 수수료로 … 수치는 '영업비밀'

방송통신위원회(방통위)는 4월 11일 구글 플레이, 애플 앱스토어, 삼성전자 갤럭시스토어, 원스토어에 대한 '2024년도 앱 마켓 실태조사 결과'를 발표하면서 4개 앱 마켓 사업자의 거래액 대비 수수료 비중이 14~26% 수준이라고 밝혔다. 각 사업자의 수수료 비중의 구체적 수치는 발표되지 않았다. 전기통신사업법상 방통위가 앱 마켓 시장현황을 파악하기 위해 사업자들로부터 자료를 제출받을 수만 있고 공표할 수 있는 법적 근거가 없기 때문이라는 설명이다. 애플, 구글 등 빅테크 사업자들은 '영업비밀'을 이유로 수수료 비중을 알리지 않고 있다.

알래스카 LNG 한국 참여압력 커지나 … 관건은 경제성·안정성

우리나라에 대한 미국의 알래스카 액화천연가스(LNG) 개발 프로젝트 참여압력이 커질 수 있다는 관측이 나온다. 미국은 한국이 조속히 일정물량 구매의향을 보이는 투자의향서(LOI)에 서명할 것을 희망하는 분위기다. 알래스카 LNG 프로젝트는 알래스카에서 난 천연가스를 새로 건설할 약 1,300km 가스관을 거쳐 앵커리지 인근 부동항까지 날라 액화한 뒤 수요지로 공급하는 사업이다. 다만 알래스카 LNG 구매는 한국의 에너지 도입선 조정에 관련된 일이어서 에너지안보 측면에서 중요성이 커 차기정부가 최종결정을 내릴 것이라는 관측에 무게가 실린다.

알래스카 푸르도베이의 기존 유전시설

김연경, 역대 세 번째 만장일치 정규리그 MVP … 화려한 피날레

한국배구의 살아 있는 전설 김연경(흥국생명)이 만장일치로 프로배구 여자부 정규리그 최우수선수(MVP)를 수상하고 화려했던 선수생활에 마침표를 찍었다. 김 선수는 기자단 투표에서 31표를 독식해 역대 두 번째로 만장일치 챔프전 MVP에 선정됐다. 특히 베스트 7 아웃사이드 히터는 물론 V리그 출범 20주년을 기념해 선정한 역대 베스트 7에서도 아웃사이드 히터로 뽑혔다. 김 선수는 수상소감에서 "팬 여러분들 응원해주셔서 여기까지 올 수 있었던 것 같다"면서 "목표를 이루고 마무리하게 돼 감사드린다"며 고마움을 전했다.

김연경 선수(흥국생명)

'정산지연' 발란, 결제서비스 중단 … 카드·PG사 철수

발란 기업회생신청 대표자 심문기일 출석하는 최형록 대표

판매대금 정산지연으로 논란을 빚고 있는 온라인 명품플랫폼 발란의 결제서비스가 전면 중단됐다. 3월 30일 업계에 따르면 발란은 지난 28일 밤부터 상품 구매·결제가 모두 막혔고, 결제창에는 '모든 결제수단 이용이 불가하다'는 안내문만 떴다. 발란은 3월 24일부터 일부 입점사에 대한 판매대금을 지급하지 못해 논란이 됐다. 업계에서는 정산지연 사태가 유동성 위기에 기인한 것으로 보고 있다. 한편 11번가는 발란의 기업회생 절차(법정관리) 개시로 어려움을 겪는 판매자들에게 빠른 정산과 판촉을 지원한다고 4월 14일 밝혔다.

'팝아트 거장' 앤디 워홀 작품, 네덜란드에서 실수로 폐기

앤디 워홀의 작품이 네덜란드에서 당국자의 실수로 폐기되는 사건이 벌어졌다. CNN에 따르면 네덜란드 남부 마스호르스트의 지방자치 당국은 보유한 예술품을 정리하는 과정에서 워홀의 작품이 사라진 사실을 확인해 조사를 의뢰했다고 지난 4월 24일 발표했다. 사라진 워홀의 작품은 팝 아트 스타일로 제작한 베아트릭스 전 네덜란드 여왕의 초상화다. 당국은 이 작품이 실수로 버려진 것으로 추측하고 있으며, 회수하기는 어려울 것으로 보고 있다. 사고가 발생한 구체적 과정이나 책임소재 등은 밝혀지지 않고 있다고 CNN은 전했다.

네덜란드 베아트릭스 여왕을 묘사한 앤디 워홀의 작품

이슈&시사상식
포토뉴스

배구 여제 김연경의
화려한 '라스트 댄스'

김연경, 우승컵 들고 은퇴

4월 8일 흥국생명은 프로배구 도드람 2024-2025시즌 V리그 여자부 챔피언결정 5차전에서 정관장을 꺾고 6시즌 만에 통합우승을 차지했다.

김연경은 V리그 우승 트로피를 들고 화려한 선수생활을 마무리했으며, 기자단 투표에서 만장일치로 챔프전 최우수선수(MVP)에 선정됐다.

이어 4월 14일 정규리그 MVP에도 선정되며 역대 최초로 데뷔시즌과 은퇴시즌에 챔프전 MVP와 정규리그 MVP를 모두 차지하는 위업을 달성했다.

흥국생명은 김연경의 구단 자체 은퇴식을 오는 10월 개막하는 2025-2026시즌 홈경기 때 진행할 예정이라고 밝혔다.

은퇴 이후에도 배구를 떠날 일은 없을 것 같다고 여러 번 말했던 김연경은 흥국생명 어드바이저(고문)라는 직함으로 배구와 인연을 이어갈 계획이다.

김연경은 4월 18일 SNS를 통해 "동료들과 함께 흘린 땀, 팬 여러분의 뜨거운 응원이 있었기에 가능한 순간이었다"며 감사인사를 전했다.

핵심 브리핑

흥국생명이 지난 2월 정규리그 1위를 확정 지은 데 이어 챔피언결정전에서 우승을 차지하며 통합우승을 달성했다. 이로써 김연경은 16년 만에 V리그 정상에 오르며 선수생활에 마침표를 찍었다. "내가 원하는 모습으로 은퇴한다"며 은퇴소감을 밝힌 김연경은 선수로서 유니폼은 벗었지만, 흥국생명의 어드바이저로 제2의 배구 인생을 시작할 계획이다.

이슈&시사상식
팩트체크

대형산불 발생, 생태계 회복에 100년 걸리나?

What?

최근 경북 지역에 대형산불이 발생하자 인적·물적 손해뿐만 산림생태계도 큰 피해를 입었다. 인공위성이 관측 가능할 정도로 산림훼손이 심각한 가운데 완벽한 생태계 복원이 가능할지 여부가 주목을 받고 있다. 일각에서는 대형산불로 폐허가 된 산림생태계를 복원하려면 100년 이상 걸린다는 관측도 나오고 있다.

산불에 산림생태계 황폐화 … 산사태·홍수까지

국립산림과학원에 의하면 산불이 나면 산림생태계가 급속하게 황폐해진다. 산림은 동식물 서식처로 산불이 나면 이들의 서식처는 순식간에 파괴된다.

2차적으로는 생물다양성이 줄어들고 토양의 영양물질도 불에 타면서 산림의 생산력도 떨어진다. 토양을 보호하는 나무와 낙엽 등이 불에 타 사라지면서 비가 조금만 와도 토사가 유출돼 산사태·홍수와 같은 피해를 유발하기도 한다.

소나무류 산불 피해목은 소나무재선충 매개충의 서식 및 산란처로도 기능해 소나무재선충병의 피해를 확산시킬 수 있다. 실제 산불피해 후 2년간 솔수염하늘소의 밀도는 산불 미피해지역 대비 10~14배 이상 높은 것으로 확인됐다.

대형산불 시 생태계 완전복원에 100년 이상 걸려

산불 피해면적이 100헥타르(ha) 이상이거나 24시간 넘게 꺼지지 않았던 대형산불의 경우 산림 복원에만 최소 30년이 걸리며, 생태계 복원까지는 무려 100년 이상이 걸린다는 보고가 있다.

산림과학원의 연구결과에 의하면 토사유출은 산불 발생 후 2년까지 심했고 이후 급격히 줄어 3~5년 후에는 산불 발생 이전과 유사했다.

하지만 산림생태계는 분류군에 따라 회복속도가 달랐다. 산불 이전 수준으로 회복되려면 어류는 3년 이상 지나야 개체 수가 안정화되며, 개미류는 14년 후에야 원상복구됐다. 포유류나 조류 등 산림동물이나 임상, 토양 등은 20년이 지나도 완전히 회복되지 않았다.

산불 발생 후 15년이 지난 시점에서 산림동물은 자연 복원지에서 83%, 조림 복구지에서 50%의 회복 수준을 보였고, 수목의 생장과 외형적인 모습은 70~80% 수준으로 회복됐다.

이렇게 회복시간이 다른 이유는 회복이 순차적으로 이뤄지기 때문이다. 나무가 산불 이전과 유사한 수준까지 성장하려면 많은 세월이 필요하며, 산림동물은 일단 숲이 산불 이전과 유사하게 회복된 후에야 정착이 가능하기 때문에 긴 시간이 걸린다.

산림토양은 토양이 오랜 기간에 걸쳐 숲 생태계의 순환 속에서 토양동물과 미생물의 활동을 통해 형성됐기 때문에 훨씬 긴 기간이 소요된다. 황폐해진 산불 피해지가 산림의 형태를 갖추는 데만 30년 이상, 생태적 안정단계에 이르기까지 최소 100년 이상이 걸릴 것으로 국립산림과학원은 예상했다.

산불 피해지에 복원 노력 … 소나무 생존율 높아

국립산림과학원은 1996년 강원도 고성 산불 이후 회복력을 높일 수 있는 복원기술을 개발하기 위해 장기 연구지를 설치해 연구하고 있다.

연구결과에 따르면 강릉, 고성 등 산불 피해지에 조림된 수종들의 1년 후 생존율은 소나무가 평균 89%, 활엽수가 평균 53%로 소나무의 조림복원 효과가 매우 우수했다.

산불 발생 20년 후의 숲과 토양의 회복력은 강원도 고성 산불 피해지의 관찰결과 숲의 회복은 조림 복원지, 토양의 회복은 자연 복원지가 효과적이었다. 토양의 경우 조림 복원지와 자연 복원지 모두 산불 발생 후 2~3년이 지나면서 유기물과 양분이 서서히 증가했다. 하지만 20년이 지난 후에도 조림 복원지는 미피해지역에 비해 유기물은 32%, 양분은 47%, 자연 복원지는 각각 47%와 63%로 낮았다.

산림과학원은 산불 후 숲과 토양의 회복이 복원방법에 따라 다르기 때문에 복원의 효과를 높이기 위해서는 조림복원과 자연복원의 장단점을 고려해 입지의 특성에 따라 복원방법을 신중하게 결정해야 한다고 강조했다.

Fact!

지리적 조건과 산불유형에 따라 차이가 있지만, 대형산불이 발생하면 장기적인 생태계 회복기간이 있어야 한다. 산불피해 복원기간을 연구한 결과 전문가들은 완전한 회복을 위해서는 100년 이상이 필요할 것이라고 예상하고 있다.

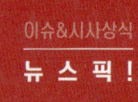

전례 없는 재판진행
사법 쿠데타인가?

쿠데타. 프랑스어(Coup d'État)로 군대와 경찰 등을 동원한 정치적 선동과 무력으로 권력을 장악하는 일을 통상적으로 지칭하는 말이다. 검찰 출신 대통령의 비상계엄을 통한 쿠데타가 한 예다. 그런데 우리는 검경수사권 조정에 대한 반발을 검찰 쿠데타라고 불러왔다. 최근에는 재판으로 대통령선거에 개입하려 한 것 아니냐는 의심을 받는 사법부의 수상한 움직임을 일각에서는 사법 쿠데타라고 비판한다.

12·3 비상계엄 사태로 비롯된 대통령 탄핵사건이 4월 4일 헌법재판소의 결정과 함께 일단락됐다. 그런데 그 과정에서 사법부도 바쁘게 움직였다. 3월 26일 강력한 대선후보인 이재명 당시 더불어민주당 대표가 공직선거법 위반 2심 재판에서 무죄를 선고받자 대법원은 불과 36일 만에 유죄취지의 파기환송을 결정, 사건을 원심법원으로 돌려보냈다. 대법원 소부(주심 대법관 박영재)에 배당한 지 고작 9일 만이었다.

배당 9일 만에 대법선고 … 노골적 정치개입?

- 전례 없이 빠른 판결, 대법원 내규도 위반
- 낙선한 자에게 공직선거법 적용?
- 국민의 선택권 빼앗는 주권침해 주장도

5월 1일 TV로 생중계된 이재명 더불어민주당 대선후보의 공직선거법 위반 상고심 선고에서 조희대 대법원장은 "이 후보의 '골프 발언'과 백현동 관련 발언은 공직선거법 250조 1항에 따른 허위사실 공표에 해당"하며 "2심이 이 후보 발언의미를 잘못 해석해 무죄로 판단한 것은 선거법상 허위사실 공표죄에 관한 법리를 오해한 것"이라며 사건을 서울고법으로 돌려보냈다.

앞서 이 후보는 제20대 대통령선거(2022년)의 민주당 후보 자격으로 고 김문기 전 성남도시개발공사 개발1처장 및 성남 백현동 한국식품연구원 부지의 용도변경 특혜 의혹과 관련해 허위사실을 공표한 혐의를 받아왔다. 지난해 11월 1심은 피선거권 박탈형인 징역 1년에 집행유예 2년을 선고했지만, 2심은 이 후보 발언이 '인식' 또는 '의견표명'에 불과하므로 처벌할 수 없다며 전부 무죄를 선고했다. 대법원 파기환송 선고 후 국민의힘은 "대한민국의 근본 가치가 법치와 공정성이라는 대원칙을 증명한 판결"이라며 이 후보에게 대선후보 자진사퇴를 요구했다. 그러면서 "서울고등법원은 이재명 후보에 대한 파기환송심을 빠른 시간 내 열어서 6월 3일 대선 전 이 후보의 법적 위험에 대해 명확한 판단을 해주길 바란다"라고 촉구했다.

한편 과거 판례에 따라 무죄확정을 예상했던 대부분의 법률가 사이에서는 전문가들의 견해와 국민적 상식을 정면으로 거스른 퇴행적 판결이라는 비판이 쏟아졌다. 법률 전문가들이 대법 판결을 앞두고 무죄확정을 예상한 근거는 그동안의 관행과 시간적 제한이었다.

하지만 대법원은 소주(주심 대법관 박영재)에 배당된 당일 대법원장 직권으로 전원합의체 회부를 결정했고, 바로 같은 날 첫 번째 심리를 열었으며, 이틀 뒤 두 번째이자 마지막 심리 후 곧바로 선고기일을 잡았다. 전원합의체가 일반적으로 한 달에 한 번 열리는 것을 생각하면 연달아 두 번이나 전원합의체 심리를 한 것은 사상 최초다.

대법원 내규도 위반한 것으로 드러났다. '대법원 전원합의체의 심리절차에 관한 내규' 제7조는 재판연구관이 전원합의 사건에 관해 조사·연수한 결과를 기일 전에 미리 보고하게 돼 있다. 그러나 이번에는 소부 배당 당일 전원합의체 심리를 했다. 재판연구관의 결과를 보고받을 시간적 여유가 없었다는 것이다. 또한 만약 배당 전 6~7만쪽에 달하는 사건 및 1·2심 재판 자료를 확인했다면 불법에 해당해 오히려 대법관들이 법의 심판을 받을 수 있다.

또 진행속도도 문제로 지적됐다. 1심 선고까지 2년 2개월이 걸린 데 반해 2심은 4개월, 3심은 2심 판결로부터 불과 36일 만에 선고됐다. 이는 당초 조

12명의 대법관 중 10명이 유죄, 2명이 무죄를 냈다.

대법원장이 강조해온 6·3·3 원칙에도 위반된다. 6·3·3 원칙이란 공직선거법 위반 혐의 사건의 경우 1심 6개월, 2심 3개월, 3심 3개월 이내에 재판을 마치도록 규정한 '공직선거법 270조(재판기간 강행규정)'의 내용으로서 2023년 12월 취임 이후 조 대법원장이 강조해온 사항이다. 이에 대법원은 선거법 위반 사건은 신속하게 처리한다는 규정이 있고, 1·2심의 엇갈린 판단으로 인한 혼란과 사법불신을 해소하기 위해 속도를 냈다고 설명했다.

하지만 파기환송심을 맡은 서울고등법원이 대법원으로부터 관련 기록을 받은 지 반나절 만에 선거운동기간인 5월 15일을 첫 공판기일로 잡고, 이 후보자에게 관련 서류를 빠르게 송달하기 위해 법원 집행관에게 촉탁하면서 논란이 커졌다. 결국 빠른 재판으로 대법원 재상고심까지 6·3 대통령선거일 전에 확정해 이 후보자의 후보자격을 박탈하려는 것 아니냐는 의혹이 불거졌다. 이 때문에 사법부 내에서도 조 대법원장의 정치개입을 비판하며 전국법관대표회를 소집하기도 했다.

검찰·사법 쿠데타의 희생양, 룰라 복귀의 의미

❖ 검찰은 기소하고 법원은 유죄판결하고
❖ 권한을 이용한 권력장악 시도
❖ 혁명은 지지를, 쿠데타는 저항을

혁명은 체제변혁을 목적으로 한다. 하지만 쿠데타는 이와 달리 지배계급 내부의 권력이동에 그 목적이 있다. 군부가 권력을 장악한 2021년 미얀마의 쿠데타나 의회가 정부를 쫓아낸 2012년 파라과이의 쿠데타처럼 말이다. 물론 행정부가 야당이 다수당인 의회를 장악해 권력을 독식하기 위해 일으키는 쿠데타도 있다. 집권하고 있는 정치 지도자가 더 큰 권력을 얻기 위해 쿠데타를 벌이는 것이다.

이를 친위쿠데타로 따로 구별하는데, 우리에게는 1972년 박정희정권의 10월유신이 대표적인 친위쿠데타다. 2024년 12월 3일 군인을 국회로 보내 국회 장악을 노렸던 윤석열정부의 비상계엄을 친위쿠데타라고 하는 이유다. 그 외 기관이 가진 힘과 합법적 권한을 이용해 노골적으로 정치에 개입하는 것에도 쿠데타라는 명칭을 붙인다. 대표적인 것이 검찰 쿠데타, 사법 쿠데타다.

2021년 브라질 연방법원은 루이스 이나시우 룰라 다 시우바(룰라)의 2018년 대선 출마를 좌절시켰던 유죄판결을 '무효'로 결정했다. 사법부가 정치재판과 대선개입을 인정한 셈이다. 2018년 강력한 대선후보였던 룰라를 좌절시킨 검찰과 법원의 이른바 '세차작전(Operation Car Wash)'의 중심에는 세르지우 모루 브라질 연방판사가 있었다.

모루는 세차작전을 통해 브라질 집권당인 노동당(PT)과 정부인사들을 구속시켰고, 야당과 손을 잡고 2016년 5월 13일 룰라 대통령의 후임이었던 여성 대통령 지우마 호세프를 예산작성 규칙 위반이라는 정책적 실수를 이유로 탄핵해 노동당정권을 붕괴시켰다. 또 검찰총장을 시켜 호세프를 계승한 미셰우 테메르 대통령을 뇌물수수 혐의로 기소(2017년 6월)해 식물대통령으로 전락시켰다.

룰라(왼쪽)와 모루

모루는 더 나아가 당시 지지율 80%의 룰라를 돈세탁과 간접적 뇌물수수 혐의로 구속(2017년), 룰라의 2018년 대통령선거 출마를 저지했다. 그 결과 우익 포퓰리스트 자이르 보우소나루가 대통령에 당선됐고, 보우소나루정권에서 모루는 법무장관에 임명되며 승승장구했다. 그러나 2021년 판결로 모루의 2017년 판결이 사법권력과 법률지식을 동원한 검찰과 법원의 쿠데타였으며, 룰라는 이들이 짜고 치는 '사법 사기'의 피해자였다는 것이 확정됐다.

혁명과 쿠데타의 다른 점은 또 있다. 일반 대중의 지지 여부다. 혁명은 대중의 지지를 기반으로 한다. 하지만 쿠데타에는 대중의 저항이 뒤따른다. 12·3 친위쿠데타에 맨몸으로 맞서고, '대통령 탄핵'을 외치며 여의도와 광화문, 안국동 거리를 메운 응원봉 물결이 그것이다. 최근 대법원이 있는 서초동에 '사법난동 대선개입'을 외치는 시민들의 아우성이 커지는 이유도 여기에 있다. 그들은 차기 대통령을 뽑는 권리는 사법부가 아닌 "국민에게 있다"며 "국민의 선택권을 빼앗지 말라"고 외치고 있다. 천주교 정의구현 전국사제단도 5월 6일 성명을 내고 대법원 파기환송을 '조희대의 사법 쿠데타'로 명명하고 "조희대 사법 쿠데타 세력이 빼앗으려는 것은 특정인의 피선거권이 아니라 전체 국민의 참정권"이라며 "특권을 잃을 위기에 처한 사법 엘리트들이 시대착오적 반동을 벌이고 있다"고 경고했다.

한편 5월 14일로 예정됐던 국회 법제사법위원회(법사위) '조희대 대법원장 등 사법부의 대선개입 의혹 진상규명 청문회'의 증인으로 채택된 조 대법원장 등 대법관 12명과 대법원 수석·선임 재판연구관, 대법원장 비서실장, 법원행정처 사법정보화실장 등은 전원 불참하고, 청문회 요구자료 제출도 전면 거부했다. "재판에 관한 청문회에 법관이 출석하는 것은 여러모로 곤란하다"는 것이 불출석사유였다.

이런 상황에서 조 대법원장과 윤석열 전 대통령의 내란 우두머리 혐의 사건을 담당하고 있는 지귀연 부장판사(서울중앙지법 형사합의25부) 관련 의혹이 국회 법사위 청문회 과정에서 폭로됐다. 조 대법원장은 대법선고 전 한덕수 전 국무총리 등을 만나 "이재명 사건을 알아서 처리하겠다"는 취지로 발언했다는 전언이 담긴 녹취가, 지 부장판사는 강남 예약제 최고급 룸살롱에서 수차례 향응을 받았다는 제보가 장소사진과 함께 공개됐다. 우리나라는 3권으로 권력을 분립해 입법·사법·행정 각 기관의 독립성을 인정했다. 그러나 여기에는 상호견제가 전제돼 있다. 견제를 인정하지 않을 때 따라오는 것은 권력남용이다. 시대

이슈&시사상식
이슈평론

서울의 주말
러너들이 점령하다

NEWSPAPER
**"주말 마라톤에 장사 망쳐"…
월드컵경기장 앞 상인들 울상**

최근 서울 도심에서 열리는 마라톤으로 인해 상인들이 생계에 방해를 받고 있다며 불만을 제기하고 있다. 서울 마포구의 한 시장상인들은 마라톤행사로 쓰레기투기, 주차난, 교통혼잡 등 여러 문제들이 발생하고 있다며 지자체에 대책마련을 촉구했다. 시장 상인회에 따르면 4월 27일 서울 광화문광장에서 출발하는 마라톤으로 인해 시장 인근 월드컵로 구룡사거리-합정역사거리 구간 5km가 통제된다. 상인회는 이로 인해 시장정문으로의 출입이 4시간 동안 제한된다고 설명했다.

2025.04.21. 뉴시스

'러닝 열풍'에 서울 곳곳에서 마라톤대회 열려

최근 달리기 열풍이 불면서 무리지어 공원과 산책로의 트랙을 달리는 달리기 동호회 '러닝크루'가 성행하고 있다. 이에 발맞춰 서울을 비롯한 전국의 주말에 마라톤대회가 줄을 잇고 있다. 2020년 42개, 2021년 43개였던 서울 내 크고 작은 마라톤대회는 2022년 70개, 2023년 96개로 증가하다 2024년에는 1주일에 2개꼴인 118개로 급증했다.

올해의 경우 4월에만 총 19건의 대회가 열려 작년 같은 달과 비교해 5건이 늘었다. 일요일인 4월 26일에도 '2025 서울하프마라톤대회'가 열려 광화문광장부터 여의도공원, 상암 평화광장 구간의 도로가 순차적으로 통제됐다.

주말마다 도로통제에 불편 호소 잇달아

완연한 봄날, 이렇듯 서울 도심을 가로지르는 마라톤대회가 주말마다 열리면서 불편을 호소하는 시민들 역시 늘어나고 있다. 지난 3월 16일 서울 잠실 한 아파트 입주민 카페에는 그날 열린 '2025 서울마라톤대회'를 성토하는 글이 올라왔다. 그러자 짧은 시간 안에 "학원가에서 10분이면 오는 길을 돌고 돌아 40분 걸려 왔다", "반나절을 오도 가도 못 하게 했다. 단체소송감 아니냐"는 등의 분통 섞인 댓글이 쏟아졌다.

주요 마라톤코스가 매번 비슷하다는 점이 이러한 불만을 키우는 요인으로 지적된다. 잠실 일대나 여의도, 종로, 광화문 등이 대표적이다. 주말 오전 특정지역 주민이나 특정지역을 지나가야 하는 시민들은 일방적·반복적으로 불편을 겪을 수밖에 없는 셈이다. 일각에서는 마라톤대회 참가비 등 수익은 주최 측이 가져가면서 대회로 생기는 각종비용은 공공이 부담하는 것 아니냐고 지적한다. 주민들은 교통통제뿐 아니라 경적·휘슬소리 등 소음, 쓰레기 무단투기, 노상방뇨 등 유무형의 피해가 적지 않다고 주장하고 있다.

시민 피해 없도록 배려와 매너 필요해

마라톤대회는 일종의 '문화행사'로 집회와 달리 경찰 신고대상은 아니다. 경찰은 통행량이 적은 주말 오전에 대회를 개최하도록 하고, 구간별로 순차 통제를 하는 등 불편을 최소화하기 위해 노력하고 있다고 설명했다. 그러나 광화문광장이나 올림픽공원처럼 최대 수만명에 이르는 다수 인원이 달릴 수 있는 장소가 한정적이라 뾰족한 대책은 없다는 입장이다. 서울시민의 온라인 민원창구인 '응답소'에는 "도로점용 허가 시 불편 유발에 비례한 부담금을 매겨야 한다"는 의견도 나오고 있다.

달리기는 신체건강과 정신건강을 동시에 증진할 수 있는 건강한 취미로서 누구나 시작하고 즐길 수 있는 국민 건강 트렌드로 자리 잡아가고 있다. 그러나 최근에는 이처럼 빈번한 마라톤대회로 인한 불편뿐 아니라 일부 러닝크루들이 공공이 이용하는 공원이나 산책로의 트랙을 점거하고 통행을 방해하는 등 민폐를 끼치는 사례가 증가하면서 이를 곱지 않은 시선으로 바라보는 이들이 생긴 것도 사실이다.

달리기 문화가 유행하면서 관련대회가 늘어나는 것은 자연스런 현상일 것이다. 하지만 참가인원과 구역을 제한하는 등 다른 시민들이 불편을 겪지 않도록 하는 주최 측의 노력도 필요해 보인다. 아울러 건강한 취미활동 가운데서 불필요한 갈등과 피해가 발생하지 않도록 '러닝 매너'를 생활화하는 것도 중요해 보인다.

이슈&시사상식
세계는 지금

미국을 뒤흔든 기밀유출 논란
시그널 게이트

마이클 왈츠 전 미국 백악관 국가안보보좌관

3월 13일(현지시간) 예멘 후티반군 공습 논의를 위해 채팅방을 개설하는 과정에서 미국 월간지 '애틀랜틱' 편집장인 제프리 골드버그가 실수로 초대됐다. 해당 채팅방에서는 구체적인 군사작전 정보가 공유됐다. 애틀랜틱은 이러한 사실을 보도했으며, 트럼프 대통령과 백악관이 이를 부인하자 채팅방 대화 전문을 공개했다. 민간 메신저를 통해 군사작전 계획을 논의한 사실이 밝혀지며 국가안보 논란이 거세게 일었다.

민간 메신저에 흘러든 군사기밀

미국 트럼프행정부 최고위급 안보라인이 실수로 채팅방에 언론인을 초대해 예멘 후티반군을 겨냥한 공격계획을 유출한 사실이 알려졌다. 제프리 골드버그 애틀랜틱(The Atlantic) 편집장은 3월 24일(현지시간) '트럼프행정부가 실수로 나에게 전쟁계획을 문자로 보냈다'는 제목의 기사에서 다음과 같이 밝혔다.

골드버그에 따르면 마이클 왈츠 전 백악관 국가안보보좌관이 상업용 메시지 앱 '시그널'의 암호화된 그룹 채팅방에 골드버그 편집장을 초대했다. 이 채팅방에는 J.D. 밴스 부통령과 마코 루비오 국무장관, 피트 헤그세스 국방장관 등이 있었던 것으로 알려졌다. 골드버그는 3월 15일(현지시간) 헤그세스 국방장관의 전쟁계획을 공유받았는데, 여기에는 무기종류와 작전 목표·시기 등에 대한 정확한 정보가 담겨 있었다. 고도로 민감한 군사정보를 일반 메신저를 통해 논의했다는 점뿐만 아니라 논의과정이 실수로 언론인에게 노출됐다는 점에서 트럼프행정부의 허술한 보안의식에 대한 비판이 확산했다.

시그널 게이트 타임라인

3월 11일	마이클 왈츠(전 백악관 국가안보보좌관) → 제프리 골드버그(애틀랜틱 편집장) 시그널 대화참여 요청
3월 13일	제프리 골드버그 후티 PC 소그룹(Houthi PC small group)이라는 비공개 시그널 채팅 그룹에 초대
3월 15일	해당 채팅방에서 예멘 후티반군 공습계획 공유
3월 24일	미국 시사잡지 '애틀랜틱'에 기밀유출 다룬 기사 보도
3월 26일	백악관이 기밀유출 사실 부인하자 채팅방 대화 전문 공개

'시그널', 얼마나 안전하기에?

2014년 출시된 시그널의 대표적 특징은 모든 메시지에 종단 간 암호화가 적용된다는 것이다. 발신자와 수신자만이 공유한 암호키를 활용해 본래의 내용을 볼 수 있기에 해커가 서버나 인터넷서비스 업체 등을 공격해 메시지를 중간에서 가로채더라도 어떤 내용이 담겼는지 알기 어렵다. 시그널은 메시지가 언제, 누구에게 전달됐는지 등의 메타데이터(다른 데이터를 설명해주는 데이터)조차 서버 측에서 열람할 수 없도록 하고 있다. 그런 까닭에 취재원 보호를 중시하는 언론인이나 정치권에서 널리 사용되고 있으며, 우리나라에서도 과거 댓글 여론조작 수사에서 시그널을 통한 대화를 포착하기도 했다.

문제는 국가기밀 등과 관련한 핵심정보를 논의하기에는 여전히 보안수준이 턱없이 낮다는 점이다. 마이클 대니얼 전 백악관 사이버안보조정관은 "시그널은 매우 견고한 플랫폼이지만 결코 군사계획을 논의하는 데 쓰이도록 만들어지거나 의도되지 않았다"고 말했다.

계속되는 논란 … 위태로운 미국의 안보의식

기밀유출 사건을 계기로 미국 국방부의 고위 참모들이 잇달아 사임하는 가운데 피트 헤그세스 미국 국방장관이 다른 개인 채팅방에서 부인, 남동생, 개인 변호사 등과 공습계획을 공유한 사실이 추가로 드러나 파문이 커졌다. 뉴욕타임스에 따르면 헤그세스 장관은 3월 15일(현지시간) 예멘 후티반군 공습일정 등 민감한 정보를 시그널의 채팅방에서 공유했다. 이 채팅방은 헤그세스 장관 본인이 취임 전에 개설해둔 것으로 이른바 '시그널 게이트'의 시발점이 된 채팅방과는 다른 채팅방이다. 부인 등 가족과 친지가 포함됐다는 점에서 기밀 고의 유출 논란이 더욱 심각해질 전망이다.

도널드 트럼프 미국 대통령의 백악관 내 안보분야 최고위 참모였던 왈츠 전 보좌관이 시그널 게이트 이후 신임을 잃고 중도하차한 가운데 외교·안보 라인의 다음 교체대상은 피트 헤그세스 국방장관이 될 수 있다는 관측이 집권 공화당 내부에서 제기되고 있다.

이슈&시사상식
찬반토론 ❶

"수업보호 vs 인권침해"

이미 선을 넘었다

스마트폰을 비롯한 디지털기기에 대한 청소년의 의존은 심각한 상황이다. 여성가족부가 초4, 중1, 고1 총 124만 9,317명을 상대로 진행한 '2024년 청소년 미디어 이용 습관 진단조사'에 따르면 인터넷·스마트폰 과(過)의존 위험군 청소년이 22만 1,029명에 달했다. 전체 조사대상의 17.7%가 자기조절에 어려움을 겪고 있는 것이다. 유치원생과 초등학교 저학년들의 스마트폰 의존도 심각한 수준이다.

이런 상황은 학교에서도 마찬가지다. 그러다 보니 스마트기기로 인해 수업에 집중하지 못하는 일이 빈번하다. 심지어 최근에는 노골적인 수업방해, 교사 희롱, 사이버 괴롭힘, 부정행위 등에 스마트기기가 악용되는 일이 늘어나고 있다.

프랑스와 미국 등은 이미 교내 휴대폰 사용에 대해 다양한 법적규제와 정책을 채택하고 있다. 프랑스는 2018년 15세 이하 어린이의 교내 휴대폰 사용금지를 법으로 제정·시행했다. 미국은 플로리다주를 포함한 18개주에서 관련 법률 및 정책을 실시했고, 중국 또한 부모의 서면동의 없이 휴대폰을 학교에 반입하는 것을 금지하는 교육부 고시를 채택하고 있다. 네덜란드는 지난해 1월 중등학교를 대상으로 교내 스마트폰 사용금지 지침을 시행한 후 9월에 초등학교로 적용대상을 확대했다.

국가인권위원회(인권위)가 지난해 10월 7일 고등학교에서 학생 휴대전화를 수거하는 것은 인권침해가 아니라는 판단을 내놨다. "학교에서 학생 휴대전화를 수거하는 것은 인권침해"라고 일관해온 인권위가 입장을 완전히 바꾼 것이다. 인권위는 서울 중구 국가인권위원회 전원위원회실에서 전원위원회(전원위)를 열고 '고등학교가 학칙을 근거로 일과시간에 학생 휴대전화를 수거·보관하는 것은 인권침해'라는 내용의 진정사안을 비공개 논의·표결했다. 그 결과 해당 건은 인권침해 사례가 아니고, 해당 진정을 기각한다는 견해에 힘이 실렸다. 이번 전원위에 참석한 인권위원 10명 중 8명이 이번 결정에 찬성한 것으로 알려졌다.

인권위는 2014년부터 학생 휴대전화 수거 관련 진정 약 300건에 대해 인권침해 행위가 맞다고 판단해왔다. 해당 교칙이 보장하고자 하는 교사의 교육권이나 학생의 학습권보다 학생의 행동 및 통신의 자유가 침해되는 피해가 더 크다고 봤기 때문이다. 그러나 학생들이 범죄에 무방비로 노출되고 인권위 권고 후에도 진정대상 학교가 교칙을 개정하지 않는 등 권고의 현실성이 떨어진 것이 그간 문제로 지적됐다.

학생 폰 수거

청소년들의 스마트폰 의존이 심각한 사회문제로 떠오르며 학교에서 스마트폰 사용을 전면 금지해야 한다는 목소리가 힘을 얻고 있는 상황에서 나온 결정이어서 찬성의견이 비교적 우세하다. 수업 방해는 물론 과도한 휴대전화 사용이 학생의 학습과 정서 안정에 부정적인 영향을 끼치는 데다 최근 들어 딥페이크 성범죄 피해까지 늘며 경각심이 높아진 영향도 있다.

인권위 결정과 정치권의 교내 스마트폰 사용금지 법안 추진에 맞물려 2025년 새학기 들어 학교현장에서는 교내 스마트폰 금지령이 급물살을 탔다. 다만 현재 우리나라에는 교내 휴대폰 사용에 대한 규정이 없고, 학교장 재량으로 일부 제한하는 수준이어서 스마트폰을 사용하려는 학생들과 이를 제지하려는 교사 간 갈등이 빈번하게 발생하고 있다. 지난 10년간 인권위에 접수된 학생 휴대전화 수거 관련 진정만 300건이 넘는다. 22대 국회에 휴대폰 사용 제한을 위한 입법논의가 이뤄지고 있는 것도 이런 취지다. 조정훈 국민의힘 의원이 대표발의한 교내 스마트기기 사용을 제한하는 내용의 '초·중등교육법' 일부개정법률안이 그것이다. 조 의원을 비롯한 11명의 발의 의원들은 "청소년들의 스마트폰 의존도가 심각한 수준"이라며 법 개정 필요성을 강조했다.

반대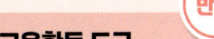

이미 교육활동 도구

교육당국은 교육정보화를 외치면서 스마트기기 보급을 장려해왔다. 그 결과 스마트기기는 이미 학교현장에서 주요 학습도구로 활용되고 있다. 특히 스마트폰은 다양한 학습자원에 접근할 수 있는 도구로 활용되고 있을 뿐만 아니라 전자책, 학습앱, 웹 기반 자료, 온라인 강의 등을 활용한 학습경험을 향상시키는 역할을 해오고 있다.

또한 이미 학생들은 스마트기기를 통해 생활에 필요한 소통을 하고 있다. 스마트기기를 통해 사회적 교류를 배웠다. 코로나19로 집에서 하는 온라인수업에 익숙해지면서 프로젝트 협업, 질문 공유, 학습 관련 정보 교환을 스마트기기를 이용해 수행해왔다. 이런 현실을 외면하고 스마트폰을 무작정 수거하는 것은 현실적이지 않다.

규범은 새로운 환경에 유연하게 맞추고 변해야 한다. 과거의 인식을 토대로 스마트기기를 성적하락과 저질문화 생산의 도구로만 보는 인식이나, '스마트기기의 노예로 전락한 학생들을 해방시켜야 한다'는 생각은 과거세대의 고정관념일 뿐이다. 문제가 있다면 그 문제점을 해결하기 위한 교육과정 개발 및 시행에 대한 사회적 합의를 이뤄야 하지 과거로 돌아가서는 안 된다. 무엇보다 학생이라고 해도 개인 소유의 물건을 학교가 강제하는 것은 근본적으로 기본권 침해행위다.

"스마트폰 의존과다 청소년 다수"
"스마트폰 악용 사례 급증"

"학교통제는 군사정권 잔재"
"문제를 고쳐야지 과거로 돌아가나?"

"소액주주 보호 vs 경영권분쟁 심화"

기득권 보호는 이제 그만

이사의 충실의무가 확대된다고 해서 정당한 경영활동이 위축되는 것이 아니다. 문제는 경영진이 주주의 이익을 무시한 채 전횡을 휘두를 때 비로소 발생한다. 과거 기업 분할합병이나 증자, 계열사와 거래(일감 몰아주기)를 할 때 지배주주의 이익이나 경영세습을 위해 일반주주에게 피해를 주는 일이 끊이지 않았다. 이런 후진적 기업지배구조가 코리아 디스카운트(한국증시 저평가)의 핵심원인으로 지목돼온 것이 사실이다.

미국, 영국, 일본 등 선진국의 사례에서 알 수 있듯이 이사의 주주 충실의무는 이미 보편화된 원칙이다. 소송남발을 우려한다지만 증권관계 집단소송법 도입 당시에도 같은 우려가 있었으나, 실제로 제기된 소송은 극히 적었다. 법이 문제가 아니라 지배주주의 전횡을 방치하는 것이 문제다.

경영상 판단에 대한 면책 원칙도 이미 우리 대법원에서 인정되고 있다. 따라서 정상적인 경영판단인 경우에는 배임죄로 처벌하지 않는다. 노벨 경제학상을 받은 다론 아제모을루 미국 매사추세츠공대(MIT) 교수는 "지배계층만을 위한 수탈적이고 착취적인 제도는 정체와 빈곤을 낳는다"고 했다. 따라서 배임죄 적용을 배제하려는 것은 대주주의 사익을 정당화하기 위한 시도에 불과하다.

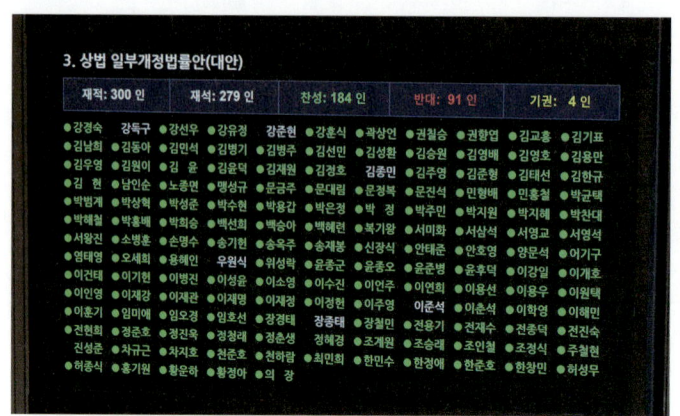

지난 3월 13일 기업 이사의 '주주 충실의무'를 담은 상법개정안이 재석의원 279명 가운데 찬성 184, 반대 91, 기권 4표로 국회 본회의를 통과했다. 더불어민주당이 발의한 상법개정안은 ▲ 기업 이사의 충실의무 대상을 '회사'에서 '회사 및 주주'로 늘려 소액주주의 권익을 지키고 ▲ 상장회사의 전자 주주총회 도입을 의무화해 주주의 표결권을 보장하는 게 뼈대다.

민주당은 주주보호를 통한 주식시장 정상화 등을 강조하며 이 법을 추진해왔는데, 특히 이소영 민주당 의원은 찬성토론에서 "알짜 사업부를 떼어내 중복상장하고 핵심 계열사를 총수 회사와 헐값에 합병하고 의도적으로 주가를 떨어뜨리는 일이 비일비재했다"며 상법개정안이 이를 막을 수 있다고 강조했다. 또한 이 의원은 "상법개정안은 윤석열정부와 국민의힘이 추진하던 일이다. 이복현 금융감독원장도 이사 충실의무 대상이 주주로 확대돼야 한다는 입장은 명확하다면서 몇 번이나 찬성입장을 밝혔다"며 "탈출하는 국내외 투자자들을 돌려세울 방법은 투명하고 공정한 주식시장을 만드는 것이고, 첫걸음이 바로 상법개정"이라고 말했다.

상법개정안

반면 국민의힘과 재계는 소송남발로 경영권이 위협당하고 기업활동이 위축될 수 있다며 반대했다. 국민의힘은 본회의 전 의원총회를 열고 상법개정안 반대입장을 당론으로 정했다. 권성동 국민의힘 원내대표는 이날 이복현 금융감독원장이 상법개정안 거부권 행사 건의에 반대한다는 입장을 밝히자 "국무위원도 아닌 금감원장이 소관 법률도 아닌 것에 대해 그런 발언을 하는 것 자체가 적절하지 않고 올바르지 않다"고 말했다. 권영세 당시 국민의힘 비상대책위원장도 비대위회의에서 상법개정안이 본회의를 통과하면 권한대행에게 재의요구권 행사를 즉각 건의하겠다고 밝혔다.

결국 4월 1일 한덕수 당시 대통령 권한대행 국무총리는 상법개정안에 대한 재의요구권(거부권)을 행사했다. "일반주주 보호에도 역행할 뿐 아니라 나아가 국가경제 전체에도 부정적 영향을 미치게 될 것"이며, 입법과정에서 "부작용을 최소화하기 위한 (여야 간) 충분한 협의과정이 부족했다"는 게 거부권 행사 이유였다. 이에 법안을 추진해온 야당들은 "재벌과 대기업의 기득권을 보호하기 위해 소액주주와 국민의 권리를 무참히 짓밟는 폭거"라고 규정하고 차기정부가 출범하며 내용을 더 강화해 재발의할 것이라고 밝혔다.

반대

경영위축 초래

충실의무 대상이 주주로 확대되면 경영판단 과정에서 불이익을 주장하는 주주들의 소송남발로 인수합병, 대규모 투자 등이 차질을 빚을 수밖에 없다. 이는 기업의 장기적 발전을 저해하는 요인으로 작용한다. 또한 행동주의 펀드들의 과도한 배당요구, 경영개입, 단기적 이익 추구행위 등이 빈번하게 돼 기업들이 온전히 경영에 전념하기가 사실상 불가능해질 것이다.

법안의 완성도도 문제다. 법안에는 '주주', '총주주', '전체 주주' 등 주주를 표현하는 용어가 혼재돼 있어 엄밀성이 요구되는 법률용어가 중구난방이다. 이러면 주주가 정확히 누구를 지칭하는지, 회사와 주주 간에 의견이 엇갈릴 때 이사는 누구를 따라야 하는지, 책임의 범위가 어디까지인지 등이 불명확하게 된다.

무엇보다 중소·중견기업들에 큰 위협이 될 수 있다. 대기업보다 지분구조가 취약한 기업들이 많은 만큼 소액주주들이 각자의 득실에 따라 경영에 개입할 수 있는 여지가 커지기 때문이다. 소송에 따른 부담도 커질 수밖에 없다. 또한 미국을 비롯한 해외에서는 '주주총회와 이사회를 거쳐 충분히 정보를 제공했으며 이사의 개인적인 이해관계 없는 경영상 판단'에 대해 면책규정을 두고 있지만, 상법개정안에는 이 같은 방어권이 없다.

"공정질서를 위한 최소한의 장치"
"지배주주 위해 일반주주 이익을 해치는 게 착취"

"주가 떨어졌다고 소송당할 판"
"경영활동에 더 큰 족쇄가 채워졌다"

HOT ISSUE QUIZ

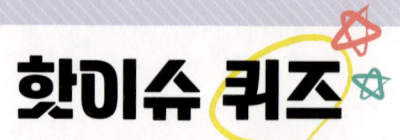

한 달 이슈를 퀴즈로 마무리!

01 (　　)은/는 대통령의 불소추특권과 공소시효가 적용되지 않는 중범죄로서 현직 대통령의 긴급체포 및 구속도 가능하다.

02 국내 1위 통신사인 SK텔레콤에서 가입자 식별·인증 정보를 저장하는 (　　) 관련 정보가 해킹당하는 초유의 사고가 발생했다.

03 (　　)은/는 토지의 이용 및 건축물의 용도, 건폐율, 용적률, 높이 등이 제한된 지역이다.

04 프란치스코 교황의 선종 후 치러진 (　　)에서 제267대 교황으로 미국의 로버트 프랜시스 프레보스트 추기경이 선출됐다.

05 (　　)은/는 개발도상국의 경제·사회적 발전을 위해 공여하는 정부가 금전적 지원을 하는 것을 말한다.

06 동맹과 우방국에도 예외를 두지 않은 미국의 고강도 (　　)정책이 국제 금융시장에 즉각적인 충격을 가했다.

07 (　　)은/는 남북 간 해상, 공중을 비롯한 모든 공간에서 일체의 적대행위를 전면 중지하기로 합의한 부속 합의서를 말한다.

08 (　　)은/는 경제부총리, 한국은행 총재, 금융위원장, 금융감독원장이 매주 한 차례 모여 정책현안을 논의하는 비공개회의다.

09 트럼프 대통령은 후보시절 '미국을 다시 위대하게'라는 뜻의 (　　)을/를 선거구호로 내세운 바 있다.

10 (　　)은/는 화재현장에 형성된 화선 안에 포함된 면적으로 진화가 완료된 뒤 확인하는 피해면적과는 개념이 다르다.

11 (　　)(이)란 한 경제주체가 보유 중인 자산을 현금으로 바꿀 수 있는 능력을 말한다.

12 최근 전국 각지에서 (　　) 사고가 잇따르면서 시민들의 불안이 커지자 각 지자체가 선제대응 및 재발방지 대책 마련에 나섰다.

13 전 세계에서 휴머노이드 로봇 개발경쟁이 치열해지고 있는 가운데 중국이 (　　)을/를 통해 글로벌시장 장악에 나섰다.

14 지난 4월 우리나라의 (　　)와/과 산림녹화 기록물이 유네스코 세계기록유산으로, 북한의 백두산이 세계지질공원으로 등재됐다.

15 (   )은/는 시장 전체의 주가 움직임을 측정하는 지표로 이용되고 있으며, 투자성과 측정, 다른 금융상품과의 수익률 비교척도, 경제상황 예측지표로도 활용되고 있다.

16 학사관리에서 유급은 다음 학년으로 진급하지 못하고 그대로 남는 것을 뜻하고, (   )은/는 학적을 없앤다는 의미로 학생으로서의 신분을 박탈당하는 것을 말한다.

17 최근 오픈AI의 이용자 급증세는 사진변환 유행을 몰고 온 (   ) 출시가 영향을 미친 것으로 알려졌다.

18 중국이 서해 한중 (   )에 무단 구조물을 설치한 것을 두고 향후 우리 해양안보에 악영향을 줄 수 있다는 우려가 제기됐다.

19 가계지출의 주요항목 중 하나인 (   )이/가 금융위기 시절인 2009년 2월 이후 가장 큰 폭으로 오른 것으로 집계됐다.

20 일본 외무성이 올해도 (   )에 독도에 대해 부당한 영유권 주장을 되풀이한 것을 두고 우리 외교부가 강력히 항의하며 즉각 철회를 요구했다.

21 스페인과 포르투갈에서 전례 없는 대규모 정전이 발생해 수천만명이 피해를 입은 가운데 스페인 야당에서는 (   ) 확대와 탈원전 등 전력망 개혁에 대한 의문을 제기했다.

22 중국은 주한미군의 (   ) 배치에 반발해 2016년부터 한국의 음악과 드라마, 영화 등을 제한하는 '비공식적 보복조치'인 한한령을 적용해 유지해왔다.

23 (   )은/는 한 번 부결된 안건은 같은 회기 중에 다시 발의하거나 제출하지 못하게 한 원칙을 말한다.

24 (   )은/는 범행 당시 형사책임연령에 도달하지 않아 범죄사실이 있어도 형사처벌을 할 수 없는 어린 범죄자를 말한다.

25 연예인들이 (   )을/를 설립하는 이유는 다각화된 사업을 진행하기 위함도 있지만, 개인소득세보다 상대적으로 세율이 낮은 법인세를 적용받을 수 있기 때문이다.

26 커피농장의 착취논란으로 그간 (   )을/를 통한 원두 구매활동을 한다고 자부해온 스타벅스가 기업이미지에 타격을 입었다.

---

01 내란죄 02 유심(USIM) 03 용도지역 04 콘클라베 05 공적개발원조(ODA) 06 관세 07 9·19 남북군사합의 08 F4회의 09 마가(MAGA) 10 산불영향구역 11 유동성 12 지반침하(싱크홀) 13 체화지능 로봇 14 제주4·3기록물 15 코스피(KOSPI) 16 제적 17 챗GPT-4o 이미지 생성 18 잠정조치수역(PMZ) 19 교육물가 20 외교청서 21 재생에너지 22 사드(THAAD) 23 일사부재의 원칙 24 촉법소년 25 1인 기획사 26 공정무역

필수
시사상식

시사용어브리핑	**94**
금융상식 실전문제	**100**
시사상식 기출문제	**106**
내일은 TV 퀴즈왕	**112**

화제의 용어를 한자리에!
시사용어브리핑

다크팩토리(Dark Factory) 사람이 투입되지 않아 조명이 필요 없는 공장

경제·경영

사람 없이 인공지능(AI)과 로봇 등 자동화시스템으로 돌아가 조명이 필요 없는 공장을 뜻한다. 제조물의 설계, 생산 등의 과정을 AI로 대체하고 로봇을 이용해 생산 효율성을 극대화하는 것이 목표다. 다크팩토리 선두에 있는 기업들은 주로 중국에 포진해 있으며, 샤오미·테슬라의 중국 생산공장은 제조과정 전부 혹은 95% 이상을 자동화해 운영 중이다. 인건비 절감, 단위시간당 생산량 향상으로 다크팩토리와 같은 전자동 생산시스템이 빠르게 일반화될 것으로 보인다.

왜 이슈지?
지난 3월 26일 준공된 현대자동차그룹의 미국 공장 메타플랜트에 각종 로봇 900여 대가 기존에 사람이 하던 일의 상당 부분을 대체했다. 이처럼 로봇과 인공지능 기술을 활용한 **다크팩토리**가 더욱 늘어날 것으로 보인다.

가르시아 사건(2025) 미국에 합법적으로 체류하던 엘살바도르인이 갱단 조직원으로 분류돼 강제추방된 사건

국제·외교

미국에 합법적으로 체류하던 엘살바도르인 킬마르 아브레고 가르시아가 트럼프행정부에 의해 갱단 조직원으로 분류돼 엘살바도르의 테러범 수용소로 추방된 사건이다. 가르시아는 자국 갱단의 협박을 피해 미국에 망명을 신청했고, 추방유예 결정을 받아 합법적으로 체류하며 미국 시민권자와 가정을 이뤘다. 그러나 최근 트럼프행정부의 대규모 이민자 단속과정에서 갱단 조직원으로 지목돼 본국으로 송환됐다. 이후 미국 연방법원은 추방과정에 행정오류가 있었다고 판단했고, 연방대법원도 그의 귀환을 지시했다. 그러나 트럼프행정부는 가르시아의 송환이 엘살바도르의 주권 영역이라며 복귀조치를 거부했다.

왜 이슈지?
'**가르시아 사건**'은 미국 내에서 이민자 권리와 행정부의 권한남용에 대한 논쟁을 촉발시키며 국제사회에서 주목받는 인권이슈로 부상했다.

AI-nxiety 인공지능의 빠른 발전으로 생겨난 사회적 불안감

▶ 사회·노동·교육

인공지능(AI)의 빠른 발전으로 생겨나는 사회적 불안감이나 두려움 등의 비관적인 감정을 일컫는 말이다. 인공지능을 뜻하는 'AI'와 불안을 뜻하는 'anxiety'를 합친 신조어로 각종 산업현장에서 AI 도입이 급속히 확대되면서 인간의 일자리 대부분이 머지않아 대체되어 자신의 직장을 위협할 수 있게 된다는 위기감에 기반한다. 또한 AI의 발전속도를 가늠하기 어려운 데 따르는 미래에 대한 불확실성, AI가 편향된 판단을 하거나 개인정보를 침해하리라는 도덕적 우려도 여기에 속한다.

왜 이슈지?
일자리, 경제, 개인정보 등 다양한 분야에 대한 불확실성이 커지면서 인간이 첨단기술을 따라가지 못한다는 불안을 뜻하는 **AI-nxiety**가 계속해서 퍼지고 있다.

더티15(Dirty 15) 전체 국가의 약 15%에 불과하지만 미국과의 무역에서 지속적인 흑자를 내는 국가

▶ 국제·외교

미국과의 교역에서 상당한 무역흑자를 내고 있으며, 미국산 제품에 높은 관세나 까다로운 비관세 장벽을 적용하는 국가들을 일컫는다. 3월 18일 폭스뉴스 인터뷰에서 스콧 베센트 미국 재무장관이 처음 언급했다. 전 세계 국가 중 약 15%에 해당하지만 미국 입장에서 무역불균형이 심각하다고 여겨지는 국가들을 겨냥했으나, 더티15가 어느 국가를 포함하는지 구체적으로 밝히지는 않았다. 다만 월스트리트저널(WSJ) 보도에 따르면 중국, 유럽연합(EU), 멕시코, 일본, 캐나다, 한국, 인도, 베트남, 태국 등이 포함될 가능성이 크다. 트럼프행정부는 특정 국가들의 불공정 무역관행을 문제 삼아 압박수위를 높이고 있다.

왜 이슈지?
백악관은 지난 4월 2일 전면적인 글로벌 통상전쟁을 선포했다. 다만 발표에서는 **더티15**를 직접 언급하는 대신 무역불균형 측면에서 '최악의 위반국가(Worst Offenders)' 약 60개국을 발표했다.

은행대리업 은행이 아닌 제3자가 은행업무를 하는 제도

▶ 경제·경영

예·적금, 대출, 이체 등 은행의 고유업무를 은행이 아닌 제3자가 대신 수행할 수 있도록 허용하는 제도를 말한다. 이를 통해 소비자는 은행 영업점이 아닌 곳에서 대면으로 은행업무를 처리할 수 있다. 은행의 모든 업무를 대리업자가 수행할 수 있게 되는 것은 아니며, 상담이나 신청서 접수 등 일선현장의 대(對)고객 접점업무로 국한된다. 이 외의 심사와 승인 등 의사결정이 필요한 업무는 은행이 직접 수행해야 한다. 금융당국은 은행대리업 사업자를 제한하고, 인가제로 운영할 계획이다.

왜 이슈지?
최근 금융위원회가 은행권의 점포 축소 기조 속에서 고령층 등 디지털 소외계층의 금융접근성 제고를 도모하고자 **은행대리업** 제도의 도입을 예고했다.

라이팅힙(Writing Hip) 손글씨와 필사를 감각적인 문화로 즐기는 트렌드

> 문화·미디어

'쓰기(writing)'와 '힙(hip)'이 결합된 신조어로 손글씨 쓰기나 필사를 즐기는 현상을 뜻한다. 이는 독서를 멋지게 여기는 '텍스트힙(Text Hip)' 열풍의 연장선으로 볼 수 있다. 디지털 환경에 익숙한 1020세대에게는 손으로 직접 쓰는 행위가 새로운 자극이 되며, 3040세대에게는 아날로그 감성을 자극해 향수를 불러일으킨다. 이러한 흐름에 따라 문구용품 및 서적 수요도 증가하고 있다. 손글씨 필사를 SNS에 공유하는 문화가 늘고 있으며, 글쓰기를 배우는 창작활동으로까지 확대되고 있다.

왜 이슈지?
라이팅힙 열풍으로 지난해 온라인 서점 예스24는 문구·기프트 분야 판매량이 전년 대비 18% 증가했으며, 교보문고는 20대 문구류 판매가 전년 대비 11% 증가했다.

프로젝트 한강 일반 이용자를 대상으로 수행하는 디지털화폐 실거래 테스트

> 경제·경영

올해 4월부터 6월까지 한국은행과 금융위원회, 금융감독원 및 시중은행이 협력해 일반 이용자를 대상으로 시행하는 디지털화폐 실거래 테스트다. 중앙은행 디지털화폐 인프라를 활용하면서도 실제 거래에는 일반 이용자가 시중은행이 발행하는 '예금토큰(Deposit Token)'을 사용한다. 참가자는 자신의 은행계좌 예금을 전자지갑의 예금토큰으로 전환한 뒤 지정된 온·오프라인 매장에서 QR코드 등을 이용해 결제할 수 있다. 또한 일정 조건에 따라 자동으로 실행되는 프로그래밍 기능을 통해 바우처를 지급하는 등 정책과 연계한 활용가능성도 함께 시험할 예정이다.

왜 이슈지?
신한은행, 국민은행 등 시중은행에서 일반 이용자 10만명을 선착순 방식으로 모집해 실시하는 디지털화폐 실거래 실험 '**프로젝트 한강**'이 지난 4월 1일부터 시작됐다.

오픈웨이트(Open Weight) 오픈소스와 폐쇄형의 중간단계인 인공지능 모델

> 과학·IT

인공지능(AI) 모델의 핵심요소 중 하나인 '가중치(Weight)'만을 공개해 사용자가 특정목적에 맞게 수정·활용할 수 있도록 한 형태다. 모델구조와 학습코드는 공개하지 않으며, 주로 연구용 또는 비상업적 사용에 제한된다. 학습데이터가 없기 때문에 편향성 검증이나 학습 재현에 한계가 있지만, 로컬실행이 가능해 개인정보 보호 측면에서 강점을 가진다. 고성능 AI모델을 실험하고 연구에 활용하기 위한 중간공개 방식으로 완전한 오픈소스와 폐쇄형 모델의 중간단계에 해당한다.

왜 이슈지?
IT 전문매체 테크크런치 보도에 따르면 오픈AI는 이르면 6월 고성능 **오픈웨이트** 추론모델을 출시할 예정이다. 오픈웨이트의 개발은 에이든 클락 오픈AI 연구 부사장이 주도하고 있으며, 현재는 초기단계인 것으로 알려졌다.

가족계수제 가구의 총소득을 구성원 수에 따라 가족계수로 나누어 1인당 과세소득을 낮추는 것

사회·노동·교육

가족단위로 소득세를 계산하고 결혼 여부와 자녀 수에 따라 세금을 차등감면하는 제도다. 가구의 총소득을 가족 수로 나눠 세금을 산출하기 때문에 자녀 수가 많을수록 소득세 부담이 줄어든다. 프랑스가 제2차 세계대전 이후인 1945년에 출생률을 높이기 위해 도입한 제도로 'N분N승 소득세'로도 불린다. 가족계수제는 전체 가구 소득을 가족계수로 나눈 뒤 과세표준 구간에 따라 0%에서 최대 45%까지의 세율을 곱해 1인당 과세소득을 산정한다. 그리고 그 소득에 해당하는 세율을 적용한 뒤 다시 가족계수를 곱해 최종세액을 산정하는 방식이다.

왜 이슈지?
더불어민주당 비상설특별위원회 월급방위대는 4월 3일 기자회견에서 소득세법 개정안 발의계획을 발표했는데, **가족계수제**와 물가연동제 도입도 함께 검토 중인 것으로 알려졌다.

슬립테크(Sleep Tech) 첨단기술을 활용해 쾌적한 수면을 돕는 기술

과학·IT

수면을 뜻하는 'sleep'과 기술을 뜻하는 'technology'의 합성어로 첨단기술을 통해 수면 데이터를 수집·분석해 쾌적한 잠자리를 돕는 기술이다. 전 세계적으로 웰빙에 대한 관심이 높아지면서 수면과 관련된 연구개발이 활발해지는 추세다. 또한 만성질환 증가와 불면증 등 수면장애의 발병률이 높아지며 질병의 진단과 치료를 지원하는 제품 및 서비스에 대한 수요가 커지고 있다. 슬립

테크는 수면 앱, 웨어러블 디바이스 등을 활용해 개인 맞춤형 수면개선 솔루션으로 진화하고 있다.

왜 이슈지?
수면건강에 대한 관심이 높아지면서 **슬립테크** 시장이 빠르게 성장하고 있으며, 글로벌 슬립테크 디바이스 시장은 연평균 18.2% 성장해 2032년에는 952억달러에 이를 것으로 보인다.

AI슬롭(AI Slop) 인공지능이 만든 저품질 콘텐츠가 인터넷에 무분별하게 확산되는 현상

과학·IT

인공지능을 의미하는 'AI'와 오물을 뜻하는 단어 'slop'이 합쳐진 단어로 AI가 생성한 질 낮은 콘텐츠가 여기저기 범람하는 현상을 말한다. 생성형 AI가 발전함에 따라 새롭게 등장한 사회적 문제로 AI가 종교적 인물이나 아기처럼 사람들의 관심을 받을 만한 소재를 활용해 무의미한 이미지를 대량으로 생산하고 이용자들의 의사와는 상관없이 대량으로 뿌린다. AI슬롭으로 저품질 콘텐츠가 범람하면 플랫폼의 신뢰도 하락, 이용자 이탈의 문제가 발생할 수 있다. 생성형 AI는 인터넷상의 모든 정보를 학습하는 만큼 AI슬롭을 AI가 다시 학습할 경우 결국 전반적인 AI 콘텐츠 질의 하락을 초래할 수 있다.

왜 이슈지?
SNS 알고리즘을 악용해 '좋아요'와 수익을 노리는 저품질 콘텐츠 **AI슬롭**이 범람하고 있으며, 이로 인해 사용자의 경험이 왜곡되고 온라인 정보의 신뢰성이 급격히 떨어지고 있다.

아네모이아(Anemoia) 직접 경험해보지 못한 과거에 대해 그리움을 느끼는 것

문화·미디어

직접 경험해보지 못한 과거의 시대나 장소에 대해 그리움을 느끼는 현상을 말한다. 이는 과거에 대한 동경이라는 점에서 '노스텔지아(Nostalgia)'와 혼용돼 사용되지만, 두 개념 사이에는 차이가 있다. 노스텔지아가 개인의 과거 중 특정 시공간에 대한 기억에서 비롯된 것이라면 아네모이아는 경험해본 적 없는 과거에 막연한 그리움을 느낀다는 특징이 있다. 이 같은 현상은 주로 젊은 세대에서 뚜렷하게 나타난다. 디지털 기술에 익숙한 이들이 점점 디지털 환경에 피로를 느끼고, SNS와 각종 매체의 발전으로 젊은 세대가 과거의 모습을 접할 수 있는 기회가 늘어나면서 과거에 대한 이상화가 커진 것으로 보인다.

> **왜 이슈지?**
> 최근 **아네모이아** 현상이 확산하면서 지역축제에서도 겪어보지 못한 과거에 대한 그리움을 자극하는 전통문화나 아날로그 체험형 콘텐츠가 흥행요소로 떠오르고 있다.

핵우산 핵무기 보유국이 핵을 보유하지 않은 동맹국가의 안전을 보장하는 것

국제·외교

핵을 보유하지 않은 동맹국이 핵 공격을 받을 경우 핵무기를 보유한 우방국이 핵전력을 제공해 그 국가의 안전을 보장하는 개념이며, '핵우산 아래로 들어간다'고 표현한다. 이러한 핵우산은 적국의 핵 위협을 사전에 억제하는 동시에 동맹국의 핵 보유에 따른 군사적 긴장 고조를 방지하는 이중적 효과를 갖는 전략적 억제체계다. 군사적으로 뿐만 아니라 정치적·심리적 위협에 대처하는 효과도 있다. 또한 동맹 내 안보결속을 강화하고, 핵 비확산 체제를 유지하는 데 중요한 역할을 한다.

> **왜 이슈지?**
> 3월 5일 에마뉘엘 마크롱 프랑스 대통령은 대국민연설을 통해 미국 중심의 핵우산 대신 프랑스를 중심으로 한 **핵우산** 가능성을 제시했다.

연결되지 않을 권리 근무시간 외에 업무와 관련된 연락을 받지 않을 권리

사회·노동·교육

전자통신기술의 발달로 근무시간 외에도 업무 관련 연락이 잦아지면서 여러 국가에서는 노동자의 사생활과 휴식권을 보장하기 위한 '연결되지 않을 권리'에 대한 논의가 이루어지고 있다. 스마트폰 등의 디바이스 발전과 재택근무 확산으로 업무시간과 장소의 경계가 모호해지면서 해당 권리가 중요시되고 있다. 여기에 워라밸(일과 삶의 균형)을 중시하는 젊은 직장인들이 늘어난 것도 영향을 미쳤다. 전 세계에서는 프랑스가 2017년 가장 먼저 업무시간 외 연락을 규제하는 내용의 로그오프법을 시행했으며, 호주에서도 지난해 8월부터 공정근로법을 개정해 업무시간 외 연락에 대해 벌금을 부과하는 제도를 도입했다.

> **왜 이슈지?**
> 3월 18일 부산광역시 동래구의회는 전국 최초로 공무원들의 '**연결되지 않을 권리**'를 보장하는 조례안을 입법예고했다.

삼의 법칙(Sahm's Rule) 미국 경제학자가 고안한 경제침체지표

경제·경영

미국 경제학자이자 투자회사 뉴 센츄리 어드바이저의 수석 이코노미스트인 클라우디아 삼이 고안한 경기침체지표다. 최근 3개월간 실업률의 평균이 지난 12개월 중 가장 낮았던 실업률보다 0.5%포인트(p) 높을 때 경제침체에 접어들었다고 해석한다. 즉, 실업률의 움직임을 바탕으로 경기침체 여부를 판단한다. 지난 1950년 이후 미국에서 발생한 11번의 경기침체 중 단 한 차례를 제외하고 모두 적중했다. 삼은 최근 실업률의 상승흐름을 경기침체 경고신호로 받아들여야 한다고 주장했다.

왜 이슈지?
4월 3일(현지시간) '**삼의 법칙**'을 고안한 클라우디아 삼 박사는 "관세가 실제로 부과되고 일정기간 유지된다면 미국경제가 침체를 피하기는 매우 어려울 것"이라고 경고했다.

뇌동매매 군중심리에 휘둘려 남들이 사고파는 대로 따라하는 행위

경제·경영

주식시장 등에서 사리판단을 하지 않고 남의 말만 믿고 경솔하게 따라하는 태도를 뜻하는 용어다. 스스로 판단이나 분석하지 않고 군중심리에 휘둘려 타인이 사고파는 대로 따라하는 행위로 특히 투자시장에서 수익기회를 놓칠 것 같은 불안감에 비이성적으로 투자하는 심리가 극대화되는 것이 원인이다. 이러한 흐름에 휩쓸리게 되면 투자자들이 동시에 몰려 단기적 가격변동을 증가시키며, 검증되지 않은 정보에 집중해 손실 가능성과 심리적 스트레스가 높아질 수 있다. 이를 막기 위해서는 투자원칙을 세우고 장기적 관점을 유지하는 등 판단할 수 있는 능력을 갖추는 것이 필요하다.

왜 이슈지?
한국거래소가 초단기(3일) 급등종목을 시장경보로 지정한 이후 **뇌동매매**가 크게 감소했다. 투자경고 지정 전후 초단기 급등유형의 주가 변동률은 28.3%에서 마이너스(-6.6%)로 전환됐다. 투자위험 단계에서는 20.2%에서 3.5%로 완화됐다.

시니어 하우징(Senior Housing) 노인층을 대상으로 주거 및 생활편의 서비스를 제공하는 시설

사회·노동·교육

고령층에 적합하도록 설계되고 의료 및 돌봄 등 편의서비스를 갖춘 시니어 주거시설을 의미한다. 실버타운, 고령자 복지주택, 시니어 레지던스 등 고령자 맞춤형 주거형태 전반을 포괄한다. 우리나라는 지난해 초고령사회에 진입하면서 노년층을 대상으로 하는 시니어 하우징에 관심이 급증하고 있다. 이르면 2070년대에 인구 절반가량이 고령층으로 전환될 것으로 예상되며, 이에 따라 시니어 하우징 산업도 더욱 다양하고 전문적인 방향으로 진화할 가능성이 크다.

왜 이슈지?
지난해 7월 정부가 '시니어 레지던스 활성화 방안'을 발표하는 등 **시니어 하우징** 관련 제도개선이 본격화되면서 관련 업계에서는 시장 확대에 대한 기대감이 커지고 있다.

금융상식 실전문제

01 다음 중 '통신망 제공 사업자는 모든 콘텐츠를 동등하고 차별 없이 다뤄야 한다'는 원칙을 뜻하는 용어로 가장 적절한 것은?

① 제로 레이팅
② 망 중립성
③ MARC
④ 멀티 캐리어

해설 망 중립성(Network Neutrality)은 통신망 제공자와 정부가 인터넷상에 존재하는 모든 데이터를 평등하게 다뤄야 하며, 이용자, 콘텐츠, 플랫폼, 기기, 전송방식 등에 따라 차별하거나 우선순위를 두어서는 안 된다는 원칙을 말한다.
① 제로 레이팅(Zero-rating) : 콘텐츠 사업자가 이용자의 데이터 이용료를 면제 또는 할인해 주는 제도다.
③ MARC(Machine Readable Cataloging) : 컴퓨터가 목록 데이터를 식별해 축적·유통할 수 있도록 코드화한 일련의 메타데이터 표준형식이다.
④ 멀티 캐리어(Multi Carrier) : 2개 주파수를 모두 사용해 통신속도를 높이는 서비스다.

02 경제학자 케인스의 '절약의 역설'에 대한 설명으로 가장 적절한 것은?

① 케인스의 거시모형에서 소비는 미덕이므로 저축할 필요가 없어서 예금은행의 설립을 불허해야 하는 상황
② 모든 개인이 저축을 줄이는 경우 늘어난 소비로 국민소득이 감소하여 결국 개인의 저축을 더 늘릴 수 없는 상황
③ 모든 개인이 저축을 늘리는 경우 총수요의 감소로 국민소득이 줄어들어 결국 개인의 저축을 더 늘릴 수 없는 상황
④ 모든 개인이 저축을 늘리는 경우 늘어난 저축이 투자로 이어져 국민소득이 증가하여 결국 개인의 저축을 더 늘릴 수 있는 상황

해설 케인스가 주장한 절약의 역설은 개인이 소비를 줄이고 저축을 늘리는 경우 저축한 돈이 투자로 이어지지 않기 때문에 사회 전체적으로 볼 때 오히려 소득의 감소를 초래할 수 있다는 이론이다. 저축을 위해 줄어든 소비로 인해 생산된 상품은 재고로 남게 되고, 이는 총수요 감소로 이어져 국민소득이 줄어들 수 있다.

03 다음 중 1933년 미국에서 은행개혁과 투기규제를 위해 만든 법으로 상업은행과 투자은행의 업무를 분리한다는 내용을 골자로 담고 있는 것은?

① 글래스-스티걸법 ② 볼커 룰
③ 그램-리치-블라일리법 ④ 프랍 트레이딩

해설 글래스-스티걸법(Glass-Steagall Act)은 1929년 경제대공황의 원인 중 하나를 상업은행의 무분별한 투기행위로 판단해 상업은행과 투자은행의 업무를 분리함으로써 상업은행이 고객의 예금으로 투자를 할 수 없게 만든 법으로 1933년에 제정됐다.
② 볼커 룰(Volcker Rule) : 2015년 미국 금융기관의 위험투자를 제한하고, 대형화를 억제하기 위해 만든 금융기관 규제방안이다.
③ 그램-리치-블라일리법(Gramm-Leach-Bliley Act) : 1999년 은행과 증권, 보험이 서로 경쟁할 수 있도록 금융규제를 완화한 내용의 법이다.
④ 프랍 트레이딩(Proprietary Trading) : 금융기관이 이익을 얻을 목적으로 고객의 예금이나 신탁자산이 아닌 자기자본 또는 차입금 등을 주식이나 채권, 통화, 옵션, 파생상품 등의 금융상품에 투자하는 방법이다.

04 다음 중 레그테크(RegTech)에 대한 설명으로 적절한 것을 〈보기〉에서 모두 고르면?

― 보기 ―
ㄱ. Regulation과 Technology의 합성어다.
ㄴ. IT 기술이 융합된 금융업으로서, 핀테크의 한 양상으로 인식된다.
ㄷ. 핵심사업에 대한 의사결정, 데이터 품질 개선 등에 이용되기도 한다.
ㄹ. 레그테크는 처리 및 결정의 속도보다 정확성이 더욱 중시된다.

① ㄱ, ㄴ ② ㄱ, ㄷ
③ ㄱ, ㄴ, ㄷ ④ ㄱ, ㄷ, ㄹ

해설 ㄱ. 레그테크는 규제를 의미하는 Regulation과 기술을 뜻하는 Technology의 합성어이다.
ㄴ. 레그테크는 금융업 등 산업 전반에 걸쳐 혁신 정보기술(IT)과 규제를 결합해 규제 관련 요구사항 및 절차를 향상시키는 기술 또는 회사를 뜻한다. 이는 금융서비스 산업의 새 영역이자 일종의 핀테크(FinTech)다.
ㄷ. 레그테크는 수작업의 자동화, 분석·보고 절차의 연결, 데이터 품질 개선, 데이터에 대한 전체적인 시각의 창출, 절차 관련 앱에 의한 데이터 자동분석, 핵심사업에 대한 의사결정 및 규제당국 앞 송부용 보고서 생산 등에 초점을 맞춰 활용된다.
ㄹ. 레그테크의 핵심은 처리 및 결정의 속도, 민첩성으로 속도가 정확성보다 낮은 우선순위를 갖는다고 보기 어렵다.

01 ② 02 ③ 03 ① 04 ③

05 다음 중 독자의 관심을 끌기 위해 흥미 위주의 저속하고 선정적인 기사를 주로 보도하는 신문 또는 그런 신문 논조를 뜻하는 용어는?

① 블랙 저널리즘(Black Journalism)
② 드론 저널리즘(Drone Journalism)
③ 옐로 저널리즘(Yellow Journalism)
④ 그래프 저널리즘(Graph Journalism)

해설 ① 블랙 저널리즘(Black Journalism) : 조직·개인의 약점을 취재해 협박하거나, 특정 집단의 이익을 도모할 목적으로 신문이나 잡지를 발행하는 저널리즘이다.
② 드론 저널리즘(Drone Journalism) : 사람이 접근하기 어려운 곳을 드론으로 촬영하는 방식으로 자료를 수집해 전달하거나 보도하는 활동이다.
④ 그래프 저널리즘(Graph Journalism) : 사진 위주로 편집된 간행물로서 사회문제 및 패션, 미술, 영화의 소재까지 다룬다.

06 다음 중 레버리지(Leverage)에 대한 설명으로 옳은 것을 〈보기〉에서 모두 고르면?

보기

ㄱ. 레버리지 효과가 발생하기 위해서는 투자액의 일부를 부채를 통해 조달해야 한다.
ㄴ. 일반적으로 레버리지 효과는 저축과 달리 투자에서 발생하는 개념이다.
ㄷ. 투자 레버리지는 총 투자액을 부채로 나눈 것을 가리킨다.
ㄹ. 불확실성이 커 경기침체가 발생한 경우에 레버리지는 투자의 안전장치 역할을 한다.

---

① ㄱ, ㄴ
② ㄱ, ㄷ
③ ㄴ, ㄷ
④ ㄴ, ㄹ

해설 ㄱ. 레버리지 효과는 부채를 동원한 투자를 통해 자기자본을 초과하는 투자수익을 추구하는 것이므로 반드시 부채를 통한 조달이 전제돼야 한다.
ㄴ. 일반적으로 자기자본만을 이용하는 저축과 달리 레버리지 효과는 부채나 외부자금 등을 동원해 높은 수익률을 추구하는 투자에서 발생한다.
ㄷ. 투자 레버리지는 총 투자액을 자기자본으로 나눈 것으로 자기자본이 작을수록 레버리지가 높아진다.
ㄹ. 레버리지는 부채를 통한 자금 조달을 전제하기 때문에 경기침체가 발생한 경우 위험성을 극대화시킨다.

07 다음 중 기업이 글로벌 전략을 수행하는 이유로 적절하지 않은 것은?

① 규모의 경제를 달성하기 위해
② 세계시장에서의 협력 강화를 위해
③ 현지시장으로의 효과적인 진출을 위해
④ 기업구조를 개편해 경영의 효율성을 높이기 위해

> **해설** 기업이 글로벌 전략을 수행하면 외국 현지법인과의 커뮤니케이션 비용이 증가하고 외국의 법률이나 제도 개편 등 기업 운영상 리스크에 대한 본사 차원의 대응역량이 더욱 요구되므로, 경영상의 효율성은 오히려 낮아질 수 있다.
> ① 글로벌 전략을 통해 대량생산을 통한 원가절감, 즉 규모의 경제를 이룰 수 있다.
> ② 글로벌 전략을 통해 세계시장에서 외국기업들과의 긴밀한 협력이 가능하다.
> ③ 외국의 무역장벽이 높으면 국내생산 제품을 수출하는 것보다 글로벌 전략을 통해 현지시장에 직접 진출하는 것이 더 효과적일 수 있다.

08 다음 중 마케팅 기법과 그 내용이 바르게 연결되지 않은 것을 〈보기〉에서 모두 고르면?

— 보기 —

ㄱ. PI 마케팅 – 기업이 사회구성원으로서 마땅히 해야 할 책임을 다함으로써 긍정적인 이미지를 구축하고 이를 마케팅에 활용하는 전략이다.
ㄴ. 니치 마케팅 – 기존 시장을 세분화해 주목이 적은 블루오션을 공략하는 마케팅 기법이다.
ㄷ. 코즈 마케팅 – 기업 최고경영자의 이미지를 관리함으로써 기업의 이미지를 개선하고 홍보하는 마케팅 기법이다.

① ㄱ
② ㄱ, ㄷ
③ ㄴ, ㄷ
④ ㄱ, ㄴ, ㄷ

> **해설** ㄱ. PI 마케팅(President Identity Marketing) : 기업 최고경영자의 이미지를 관리함으로써 기업의 이미지를 개선하고 홍보하는 마케팅 기법
> ㄷ. 코즈 마케팅(Cause Marketing) : 기업이 사회구성원으로서 마땅히 해야 할 책임을 다함으로써 긍정적인 이미지를 구축하고 이를 마케팅에 활용하는 전략
> ㄴ. 니치 마케팅(Niche Marketing) : 시장의 빈틈을 공략하는 새로운 상품을 잇따라 시장에 내놓음으로써 다른 특별한 제품 없이도 시장점유율을 유지하는 판매전략

05 ③ 06 ① 07 ④ 08 ②

09 다음 중 국제적으로 중요한 습지와 습지의 자원을 보전하기 위해 체결된 국제환경협약으로 체결된 도시의 이름을 딴 협약의 이름은?

① 도쿄라운드 ② 우루과이라운드
③ 바젤협약 ④ 람사르협약

해설 람사르협약의 정식 명칭은 '물새 서식지로서 국제적으로 중요한 습지에 관한 협약'으로 1971년 2월 2일에 이란의 람사르에서 체결됐기 때문에 람사르협약이라 불리며, '습지협약'이라고도 한다.
① 도쿄라운드 : 도쿄에서 열린 관세 및 무역에 관한 일반협정(GATT) 각료회의의 합의에 따라 1979년까지 이루어진 다국 간 무역협상으로 자유무역의 확대를 목적으로 한다.
② 우루과이라운드 : 1986년 9월 우루과이에서 열렸으며, 관세 및 무역에 관한 일반협정(GATT) 체제 단점을 보완한 새로운 다국 간 무역협정이다.
③ 바젤협약 : 유해폐기물의 국가 간 이동 및 처리에 관한 국제협약으로 1989년 스위스 바젤에서 세계 116국 대표가 참여한 가운데 채택되어 1992년 비준됐다.

10 다음은 경제현상에 대한 설명 및 사례다. 빈칸에 공통으로 들어갈 개념으로 옳은 것은?

경기가 두 번 떨어진다는 뜻으로, 경기침체가 발생한 후 잠시 경기가 회복되다가 다시 경기침체로 접어드는 연속적인 침체현상을 의미한다. (   )은 2001년 미국 모건스탠리사의 이코노미스트였던 로치(S. Roach)가 미국경제를 진단하면서 처음 사용한 용어로 경기순환의 모습이 영문자 'W'를 닮았다 해서 'W자형 경기변동' 또는 'W자형 불황'이라고도 한다. 일반적으로 경기침체는 2분기 연속 마이너스 성장을 보이는 경우를 말하는데, (   )은 경기침체가 발생하고 잠시 회복 기미가 관측되다 다시 2분기 연속 마이너스 성장에 빠지는 것으로 1980년대 초 미국의 경기침체가 그 예로 자주 거론된다. 당시 미국경제는 석유파동의 영향 등으로 1980년 1월부터 7월까지 침체에 빠졌으나 이후 1981년 1/4분기까지 빠르게 성장했는데, 연방준비제도가 인플레이션을 제압하기 위해 금리를 빠르게 올림에 따라 1981년 7월부터 1982년 11월까지 다시 불황에 빠지는 경기침체를 경험한 바 있다.

① 디레버레이징 ② 디커플링
③ 더블딥 ④ 디스인플레이션

해설 경기침체가 두 번 연달아 오는 '더블딥(Double Dip)'에 대한 설명이다.
① 디레버레이징(Deleveraging) : 부채를 축소하는 것을 말한다.
② 디커플링(Decoupling) : '탈동조화'라고 번역할 수 있는데, 어떤 나라나 지역의 경제가 인접한 다른 국가나 전반적인 세계 경제의 흐름과는 다른 모습을 보이는 현상을 말한다.
④ 디스인플레이션(Disinflation) : 물가수준은 지속적으로 높아지나 물가상승률은 둔화되는 현상을 말한다.

11 자유무역협정(FTA)의 종류 중 관세동맹(Customs Union)과 공동시장(Common Market)의 가장 큰 차이점으로 옳은 것은?

① 가맹국에 대한 관세 부과 방식
② 비가맹국의 수입품에 대한 관세 부과 방식
③ 가맹국들 사이 상품의 자유로운 이동 정도
④ 가맹국들 사이 자본의 자유로운 이동 정도

> **해설** 관세동맹이란 회원국 간 역내무역 자유화 외에도 역외국에 대해 공동관세율을 적용해 대외적인 관세까지도 역내국들이 공동보조를 취하는 제도다. 반면 공동시장은 관세동맹 수준의 무역정책 외에도 회원국 간 노동, 자본 등 생산요소의 자유로운 이동이 가능하다.

12 다음 내용에서 설명하는 현상을 뜻하는 용어는?

> 집단에 참여하는 구성원이 많을수록 개인이 발휘하는 힘과 역량의 크기는 예상과 반대로 감소하는 경우가 많다. 예컨대 줄다리기 경기에 참여하는 인원이 증가할수록 개인이 최대로 발휘하는 힘은 오히려 크게 감소하는 경향이 있다. 이는 일종의 사회적 태만 심리에 기안한 것으로 분석된다. 자신이 노력하지 않더라도 다른 사람이 노력할 것이라고 생각해 '무임승차'하려는 것이다.

① 마태 효과
② 링겔만 효과
③ 앵커링 효과
④ 기니피그 효과

> **해설** 링겔만 효과는 집단에 참여하는 구성원의 수와 성과가 정비례할 것이라는 예상과 달리 전체 성과에서 차지하는 1인당 공헌도가 떨어지는 현상을 뜻한다. 즉, 혼자서 일할 때보다 단체 속에서 함께 일할 때 노력을 덜 기울이는 것이다. 자신이 노력하지 않아도 다른 구성원이 노력할 것이라는 '무임승차' 의식, 자신이 최대한으로 노력하지 않는 것을 타인이 모른다고 생각하는 '익명성' 등도 링겔만 효과를 초래하는 것으로 분석된다.
> ① 마태 효과 : 자본주의 사회에서 부(富)가 한쪽으로 쏠리는 현상으로서 '무릇 있는 자는 받아 풍족하게 되고 없는 자는 그 있는 것까지 빼앗길 것이다'라는 마태복음의 구절에서 유래했다.
> ③ 앵커링 효과 : 인간의 사고가 처음에 제시된 하나의 이미지·숫자·자료·기억에 얽매여 새로운 정보를 수용하지 못하거나 이를 부분적으로만 수정하는 현상을 뜻한다.
> ④ 기니피그 효과 : 실험 참여자들이 자신의 행동을 실험의 의도와 연구자의 기대에 적합하게 수정하는 경향을 뜻한다. 흔히 실험용 쥐를 뜻하는 '모르모트'가 프랑스어로 기니피그를 뜻하는 데서 유래한 것으로 추정된다.

시사상식 기출문제

01 1983년 창설된 레바논의 이슬람 시아파 무장 정파는? [2025년 뉴스1]

① 하마스
② 헤즈볼라
③ ISIS
④ 알 카에다

해설
헤즈볼라(Hezbollah)는 1983년 창설된 이슬람 시아파 무장단체이자 정당으로 레바논을 거점으로 하고 있다. 이스라엘에 점령된 레바논 영토의 해방과 레바논에 시아파 이슬람 국가 건설 등을 목표로 하는 단체로 이란의 지원을 받고 있다.

02 컴퓨터로 인간의 언어를 분석하고 처리하는 기술은? [2025년 뉴스1]

① 코딩
② 텍스트 마이닝
③ 자연어 처리
④ 데이터 마이닝

해설
자연어 처리(NLP ; Natural Language Processing)란 인간이 일상적으로 의사소통에 사용하는 언어인 '자연어'를 컴퓨터가 수용하고 분석해 '기계어'로 치환하는 기술이다. 이를 통해 인간이 자연어로 명령을 입력하면 컴퓨터가 이를 인식하고 그 명령을 처리할 수 있다.

03 경제침체기에 물가가 지속적으로 상승하는 현상을 뜻하는 용어는? [2025년 뉴스1]

① 스태그플레이션
② 디스인플레이션
③ 베지플레이션
④ 초인플레이션

해설
스태그플레이션(Stagflation)은 경기침체기에 발생하는 인플레이션으로 저성장ㆍ고물가의 상태를 말한다. 경기침체를 의미하는 '스태그네이션(stagnation)'과 물가상승을 의미하는 '인플레이션(inflation)'을 합성한 용어로 경제활동이 침체되고 있는 상황에서도 물가는 지속적으로 상승하는 현상이다.

04 다음 중 북한의 명절이 아닌 날은? [2025년 뉴스1]

① 조선로동당 창건일
② 국제부녀절
③ 김일성 생일
④ 김정은 생일

해설
북한의 4대 명절에는 김일성 생일(태양절), 김정일 생일(광명성절), 정권 수립일, 조선로동당 창건일이 있다. 여기에 국제노동자절, 해방기념일, 헌법절을 포함해 7대 명절이라고 한다. 아울러 3ㆍ8국제부녀절, 5ㆍ1국제로동자절, 6ㆍ1국제아동절 등의 '사회주의 명절'을 함께 지낸다.

05 인간의 이성으로 규명하기 힘든 현상을 연구하는 신비주의·신비술을 뜻하는 말은?

[2025년 뉴스1]

① 영성
② 심령주의
③ 연금술
④ 오컬트

해설
오컬트(오컬티즘, Occultism)는 신비주의·신비술이라는 뜻으로 인간의 이성과 물질과학으로는 규명하기 힘든 현상이나 영역을 탐구하는 학문을 말한다. 초자연적인 현상들에 신뢰를 가지고 과학적·이성적인 관점에서 바라보고 연구하는 태도를 보인다. 동양에서는 역학·도교 등에서 발견되고 서양에서는 유대교의 신비주의 사상인 카발라(Kabbalah), 신약성서에서 기원한 신지학(Theosophy) 등에서 관찰된다.

06 각국이 자국의 기술을 활용해 독자적 AI모델이나 시스템을 개발하려는 정책·역량을 뜻하는 말은?

[2025년 뉴스1]

① 내셔널 AI
② 컨트리 AI
③ 소버린 AI
④ 가버먼트 AI

해설
소버린 AI(Sovereign AI)란 세계 각국이 자국이 보유한 데이터와 기술, 네트워크 등을 활용하여 독자적인 인공지능(AI) 모델을 개발하고 AI시스템을 구축하려는 정책 방향을 뜻하는 말이다. 바야흐로 첨단 AI시대가 개막하면서 각국은 각종 분야의 혁신을 촉진하는 AI기술을 독자적으로 구축하려는 움직임을 보이고 있다.

07 아래의 문장 중 밑줄 친 단어의 쓰임이 바른 것은?

[2025년 뉴스1]

① 온 세상이 눈에 소복이 덮혀 있었다.
② 어머니가 귤 껍데기를 벗겨 주셨다.
③ 부친의 임종을 맞아 마음을 추스렸다.
④ 맛있는 음식이 보자기에 싸여 있었다.

해설
①의 '덮혀'는 '덮여'로 적는 것이 옳다. ②에서 '껍데기'는 '달걀이나 조개 따위의 겉을 싸고 있는 단단한 물질'을 뜻하므로, '딱딱하지 않은 물체의 겉을 싸고 있는 질긴 물질의 켜'를 뜻하는 '껍질'로 적는 것이 적절하다. ③의 '추스렸다'의 원형인 '추스리다'는 '추스르다'의 비표준어다.

08 선물시장이 급변할 경우 현물시장에 대한 영향을 최소화함으로써 현물시장을 안정적으로 운용하기 위한 관리제도는?

[2025년 뉴스1]

① 사이드카
② 서킷브레이커
③ 코요테모먼트
④ 어닝서프라이즈

해설
사이드카(Side Car)는 프로그램 매매호가 관리제도의 일종으로 선물가격이 기준가 대비 5% 이상(코스닥은 6% 이상)인 상황이 1분간 지속하는 경우 선물에 대한 프로그램 매매만 5분간 중단한다. 5분이 지나면 자동으로 해제되며 1일 1회만 발동될 수 있다.

01 ② 02 ③ 03 ① 04 ④ 05 ④ 06 ③ 07 ④ 08 ①

09 오스트리아 출신의 표현주의 화가로 〈꽈리 열매가 있는 자화상〉 등을 그린 인물은?

[2025년 한국경제]

① 에곤 실레
② 구스타프 클림트
③ 앙리 마티스
④ 에드바르 뭉크

해설
에곤 실레(Egon Schiele)는 1890년 오스트리아 빈 근교에서 태어난 표현주의 화가다. 초기에는 구스타프 클림트의 영향을 크게 받았으며 점차 독자적인 화풍을 구축해 나갔다. 신체를 거칠고 뒤틀린 형태로 묘사하는 등 인간의 공포와 실존의 고통을 표현하는 데 힘썼다. 대표작에는 〈꽈리 열매가 있는 자화상〉(1912), 〈죽음과 소녀〉(1915), 〈포옹〉(1917) 등이 있다.

10 미국 프로야구에서 경기시간 단축을 위해 2023년부터 도입한 제도는?

[2025년 한국경제]

① 네이버후드 플레이
② 논텐더
③ 피치 클록
④ ABS

해설
미국 프로야구인 메이저리그(MLB)에서는 2023년부터 경기시간 단축을 위해 피치 클록(Pitch Clock)이라는 경기규정을 도입했다. 투수와 타자의 준비시간을 제한하는 규정으로 투수는 주자가 베이스 상에 없으면 15초, 있으면 20초 이내에 투구를 해야 한다. 이를 위반하면 볼 1개가 선언된다.

11 쥐어짤 만큼 어려운 경제상황에서 체감물가가 올라가는 상태를 말하는 용어는?

[2025년 한국경제]

① 에코플레이션
② 매니플레이션
③ 인플레이션
④ 스크루플레이션

해설
스크루플레이션(Screwflation)은 '돌려조인다, 쥐어짜다'라는 의미의 스크루(screw)와 인플레이션(inflation)의 합성어다. 물가상승으로 인해 소비액이 늘어나 경제지표상으로는 경기가 회복단계에 들어섰다고 보이지만 실질 구매력은 줄어드는 상태다. 스태그플레이션이 경기침체 중 물가가 오르는 거시경제 현상인 반면, 스크루플레이션은 미시적인 차원에서 중산층의 임금이 오르지 않아 경제가 팍팍해지는 상태를 가리킨다.

12 다음 중 가구소득 대비 주택가격 비율을 뜻하는 용어는?

[2025년 한국경제]

① ROI
② PIR
③ PER
④ ROE

해설
PIR(Price to Income Ratio)은 가구소득 대비 주택가격 비율을 뜻하는 경제용어다. 주택을 구매할 수 있는 능력을 나타내는 지표로 개인의 소득수준의 변화를 고려하는 동시에 주택가격이 얼마나 하락하거나 상승하는지 알아보기 위한 지표다. PIR의 값이 클수록 내 집 마련의 기간이 길어진다.

13 습지와 습지자원을 보호하기 위해 맺은 국제 환경협약은? [2025년 용인도시공사]

① 람사르협약
② 나고야의정서
③ 바젤협약
④ 교토의정서

해설
람사르협약(Ramsar Convention)은 습지와 습지자원을 보호하기 위한 국제환경협약이다. 물새 서식처로서 국제적으로 중요한 습지에 관한 협약으로 1971년 2월 이란 람사르에서 체결됐다. 가맹국은 철새의 번식지가 되는 습지를 보호할 의무가 있으며 국제적으로 중요한 습지를 1개소 이상 보호지로 지정해야 한다. 우리나라는 101번째로 람사르협약에 가입했으며, 2008년 경남 창원에서 '제10차 람사르 총회'를 개최했다.

14 중앙은행이 0.75%포인트 이상 금리를 대폭 인하하는 것을 뜻하는 용어는? [2025년 용인도시공사]

① 베이비컷
② 빅컷
③ 자이언트컷
④ 울트라컷

해설
중앙은행이 0.25 · 0.5 · 0.75%포인트(p) 이상 금리를 인상한다는 의미인 '베이비스텝', '빅스텝', '자이언트스텝'에 대비되는 용어로 '베이비컷', '빅컷', '자이언트컷'이 있다. 이는 각각 0.25 · 0.5 · 0.75%p 이상 금리를 인하한다는 의미다.

15 다음 중 오존층의 역할로 맞는 것은? [2025년 용인도시공사]

① 대기 중 온실가스의 양을 줄인다.
② 대기 중 산소의 양을 늘린다.
③ 지표면에 도달하는 가시광선의 양을 줄인다.
④ 지표면에 도달하는 자외선의 양을 줄인다.

해설
오존층(Ozone Layer)은 지상 20~30km의 성층권에 분포하는 층으로 성층권의 다른 부분에 비해 오존(O_3)의 농도가 높은 부분을 말한다. 대기 중의 산소분자가 태양의 자외선을 받아 원자로 분해되고 이것이 다른 산소원자와 결합되면서 오존이 생성된다. 오존층은 이러한 과정에서 태양의 강력한 자외선이 지표면에 도달하는 것을 일정부분 방해하는 역할을 한다.

16 백제의 13대 왕으로 4세기 백제의 최전성기를 이끈 인물은? [2025년 용인도시공사]

① 개로왕
② 근초고왕
③ 침류왕
④ 무왕

해설
근초고왕(346~375년)은 백제 제13대 왕으로 활발한 정복활동을 펼쳐 백제 역사상 최대영토를 자랑하며 전성기를 이룩했다. 남쪽으로는 마한세력을 통합하고 가야지역까지 진출했고, 북쪽으로는 낙랑의 일부 지역을 확보한 데 이어 평양성까지 진출해서 고구려 고국원왕을 전사시켰다. 그리고 요서지역과 왜에도 진출, 왜에 칠지도를 하사하는 등 활발히 국제교류를 했다.

09 ① 10 ③ 11 ④ 12 ② 13 ① 14 ③ 15 ④ 16 ②

17 중증질환이나 장애를 앓는 가족을 돌보는 아동·청소년 등을 일컫는 말은?

[2025년 한국폴리텍대학]

① 퍼플칼라
② 페라싱글족
③ 영케어러
④ 갭이어

해설
영케어러(Young carer)는 질병, 정신건강, 알코올·약물중독 등의 중증질환 또는 장애를 가진 가족구성원을 돌보며 생계를 책임지는 13~34세의 아동·청소년·청년을 일컫는다. '가족돌봄청년'이라고도 한다. 이들은 학업과 가족돌봄을 병행하고 있어 미래를 계획하기 힘들 뿐만 아니라 신체적 고통은 물론 심리·정서적 고통, 경제적 어려움 등의 삼중고를 겪는 경우가 많다.

18 미디어업계에서 '투자 이상의 수익을 냈다'는 의미로 사용되는 용어는?

[2025년 한국폴리텍대학]

① 리쿱
② 모멘텀
③ 리드 스코어링
④ 아웃바운드

해설
리쿱(Recoup)은 본래 '쓴 돈을 되찾다'라는 의미로서 최근 콘텐츠·미디어업계에서는 제작하고 론칭한 드라마·영화 등의 콘텐츠가 투자금액 이상의 성과를 낸 것을 의미하는 용어로 쓰인다. 우리나라가 제작한 드라마, 영화, K-POP 등의 콘텐츠가 세계시장에서 인기를 얻으면서 리쿱과 수익률을 의미하는 '리쿱 비율'이 자주 쓰이는 용어가 됐다.

19 논란에 휩싸인 유명인을 사적으로 단죄하려는 현상을 뜻하는 신조어는?

[2025년 한국폴리텍대학]

① 미닝아웃
② 미러링
③ 디지틴
④ 분조장

해설
디지틴(디지털 단두대, Digital Guillotine)은 사회적으로 논란을 일으킨 연예인, 인플루언서 등 유명인들이나 기업을 단순히 '보이콧'하는 것을 넘어 단죄하려는 경향을 의미하는 신조어다. SNS 등 인터넷 서비스의 발달로 사회적 물의를 일으킨 유명인들은 인터넷상에서 쉽게 집단적 거부와 비난의 대상이 된다. 그런데 이 과정에서 제대로 된 사회적 논의와 사실확인 없이 사과를 강요받고 처벌 압박을 받게 되면 문제가 될 수 있다.

20 기업이 친환경 정책 또는 논란에 대해 침묵하는 것을 뜻하는 용어는? [2025년 한국폴리텍대학]

① 그린딜
② 그린버블
③ 그린워싱
④ 그린허싱

해설
그린허싱(Green Hushing)은 친환경을 뜻하는 '그린(green)'과 침묵하다는 뜻의 '허시(hush)'의 합성어로 기업이 친환경 정책이나 논란에 대해 침묵으로 일관하거나 이와 관련된 구체적인 정책을 더 이상 제시하지 않는 것을 말한다. 기업들이 실제로는 친환경적이지 않지만 마치 친환경적인 것처럼 홍보하는 '그린워싱(Green Washing)'으로 비판받는 것을 두려워해 등장한 용어다.

21 미술 등에서 원작자가 직접 만든 작품의 사본을 뜻하는 말은? [2025년 한국폴리텍대학]

① 레플리카
② 어센틱
③ 레디메이드
④ 카피레프트

> **해설**
> 레플리카(Replica)는 그림·조각 등 미술분야에서 원작자가 기존과 동일한 방법으로 원작을 재현한 사본을 의미하는 용어다. 기존 재료와 기술을 그대로 활용해 원작을 동일하게 모사한다. 레플리카는 화학·산업분야에서 물체의 표면에 플라스틱으로 피막을 만들어 그 표면상태를 그대로 복제한 것을 뜻하기도 한다.

22 저가상품 가격이 고가상품보다 빠르게 상승하는 현상을 뜻하는 말은? [2025년 한국폴리텍대학]

① 역플레이션
② 하이퍼플레이션
③ 로우플레이션
④ 칩플레이션

> **해설**
> 칩플레이션(Cheapflation)은 가격이 낮다는 의미의 'cheap'과 물가상승을 의미하는 'inflation'을 합성한 용어다. 저가상품의 가격이 고가상품보다 빠르게 상승하는 것을 뜻한다. 2022년 영국의 요리사이자 빈곤퇴치 운동가인 '잭 먼로'가 SNS에 언급한 데서 유래한 용어다. 그는 코로나19 팬데믹 당시 값싼 식료품 가격이 고가의 식료품 가격보다 빠르게 오르는 현상을 설명한 바 있다.

23 인프라의 부족으로 건강한 식료품을 구하기 어려운 지역을 뜻하는 용어는? [2025년 한국폴리텍대학]

① 식품난지
② 식품사막
③ 식품장막
④ 식품난민

> **해설**
> 물을 구하기 어려운 사막처럼 인프라가 부족하거나 거주지에서 멀리 떨어져 있어 건강하고 저렴한 식료품을 구하기 어려운 지역을 '식품사막'이라고 한다. 식품사막에 사는 주민들은 경제적으로 열악하고 이동성이 떨어지는 경우가 많아 대형마트에서나 취급하는 건강한 식재료를 구입하지 못하고 가공식품 등을 주로 이용하게 되어 비만 등 질병에 쉽게 노출될 수 있다.

24 집안의 주방을 최소화하거나 아예 없애는 1인 가구 트렌드를 뜻하는 신조어는? [2025년 한국폴리텍대학]

① 키친포비아
② 키친클로징
③ 키친아웃팅
④ 키친베리어

> **해설**
> 최근 집안에 주방을 최소화하거나 아예 없애버리는 트렌드가 나타나고 있는데 이를 키친클로징(Kitchen Closing)이라고 한다. 1인 가구의 증가와 식재료 가격의 인상, 외식의 보편화 등이 맞물려 나타난 트렌드다. 집 안에서 식사를 제대로 차려 먹기보다는 간단히 조리할 수 있는 음식을 먹거나 배달해 먹는 경향이 늘어나면서 음식을 조리하는 공간 자체를 줄이는 추세가 1인 가구를 중심으로 나타나고 있다.

17 ③ 18 ① 19 ③ 20 ④ 21 ① 22 ④ 23 ② 24 ②

내일은 TV 퀴즈왕

방송에 출제됐던 문제들을 모아! 재미로 풀어보는 퀴즈~!~!

01 전쟁이나 테러가 없는 종전의 평화 개념에 대치되는 개념으로 간접적·비물리적 폭력을 구조적 권력으로 개념화하고 그것이 부재한 상태를 뜻하는 말은? [장학퀴즈]

정답 적극적 평화란 전쟁의 종식뿐만 아니라 적극적인 평화를 추구함으로써 사회정의와 평등, 포용적 문화교류 등 긍정적인 가치를 실현하는 것을 말한다.

02 대표적인 간접세 중 하나로 재화 및 서비스의 생산과 유통 과정의 각 단계에서 새롭게 창출되는 가치에 대해 부과되는 세금은? [장학퀴즈]

정답 세금은 세금을 부담하는 사람과 세금을 직접 납부하는 사람이 같으면 직접세로, 다르면 간접세로 구분한다. 간접세 중 하나인 부가가치세는 상품의 거래나 서비스의 제공과정에서 얻어지는 부가가치(이윤)에 대해 과세하는 세금을 말한다.

03 제시된 지문에 띄어쓰기를 올바로 적용하면 어떻게 되는가? [우리말 겨루기]

> 한평생남의집살이하면서도딴마음먹지않고근면성실했던엄마의마른손을매만지며나는슬피울었다.

정답 지문에 띄어쓰기를 올바로 적용하면 '한평생 남의집살이하면서도 딴마음 먹지 않고 근면 성실했던 엄마의 마른손을 매만지며 나는 슬피 울었다.'가 된다.

04 다음 빈칸에 공통으로 들어갈 말은? [우리말 겨루기]

① ○○이 가는지 오는지도 모른다.
② ○○에 속아 산다.
③ 강태공이 ○○ 낚듯 한다.

정답 빈칸에 공통으로 들어갈 말은 '세월'이다.

05 고대 인도의 산스크리트어로 '마음의 도구'를 뜻하는 말로 진리를 나타내는 참된 말이라는 의미의 이것은? [유 퀴즈 온 더 블럭]

정답 만트라(Mantra)는 '진언'이라고도 하며 불교에서는 기도를 하거나 의식을 올릴 때 반복해서 읊조리는 구절이나 단어를 가리킨다.

06 대가야의 대표적인 음악가로 거문고를 만든 고구려의 왕산악, 조선 최고의 음악가인 박연과 함께 한국 3대 악성으로 꼽히는 인물은? [유 퀴즈 온 더 블럭]

정답 우륵은 대가야의 악사로 음악을 통해 정치적 통합을 이루고자 했던 가실왕의 명을 받고 12개의 가야금 곡을 지었으며, 이후 신라로 망명해 가야금 음악을 신라에 보급했다.

07 영어에 뛰어난 재능을 보이던 천재가 살해당했다. 다음은 천재와 같은 아파트에 거주하는 주민들이고, 천재는 1104호에 거주 중이었다. 천재는 죽기 전 다잉메시지로 왼손에는 인형수집가에게 받은 인형을, 오른손에는 거울수집가에게 받은 거울을 들고 눈을 감았다. 천재의 다잉메시지를 보고 네 명의 용의자 중 범인을 찾아라.

[문제적 남자]

1. 1103호 : 명문대학교 교수
2. 1105호 : 인형수집가
3. 1106호 : 거울수집가
4. 1107호 : 재수생

정답

문제에 제시된 핵심키워드를 바탕으로 범인을 추리해야 하는 문제다. 범인을 유추할 있는 주요 키워드는 '영어 천재', '인형', '거울'이다. 천재는 죽기 전 인형과 거울을 들고 있었는데, 천재가 영어에 뛰어난 재능을 보이고 있었다는 점을 감안할 때 인형은 영어로 'doll'이고, 이것을 거울루 비추면 'llob'가 된다는 사실을 알 수 있다. 즉, 1106호에 사는 사람이 범인이라는 다잉메시지를 남긴 것이다. 따라서 천재를 죽인 범인은 1106호에 사는 거울수집가다.

08 XX에 들어갈 숫자는?

[문제적 남자]

$$3 ★ 3 = 12$$
$$4 ★ 5 = 24$$
$$6 ★ 10 = 66$$

$$7 ★ 7 = XX$$
$$9 ★ 10 = XX$$

정답

제시된 수식에서 공통으로 적용되는 규칙을 찾으면 쉽게 풀 수 있는 문제다. 정답이 구해진 세 개의 수식을 통해 ★을 기준으로 앞의 수와 뒤의 수를 곱한 값에 앞의 수를 더하면 된다는 것을 알 수 있다. 3★3=12를 예로 들면 (3×3)+3=12가 되는 것이다. 따라서 같은 방식으로 XX에 들어갈 숫자를 구하면 7★7=(7×7)+7=56이고, 9★10=(9×10)+9=99가 된다.

취업! 실전문제

최종합격 기출면접	**116**
기업별 최신기출문제	**120**
한국사능력검정시험	**130**
면접위원을 사로잡는 답변의 기술	**140**
합격으로 가는 백전백승 직무분석	**144**
센스 있는 신입사원이 되는 비법	**148**
최신 자격 정보	**150**

최종합격 기출면접

01 KT그룹

KT그룹은 '끊임없이 도전하는 인재, 벽 없이 소통하는 인재, 고객을 존중하는 인재, 기본과 원칙을 지키는 인재'를 인재상으로 삼고 있다. 두 차례의 면접을 통해 기본과 원칙에 충실하고, 고객가치 실현을 위해 끊임없이 소통하며, 근성을 가지고 도전하는 KT인을 선발하고자 한다. 계열사나 지원한 직무 및 전형에 따라 다양한 면접방법을 채택하고 있기 때문에 사전에 홈페이지를 통해서 확인하는 것이 좋다.

1. 직무역량 면접

직무역량 면접은 자기소개서와 전공지식을 바탕으로 한 질문이 주를 이루며, 기본적으로 압박면접이기 때문에 일관성 있고 논리적인 대답을 하는 것이 중요하다. 또한 창의성을 중요시하는 기업이므로, 중간에 주어지는 돌발질문에 대비해 충분한 준비를 하여 참신한 답변을 할 수 있도록 한다.

기출문제

KT 관련
- 현재 KT에서 하고 있는 프로모션에 대해 말해 보시오.
- KT의 세계진출 가능성에 대해 예측하고 전략을 세워 보시오.
- KT의 상품과 연관된 신제품 아이디어를 말해 보시오.
- KT 광고의 아쉬운 점과 개선방향에 대해 이야기해 보시오.
- 기가토피아에 대해 아는 대로 설명해 보시오.
- 평소 KT의 이미지가 어떠하며, 개선해야 할 점은 무엇인지 말해 보시오.
- 가격과 품질을 비교했을 때 KT의 마케팅은 어디에 중점을 두어야 하는지 말해 보시오.
- KT의 주 고객(거래처)에 대해 아는 대로 말해 보시오.
- KT의 제품을 쓰는 것이 있다면 어떠한지 말해 보시오.
- KT의 기업비전의 의미에 대해 말해 보시오.
- KT를 어떻게 알게 됐는지 말해 보시오.

직무역량·포부
- G가 LTE보다 빠른 물리적 이유와 소프트웨어적인 이유를 하나씩 말해 보시오.
- 유통채널관리가 무엇인지 말해 보시오.
- 주파수 경매에 대해 이야기해 보시오.
- B2B 영업과 B2C 영업에 대해 비교·설명해 보시오.
- 인프라가 가장 크게 구축된 건물은 어디인지 말해 보시오.

2 PT면접

PT면접은 주어진 PT 주제에 대해서 45분간 A4용지 한 장 분량으로 요약하여 면접관에게 제출하게 되며, 발표시간은 10분 정도다. PT를 마친 후에는 면접관들과 PT에 대한 피드백을 하게 된다. 노트북을 지원하는 계열사도 있지만 아닌 곳도 있기 때문에 다양한 PT방법을 연구해야 한다.

기출문제

- KT의 현재 고객사의 가격인하 요구에 어떻게 대응할 것인가?
- 주어진 네트워크 트래픽 데이터를 근거로 어떤 공격을 받았는지 유추하고 해결방법을 제시해 보시오.
- 스마트 캠퍼스를 만들려고 한다. 제안서를 작성해 대학 고위관계자 앞에서 발표한다는 가정하에 프레젠테이션을 해 보시오.
- 당사 상품 및 브랜드의 경쟁우위 전략에 대해 설명해 보시오.
- 영업사원의 영업실적 향상 방안에 대해 설명해 보시오.
- '유아용 로봇 키봇'에 대해 설명해 보시오.
- KT의 잠재적 경쟁자는 누구이며, 그 경쟁자를 이기기 위한 방안은 무엇인가?
- 오픈소스와 프레임워크의 장단점을 비교하고, 성공적인 기획 방안에 대해 설명해 보시오.
- 기업의 스마트폰 활용의 리스크와 고려사항에 대해 설명해 보시오.
- 빅데이터에 대해 설명해 보시오.
- 최근 발생한 보안사고 사례를 분석하고 KT텔레캅의 대응 방안을 제시하시오.

3 임원면접

임원면접은 조직가치 면접으로서 현직 임원이 지원자의 자질과 인성을 종합적으로 평가하며, 인성면접과 더불어 창의적인 대답을 요하는 질문을 할 수도 있다. 특히 KT의 경우 윤리경영을 중요시하는 기업이기 때문에 이 점에 유의해서 답변을 준비하는 것이 좋다.

기출문제

- 자기소개서에서 작성한 내용 외에 본인이 내세우고 싶은 것에 대해 말해 보시오.
- 레드오션인 통신업계에 지원한 이유를 말해 보시오.
- 나만의 스트레스 해소방법에 대해 말해 보시오.
- 반드시 이루고자 하는 목표가 있다면 말해 보시오.
- 살아가는 데 있어서 가장 중요하다고 생각하는 것은 무엇인지 말해 보시오.
- 인생의 롤모델이 있다면 말해 보시오.
- 입사 5년 후 구체적인 포부를 말해 보시오.
- 최근에 읽은 책에 대해 말해 보시오.
- 현재 사용하고 있는 통신사는 어디인지 말해 보시오.
- 네트워크나 IT 공부는 어떻게 해나갈 것인지 말해 보시오.
- 자신이 임원이라고 가정할 때 지금 당장 실행할 수 있는 KT의 참신한 서비스를 말해 보시오.
- KT그룹에서 고치고 싶은 부분이 있다면 무엇인지 말해 보시오.
- 영업과 사업의 차이를 아는가?
- 자신의 가치를 돈으로 환산해 보시오.
- 업무 외에 다른 업무를 맡거나 병행하게 된다면 어떻게 할 것인가?

02 롯데그룹

롯데그룹은 지원자의 역량, 가치관 발전 및 가능성, 보유역량의 수준 등을 종합적이고 심도 있게 평가하기 위해 다양한 면접방식을 도입하여 실시하고 있다. 면접전형은 조직·직무적합진단을 통과한 지원자만 응시할 수 있도록 진행된다.
계열사별 차이는 있으나 역량기반 구조화 면접, PT면접, 그룹 토의면접(GD면접) 등 최대 1~3회 이상의 과정을 거쳐 지원자의 역량을 철저히 검증하고 있다. 여기에 최근에는 지원자의 Global Communication 능력을 검증하기 위한 외국어 면접도 점차 확대하고 있다.

역량기반 구조화 면접

역량기반 구조화 면접은 해당 직무의 실무자 2명과 지원자 1명으로 구성되어 약 30분에서 1시간 정도 진행되며, 회사의 기본가치 및 직무에 필요한 역량을 도출해 만든 상황별 심층질문을 통해 지원자의 잠재역량을 측정하여 조직적합도 및 직무역량이 뛰어난 인재를 선별하고자 한다. 답변 내용에 따라 꼬리질문이 이어질 수 있으므로 지나치게 자신을 포장하려는 태도는 좋지 않다. 즉, 긍정적인 모습만으로 미화하려 하기보다는 자신의 본 모습을 솔직하게 보여줄 수 있도록 생각을 정리하고 조리 있게 답변하는 것이 중요하다.

기출문제

식품부문
- 롯데제과에서 만드는 제품 중 좋아하는 것 다섯 가지를 말해 보시오. [롯데제과]
- 롯데제과의 제품 중 하나를 택해 판매해야 한다면 어떤 방법으로 판매할 것인가? [롯데제과]
- 롯데칠성음료의 공장이 어디에 있는가? [롯데칠성음료]
- 육아휴직에 대한 본인의 생각을 타당한 근거를 들어 말해 보시오. [롯데칠성음료]
- 최근 롯데칠성음료에서 진행한 광고의 아쉬운 점은? [롯데칠성음료]
- 롯데푸드의 기업 이미지에 대해 말해 보시오. [롯데푸드]
- 왜 롯데리아는 일본과 관련된 이미지를 벗어나지 못한다고 생각하는가? [롯데리아]
- 롯데리아의 CSV 향상 및 이미지 제고 방안에 대해 말해 보시오. [롯데리아]
- 롯데의 식품 중 가장 좋아하는 것과 개선해야 하는 점에 대해 말해 보시오. [롯데중앙연구소]

관광부문
- 대인관계에서 갈등이 일어난 상황에서 본인이 했던 행동을 말해 보시오. [롯데호텔]
- 롯데호텔에 대해 아는 대로 다 설명해 보시오. [롯데호텔]
- 본인이 경험한 최고와 최악의 서비스에 대해 말해 보시오. [롯데월드]
- 서비스의 범위는 어디까지라고 생각하는가? [롯데월드]

유통부문
- 업무 중 협력사나 매장에서 근무하는 사람들과 부딪힐 때 어떻게 대처할 것인가? [롯데백화점]
- 롯데백화점의 해외지사가 어디에 있는지 아는가? [롯데백화점]
- 나이가 더 많은 사람이 후배로 들어오면 어떻게 관리하겠는가? [롯데백화점]
- 카카오톡에 친구 수는 총 몇 명인가? 또 그 친구들을 어떻게 그룹화할 수 있는가? [롯데마트]
- 타 마트로부터 배워야 할 점은 무엇인가? [롯데마트]
- 롯데면세점 어플리케이션을 쓰면서 불편했던 점과 좋았던 점을 이야기해 보시오. [롯데면세점]

PT면접

프레젠테이션 면접은 주어진 주제에 대해 지원자가 직접 분석 및 자료작성을 통해 발표를 진행하는 방식으로 이루어진다. 조별로 기사가 3개 정도 주어지며 면접관 2명과 지원자 1명으로 구성되어 10분 정도 진행된다. 이때 정해진 시간 내에 합리적이고 독창적인 결과를 도출해 낼 수 있는 분석력과 창의성을 보여주는 것이 중요하며, 이를 상대방에게 효과적으로 전달할 수 있는 발표능력도 매우 중요하게 작용한다.

기출문제

식품부문
- 롯데제과의 제품 하나를 골라 할랄식품 인증을 획득할 계획을 수립하시오. [롯데제과]
- 브랜드 이미지 상승 방안에 대해 말해 보시오. [롯데칠성음료]
- 파스퇴르 우유 제품을 중국시장 어느 연령대에 어떻게 공략할 것인지 말해 보시오. [롯데푸드]
- (최근 식품 트렌드 관련 기사 제시) 롯데에서 개발할 신제품을 발표하고자 할 때 이름, 포장법, 타겟, 가격 등의 계획을 수립해 발표하시오. [롯데중앙연구소]

금융부문
- 주어진 기사를 바탕으로 서비스를 기획하시오. [롯데카드]
- 창업 지원에 초점을 맞추면 어떤 업종을 추천하겠는가? [롯데캐피탈]
- 롯데멤버스 제휴사와 상호 송객을 통한 마케팅 전략에 대해 말해 보시오. [롯데멤버스]

GD(Group Discussion)면접

GD면접은 특정 주제에 대해 자유토의 방식으로 4~6명이 한 조가 되어 30분가량 토론이 진행된다. 면접관은 토론에 전혀 관여하지 않으며, 찬반토론이 아닌 주제에 대한 토의로 서로 의견을 공유하여 해결방안을 도출한다. 해당 주제에 대한 특정 정답을 요구하는 것이 아니므로 단순히 지적 수준이나 토론능력만을 평가하지는 않으며, 토론에 임하는 자세와 의사소통능력, 협동심 등이 더욱 중요하다.

기출문제

관광부문
- 전망대, 키즈파크, 아쿠아리움, 어드밴처, 워터파크의 통합 마케팅 방안 [롯데월드]
- 롯데월드타워의 활용 방안 [롯데월드]
- 갑질 논란에 대한 의견 [롯데제이티비]

서비스부문
- 3PL 영업전략 [롯데글로벌로지스]
- 롯데시네마 월드타워관 운영 및 활성화 방안 [롯데시네마]
- 경쟁사인 AJ렌터카의 저가전략에 대한 대응 방안 [롯데렌탈]

유통부문
- 1인 가구 트렌드에 맞는 롯데백화점의 상품, 서비스 전략 [롯데백화점]
- (백화점 아울렛 시장에 대한 기사) 백화점 3사 아울렛 시장 [롯데백화점]
- 편의점의 수익성 강화를 위해 필요한 변화 [코리아세븐]

기업별 최신기출문제

01 삼성그룹 GSAT

1. 추리

01 다음 문단을 논리적 순서대로 바르게 나열한 것은?

> 최근 행동주의펀드가 적극적으로 목소리를 내면서 기업들의 주가가 급격히 변동하는 경우가 빈번해지고 있다. 특히 주주제안을 받아들이는 기업의 주가는 급등했지만, 이를 거부하는 기업의 경우 주가가 하락하고 있다. 이에 일각에서는 주주 보호를 위해 상법 개정이 필요하다는 지적이 나오고 있다.
>
> (가) 이에 대한 대표적인 사례가 S사다. 그동안 S사는 대주주의 개인회사인 L기획에 일감을 몰아주면서 부당한 이득을 취해왔는데, 이에 대해 A자산운용이 이러한 행위는 주주가치를 훼손하는 것이라며 지적한 것이다. 이에 S사는 L기획과 계약종료를 검토하겠다고 밝혔으며, 이처럼 A자산운용의 요구가 실현되면서 주가는 18.6% 급등했다. 이 밖에도 K사와 H사 등 자본시장에 영향을 미치고 있다.
>
> (나) 이러한 행동주의펀드는 배당 확대나 이사·감사 선임과 같은 기본적 사안부터 분리 상장, 이사회 정원 변경, 경영진 교체 등 핵심경영 문제까지 지적하며 개선을 요구하고 있는 추세다.
>
> (다) 이와 같은 A자산운용의 제안을 수락한 7개의 은행 지주는 올해 들어 주가가 8~27% 급상승하는 결과를 보였으며, 이와 반대로 해당 제안을 장기적 관점에서 기업가치와 주주가치의 실익이 적다며 거부한 K사의 주가는 동일한 기간 4.15% 하락하는 모습을 보여, 다가오는 주주총회에서의 행동주의펀드 및 소액주주들과 충돌이 예상되고 있다.
>
> (라) 이처럼 시장의 주목도가 높아진 A자산운용의 영향력은 최근 은행주에도 그 영향이 미쳤는데, K금융·S지주·H금융지주·W금융지주·B금융지주·D금융지주·J금융지주 등 은행지주 7곳에 주주환원 정책 도입을 요구한 것이다. 특히 그중 J금융지주에는 평가 결과 주주환원 정책을 수용할 만한 수준에 미치지 못한다고 판단된다며 배당확대와 사외이사 추가 선임의 내용을 골자로 한 주주제안을 요구했다.

① (가)-(나)-(다)-(라) ② (나)-(가)-(라)-(다) ③ (나)-(라)-(다)-(가)
④ (다)-(가)-(나)-(라) ⑤ (다)-(라)-(나)-(가)

해설 첫 번째 문단은 최근 행동주의펀드가 기업의 주가에 영향을 미치고 있다는 내용을 담고 있으므로 이어지는 내용은 행동주의펀드가 어떻게 기업에 그 영향을 미치는지에 대해 서술하는 (나) 문단이고, 다음에는 이에 관한 대표적인 사례를 서술하는 (가) 문단이 이어지는 것이 적절하다. 다음 (다) 문단의 내용을 살펴보면 일부 은행에서는 A자산운용의 제안을 수락했고, 특정 은행에서는 이를 거부했다는 내용을 언급하고 있으므로, 해당 제안에 대한 구체적인 내용을 다룬 (라) 문단이 먼저 이어지는 것이 더 자연스럽다. 따라서 (나)-(가)-(라)-(다) 순으로 나열하는 것이 적절하다.

02 다음 글을 읽고 추론한 내용으로 가장 적절한 것은?

> 회전운동을 하는 물체는 외부로부터 돌림힘이 작용하지 않는다면 일정한 빠르기로 회전운동을 유지하는데, 이를 각운동량 보존 법칙이라 한다. 각운동량은 질량이 m인 작은 알갱이가 회전축으로부터 r만큼 떨어져 속도 v로 운동하고 있을 때 mvr로 표현된다. 그런데 회전하는 물체에 회전방향으로 힘이 가해지거나 마찰 또는 공기 저항이 작용하게 되면 회전하는 물체의 각운동량이 변화해 회전속도는 빨라지거나 느려지게 된다. 이렇게 회전하는 물체의 각운동량을 변화시키는 힘을 돌림힘이라고 한다.
>
> 그러면 팽이와 같은 물체의 각운동량은 어떻게 표현할까? 아주 작은 균일한 알갱이들로 팽이가 이루어졌다고 볼 때 이 알갱이 하나하나를 질량요소라고 한다. 이 질량요소 각각의 각운동량의 총합이 팽이 전체의 각운동량에 해당한다. 회전운동에서 물체의 각운동량은 (각속도)×(회전관성)으로 나타낸다. 여기에서 각속도는 회전운동에서 물체가 단위시간당 회전하는 각이다. 질량이 직선운동에서 물체의 속도를 변화시키기 어려운 정도를 나타내듯이 회전관성은 회전운동에서 각속도를 변화시키기 어려운 정도를 나타낸다. 즉, 회전체의 회전관성이 클수록 그것의 회전속도를 변화시키기 어렵다.
>
> 회전체의 회전관성은 회전체를 구성하는 질량요소들의 회전관성의 합과 같은데, 질량요소들의 회전관성은 질량요소가 회전축에서 떨어져 있는 거리와 멀수록 커진다. 그러므로 질량이 같은 두 팽이가 있을 때 홀쭉하고 키가 큰 팽이보다 넓적하고 키가 작은 팽이가 회전관성이 크다.
>
> 각운동량 보존의 원리는 스포츠에서도 쉽게 확인할 수 있다. 피겨선수에게 공중회전수는 중요한데 이를 확보하기 위해서는 공중회전을 하는 동안 각속도를 크게 해야 한다. 이를 위해 피겨선수가 공중에서 팔을 몸에 바짝 붙인 상태로 회전하는 것을 볼 수 있다. 피겨선수의 회전관성은 몸을 이루는 질량요소들의 회전관성의 합과 같다. 따라서 팔을 몸에 붙이면 팔을 구성하는 질량요소들이 회전축에 가까워져서 팔을 폈을 때보다 몸 전체의 회전관성이 줄어들게 된다. 점프 이후에 공중에서 각운동량은 보존되기 때문에 팔을 붙였을 때가 폈을 때보다 각속도가 커지는 것이다. 반대로 착지 직전에는 각속도를 줄여 착지 실수를 없애야 하기 때문에 양팔을 한껏 펼쳐 회전관성을 크게 만드는 것이 유리하다.

① 정지되어 있는 물체는 회전관성이 클수록 회전시키기 쉽다.
② 회전하는 팽이는 외부에서 가해지는 돌림힘의 작용 없이 회전을 멈출 수 있다.
③ 지면과의 마찰은 회전하는 팽이의 회전관성을 작게 만들어 팽이의 각운동량을 줄어들게 한다.
④ 무게는 같으나 지름의 크기가 서로 다른 공이 회전할 때 지름의 크기가 더 큰 공의 회전관성이 더 크다.
⑤ 회전하는 하나의 시곗바늘 위의 두 점 중 회전축에 가까이 있는 점이 멀리 있는 점보다 각속도가 작다.

해설 제시문에 따르면 질량요소들의 회전관성은 질량요소가 회전축에서 떨어져 있는 거리와 멀수록 커진다. 따라서 지름의 크기가 큰 공의 질량요소가 상대적으로 회전축에서 더 멀리 떨어져 있기 때문에 회전관성 역시 더 크다는 것을 추론할 수 있다.

03 A~E 5명은 카페에서 각각 아메리카노, 카페라테, 콜드브루 중 1잔씩 선택하여 주문했다. 다음 〈조건〉에 따라 주문할 때 항상 거짓인 것은?

> · 아메리카노, 카페라테, 콜드브루 중 A~E가 고르지 않은 음료는 없다.
> · A는 카페라테를 고르지 않았다.
> · C는 A와 같은 음료를 골랐다.
> · E는 B와 같은 음료를 고르고, B는 A와 다른 음료를 골랐다.
> · 콜드브루는 총 1잔을 주문했다.

① D는 콜드브루를 주문했다.
② B는 아메리카노를 주문한다.
③ 카페라테는 2잔을 주문했다.
④ 아메리카노는 2잔을 주문했다.
⑤ D와 같은 음료를 주문한 사람은 없다.

해설 세 번째 조건과 네 번째 조건에 따라 A, C가 같은 음료를 선택하며, B, E가 같은 음료를 선택한다. 또한 두 그룹은 서로 다른 음료를 선택하게 된다. 그러므로 첫 번째 조건과 다섯 번째 조건에 따라 아메리카노 2잔, 카페라테 2잔, 콜드브루 1잔을 주문하게 되고, 같은 음료를 선택한 사람이 없는 D가 콜드브루를 주문하게 된다. 또한 두 번째 조건에 따라 A, C는 카페라테를 고르지 않으므로 A와 C는 아메리카노를 주문하고, 나머지 B, E가 카페라테를 주문하게 된다. 따라서 항상 거짓은 ②이다.

04 현수, 주현, 지연, 재현, 형호 5명은 명절에 고향에 내려가기 위해 각자 기차표를 예매했다. 모두 서로 다른 열의 좌석을 예매했을 때 다음을 읽고 바르게 추론한 것은?(단, 앞 열일수록 입구와 가깝다)

> · 현수의 좌석은 지연이와 주현이의 좌석보다 입구와 가깝다.
> · 재현이의 좌석은 지연이의 좌석보다 앞이고, 형호의 좌석보다는 뒤다.
> · 입구와 형호의 좌석 간 거리는 입구와 현수의 좌석 간 거리보다 길다.
> · 주현이의 좌석이 입구와 가장 멀리 떨어져 있다.

① 현수는 5명 중 가장 뒤쪽 열의 좌석을 예매했다.
② 형호는 현수 바로 뒤의 좌석을 예매했다.
③ 형호는 재현이와 지연 사이의 좌석을 예매했다.
④ 형호는 현수와 재현 사이의 좌석을 예매했다.
⑤ 재현이는 지연 바로 앞의 좌석을 예매했다.

해설 주어진 조건에 따라 좌석을 입구와 가까운 순서대로 나열하면 '현수 – 형호 – 재현 – 지연 – 주현'이므로 형호는 현수와 재현 사이의 좌석을 예매했음을 알 수 있다. 그러나 제시된 조건만으로 정확한 좌석의 위치를 알 수 없으므로 서로의 좌석이 바로 뒤 또는 바로 앞의 좌석인지는 추론할 수 없다.

2. 수리

05 S사에서는 크리스마스 행사로 경품 추첨을 진행하려 한다. 작년에는 제주도 숙박권 10명, 여행용 파우치 20명을 추첨해 경품을 주었으며, 올해는 작년보다 제주도 숙박권은 20%, 여행용 파우치는 10% 더 준비했다. 올해 경품을 받는 인원은 작년보다 몇 명 더 많은가?(단, 경품은 중복 당첨이 불가능하다)

① 1명 ② 2명 ③ 3명
④ 4명 ⑤ 5명

해설 작년보다 제주도 숙박권은 20%, 여행용 파우치는 10%를 더 준비했다고 했으므로 제주도 숙박권은 $10 \times 0.2 = 2$명, 여행용 파우치는 $20 \times 0.1 = 2$명이 경품을 더 받는다. 따라서 작년보다 총 4명이 경품을 더 받을 수 있다.

06 다음은 전년 동월 대비 특허심사 건수 및 등록률의 증감 추이를 나타낸 자료다. 이에 대한 〈보기〉의 설명 중 옳지 않은 것을 모두 고르면?

전년 동월 대비 특허심사 건수 증감 및 등록률 증감 추이
(단위 : 건, %)

구분	2024. 01	2024. 02	2024. 03	2024. 04	2024. 05	2024. 06
심사 건수 증감	125	100	130	145	190	325
등록률 증감	1.3	-1.2	-0.5	1.6	3.3	4.2

— 보기 —
ㄱ. 2024년 3월에 전년 동월 대비 등록률이 가장 많이 낮아졌다.
ㄴ. 2024년 6월의 심사 건수는 325건이다.
ㄷ. 2024년 5월의 등록률은 3.3%이다.
ㄹ. 2023년 1월 심사 건수가 100건이라면 2024년 1월 심사 건수는 225건이다.

① ㄱ ② ㄱ, ㄴ ③ ㄷ, ㄹ
④ ㄱ, ㄴ, ㄷ ⑤ ㄴ, ㄷ, ㄹ

해설 ㄱ. 2024년 2월에 가장 많이 낮아졌다.
ㄴ. 제시된 수치는 전년 동월, 즉 2023년 6월보다 325건 높아졌다는 뜻이므로 실제 심사 건수는 알 수 없다.
ㄷ. 2023년 5월에 비해 3.3% 증가했다는 뜻이므로 실제 등록률은 알 수 없다.
ㄹ. 전년 동월 대비 125건이 증가했으므로 $100+125=225$건이다.

03 ② 04 ④ 05 ④ 06 ④

07 어느 바다의 해수면 높이가 다음과 같이 일정한 규칙으로 증가할 때 2028년의 예상 해수면 높이는?

연도별 해수면 높이					(단위 : mm)
연도	2019년	2020년	2021년	2022년	2023년
해수면 높이	73	76	79	82	85

① 94mm
② 100mm
③ 106mm
④ 112mm
⑤ 118mm

해설 해수면은 매년 3mm씩 증가하고 있다. 2028년의 예상 해수면 높이를 구하는 식은 다음과 같다.
$85+(3\times 5)=100$mm
따라서 2028년 예상 해수면의 높이는 100mm이다.

08 S사의 매년 입사하는 신입사원 수가 다음과 같은 규칙을 보일 때 2030년에 입사하는 신입사원 수는?

S사의 신입사원 수 변화					(단위 : 명)
구분	2020년	2021년	2022년	2023년	2024년
사원 수	50	80	110	140	170

① 230명
② 260명
③ 290명
④ 320명
⑤ 350명

해설 S사의 매년 입사하는 신입사원 수는 매년 30명씩 증가하고 있으므로 2020년으로부터 n년 후 입사하는 신입사원 수를 a_n명이라 하면 $a_n=(50+30n)$명이다. 따라서 2030년은 2020년으로부터 10년 후이므로 2030년의 S사의 신입사원 수는 $50+(30\times 10)=350$명이다.

02 SK그룹 SKCT

1. 언어이해

01 다음 글의 주제로 가장 적절한 것은?

> 인간의 존엄성, 자유, 평등과 같은 가치는 문화, 사회, 시대를 넘어 대부분의 사람들이 공유하고 동의하는 가치관인 보편적 가치로 알려져 있다. 그러나 보편적 가치는 사회에서 규정된 법과 서로 상충하는 경우가 생긴다. 예를 들어 난민 문제에서는 인도주의적 가치와 국가안보를 위한 필요성이 서로 충돌할 수 있다. 이와 같이 보편적 가치와 법이 충돌하는 것은 기원전 고대 그리스의 소포클레스의 희곡 '안티고네'에서도 나타나고 있다.
> 오이디푸스의 딸인 안티고네는 두 명의 오빠 에테오클레스, 폴리네이케스가 있었는데, 이 두 명은 고대 폴리스인 테베의 왕권을 두고 전쟁을 하던 중 죽게 된다. 에테오클레스와 폴리네이케스가 죽고 난 뒤 왕위에 오른 안티고네의 외숙부 크레온은 에테오클레스는 성대하게 장례를 치러 주었지만, 외세의 군대를 끌고 온 폴리네이케스는 들판에 버려두어 누구든지 장례를 치르거나 애도를 한다면 사형에 처할 것이라고 공표한다. 그러나 안티고네는 자신의 양심에 따라 오빠인 폴리네이케스가 들판에 버려져 있는 것을 볼 수 없어 그의 시신을 묻어주었다가 붙잡힌다. 크레온은 자신의 명령을 어긴 안티고네에게 분노하여 그녀가 굶어 죽도록 산 채로 무덤에 가둔다. 이때 테베의 유명한 장님 예언가인 테이레시아스가 크레온을 찾아와 신의 법도에 따라 행동한 안티고네를 가두었으니 곧 큰 불행이 올 것이라고 예언하게 된다. 이에 크레온은 자신의 결정을 후회하고 안티고네를 풀어주려고 하였으나, 이미 안티고네는 무덤 속에서 목을 매달아 스스로 목숨을 끊은 상태였다. 이 사건으로 인해 크레온의 아들이자 안티고네의 약혼자인 하이몬은 아버지를 죽이려다 실패하여 스스로 목숨을 끊었고, 하이몬의 어머니이자 크레온의 아내인 에우리디케도 남편을 저주하며 목숨을 끊는 연속적인 비극이 일어나게 된다.
> 안티고네의 비극적 죽음은 개인의 신념과 사회적 법 사이의 충돌을 보여주고 있다. 이는 앞서 말한 것과 같이 고대 그리스에 한정된 것이 아니라 시대를 초월해 현재에도 발생하는 문제로서 인간이 도덕적이기 위해서는 신념과 법이 충돌할 때 어떤 선택을 해야 하는지 의문점을 던지고 있는 작품이다.

① 테베 내전의 정치적 갈등과 권력 다툼
② 개인의 양심과 사회적 질서의 차이 분석
③ 고대 그리스 시기 신의 법도가 가지는 의미
④ 개인의 의무와 국가의 권위 사이의 갈등과 결과
⑤ 자연법과 실정법 사이의 상충과 도덕적인 인간의 선택

> **해설** 제시문은 안티고네의 비극적 죽음을 통해 개인의 신념과 사회적 법이 상충할 때의 모습을 보여주며 인간이 도덕적 선택을 하기 위해서는 어떤 선택을 해야 하는지 의문점을 던지는 글이다. 여기서 안티고네가 한 행동은 개인의 신념으로서 가족의 시신을 장례하는 보편적인 가치인 자연법에 따라 행동한 결과이다. 반면 크레온의 명령은 왕권에 의한 명령으로 국가나 사회가 제정한 실정법이다. 그러므로 크레온이 안티고네를 붙잡아 가둔 것은 실정법에 따라 행동한 결과이므로 글의 주제로 가장 적절한 것은 '자연법과 실정법 사이의 상충과 도덕적인 인간의 선택'이다.

2. 언어추리

02 간밤에 S회사에서 보관 중인 중요 문서가 도난당했다. 회사는 A~D 4명을 용의자로 지목했으며, 범인은 이 중 1명이다. 다음은 용의자들의 진술이며, 문서를 훔친 범인은 항상 거짓을, 범인이 아닌 사람은 항상 참을 말한다고 한다. 중요 문서를 훔친 사람은?

> - A : D가 범인이야.
> - B : C가 말한 것이 사실이라면 범인은 A나 D 중 1명이야.
> - C : 나와 D는 범인이 아니야.
> - D : B와 C는 범인이 아니야.

① A
② B
③ C
④ D
⑤ 알 수 없음

해설 A와 C의 진술이 서로 모순되므로 둘 중 1명은 거짓을 말하고 있다.
❶ A의 진술이 참일 경우 범인은 D이며, D의 진술이 거짓이 된다. 그러나 이 경우 B와 C가 범인이 되며, C의 진술 또한 거짓이 되므로 모순이다.
❷ A의 진술이 거짓일 경우 범인은 A이며, B, C, D는 모두 참을 말하고 있으므로 범인은 A이다.
따라서 회사의 중요 문서를 훔친 범인은 A이다.

03 TV광고 모델에 지원한 A~G 7명 중에서 2명이 선발됐다. 선발 내용에 대해 5명이 다음 〈조건〉과 같이 진술했다. 이 중 3가지 진술만 참일 때 항상 선발되는 사람은?

> **조건**
> - A, B, G는 모두 탈락했다.
> - E, F, G는 모두 탈락했다.
> - C와 G 중에서 1명만 선발됐다.
> - A, B, C, D 중에서 1명만 선발됐다.
> - B, C, D 중에서 1명만 선발됐고, D, E, F 중에서 1명만 선발됐다.

① A
② C
③ D
④ E
⑤ G

해설 진술의 진실 여부를 고려할 때 가능한 선발 경우는 다음과 같다.
❶ G가 선발됐을 경우 첫 번째, 두 번째 진술이 거짓이다. 이에 따라 나머지 진술이 참이어야 한다. D가 선발되는 경우를 제외하고는 나머지 진술이 참일 수 없다. 그러므로 D와 G가 선발된다.
❷ B, C, D 중에서 1명만 선발되지 않고 2명이 선발될 경우 네 번째, 다섯 번째 진술이 거짓이다. 이에 따라 나머지 진술이 참이어야 한다. 그러므로 C, D가 선발된다.
따라서 항상 선발되는 사람은 D이다.

3. 수열추리

※ 일정한 규칙으로 수를 나열할 때 빈칸에 들어갈 알맞은 수를 고르시오. [04~06]

04

| 3 | −6 | −12 | 24 | 18 | −36 | −42 | ( ) | 78 |

① −84
② −72
③ 72
④ 84
⑤ 96

해설 앞의 항에 ×(−2), −6이 반복되는 수열이다. 따라서 ( )=(−42)×(−2)=84이다.

05

| $\frac{2}{3}$ | $\frac{10}{21}$ | $\frac{10}{27}$ | $\frac{10}{33}$ | $\frac{10}{39}$ | $\frac{10}{45}$ | ( ) | $\frac{10}{57}$ | $\frac{10}{63}$ |

① $\frac{10}{49}$
② $\frac{10}{51}$
③ $\frac{10}{52}$
④ $\frac{10}{54}$
⑤ $\frac{10}{56}$

해설 앞의 항에 $\times \frac{5}{7}$, $\times \frac{7}{9}$, $\times \frac{9}{11}$, …를 하는 수열이다. 따라서 ( )=$\frac{10}{45} \times \frac{15}{17} = \frac{10}{51}$이다.

06

| 4 | 5 | 9 | 14 | 23 | 37 | ( ) | 97 | 157 | 254 |

① 50
② 52
③ 55
④ 58
⑤ 60

해설 앞의 두 항의 합이 다음 항이 되는 피보나치 수열이다. 따라서 ( )=23+37=60이다.

4. 자료해석

07 다음은 S사의 2023년 1분기~2024년 2분기의 영업이익, 영업수익, 영업비용에 대한 자료다. 빈칸에 들어갈 수로 옳은 것은?

2023년 1분기~2024년 2분기 영업이익, 영업수익, 영업비용 (단위 : 억원)

구분	2023년 1분기	2023년 2분기	2023년 3분기	2023년 4분기	2024년 1분기	2024년 2분기
영업이익	200,000	185,000	176,000	193,000	186,000	220,000
영업수익	637,000	658,000	676,000	676,000	662,000	750,000
영업비용	437,000	473,000	500,000		476,000	530,000

① 453,000　　② 463,000　　③ 473,000
④ 483,000　　⑤ 493,000

해설 자료를 통해 (영업이익)=(영업수익)−(영업비용)임을 알 수 있다.
따라서 빈칸에 들어갈 수는 676,000−193,000=483,000이다.

---

08 다음은 2019~2023년 P시 및 Q시의 학생 수 현황에 대한 자료다. 학생 수가 일정한 규칙을 보일 때 2025년 P시와 Q시의 학생 수 차이는?

P시 및 Q시 학생 수 현황 (단위 : 명)

구분	2019년	2020년	2021년	2022년	2023년
P시	940	910	880	850	820
Q시	920	915	905	890	870

① 50명　　② 55명　　③ 60명
④ 65명　　⑤ 70명

해설
- P시는 매년 30명씩 감소하고 있다.
  2024년 P시의 학생 수는 820−30=790명이므로 2025년 P시의 학생 수는 790−30=760명이다.
- Q시는 매년 감소하는 학생 수가 5명씩 증가하고 있다.
  2024년 Q시의 학생 수는 870−25=845명이므로 2025년 Q시의 학생 수는 845−30=815명이다.
  따라서 2025년 P시와 Q시의 학생 수 차이는 815−760=55명이다.

5. 창의수리

09 알코올이 22% 들어 있는 술 A와 10% 들어 있는 술 B를 섞어 알코올이 17% 이상 들어 있는 술 300ml을 만들고자 한다. 이때, 술 A는 최소 몇 ml 필요한가?

① 175ml ② 180ml
③ 185ml ④ 190ml
⑤ 195ml

해설 술 A의 양을 $x$ml라고 하면 술 B의 양은 $(300-x)$ml이므로 다음과 같은 식이 성립한다.
$$\frac{22}{100} \times x + \frac{10}{100} \times (300-x) \geq \frac{17}{100} \times 300$$
$$\rightarrow 22x + 10 \times (300-x) \geq 5,100$$
$$\rightarrow 12x \geq 2,100$$
$$\therefore x \geq 175$$
따라서 술 A는 최소 175ml 넣어야 한다.

10 S사 구내식당에서 판매하는 A햄버거와 B햄버거는 1,800원을 더 지불하면 세트메뉴로 변경할 수 있다. 또한 B햄버거 단품 가격이 A햄버거 단품 가격보다 400원 더 저렴하다고 한다. A햄버거와 B햄버거 모두 세트메뉴로 2개씩 변경해 구매할 때 29,200원을 지불해야 한다면 B햄버거 단품의 가격은?

① 5,100원 ② 5,300원
③ 5,500원 ④ 5,700원
⑤ 5,900원

해설 A햄버거 단품 가격을 x원이라고 하면 B햄버거 단품 가격은 $(x-400)$원이다.
A햄버거와 B햄버거 모두 세트메뉴로 변경해 2개씩 주문하므로 다음과 같은 식이 성립한다.
$$2 \times \{(x+1,800) + (x-400+1,800)\} = 29,200$$
$$\rightarrow 2 \times (2x+3,200) = 29,200$$
$$\rightarrow 4x + 6,400 = 29,200$$
$$\therefore x = 5,700$$
따라서 A햄버거 단품 가격이 5,700원이므로 B햄버거 단품 가격은 5,700-400=5,300원이다.

07 ④ 08 ② 09 ① 10 ②

한국사능력검정시험

기본편(제63회)

01 (가) 나라에 대한 설명으로 옳은 것은? [2점]

① 범금 8조가 있었다.
② 책화라는 풍습이 있었다.
③ 낙랑군과 왜에 철을 수출했다.
④ 제가회의에서 나라의 중요한 일을 결정했다.

기출 태그 #고조선 #단군왕검 #범금 8조
#왕검성 #환웅 #웅녀

해설
고조선은 우리 역사상 최초의 나라로 단군왕검이 건국했다. 『삼국유사』의 단군신화에 따르면 하늘에서 내려온 환웅과 곰에서 사람으로 변한 웅녀가 혼인하여 낳은 단군왕검이 고조선을 세우고 1,500여 년간 다스렸다고 전해진다. 이후 고조선은 한 무제의 침략을 받아 수도 왕검성이 함락되면서 멸망했다.
① 고조선은 사회질서를 유지하기 위해 8개의 조항으로 이루어진 범금 8조를 만들었으나, 현재는 3개의 조항만 전해진다.

02 밑줄 그은 '이 인물'로 옳은 것은? [1점]

① 강수
② 설총
③ 김부식
④ 최치원

기출 태그 #최치원 #시무 10여 조 #빈공과
#격황소서 #황소의 난 #진성여왕

해설
최치원은 통일신라 말 6두품 출신 유학자로 당의 빈공과에 합격하여 관리생활을 했다. 당에서 황소의 난이 발생했을 때 황소에게 항복을 권유하기 위해 '격황소서'를 작성하기도 했다. 이후 귀국하여 신라의 부패와 반란, 농민봉기 등을 목격하면서 진성여왕에게 구체적인 개혁안인 시무책 10여 조를 건의했으나 실현되지 않았다.

03 교사의 질문에 대한 학생의 답변으로 옳지 않은 것은? [2점]

고려의 교육기관에 대해 말해 볼까요?

① 최고 국립교육 기관으로 국자감을 두었어요.
② 경당에서 글과 활쏘기를 가르쳤어요.
③ 문헌공도 등 사학 12도가 번성했어요.
④ 지방에 유학교육을 담당하는 향교가 있었어요.

> 기출태그 #국자감 #경학박사 #의학박사 #향교
> #사학 12도 #9재 학당 #문헌공도

해설
② 고구려는 평민의 자식들을 교육하기 위하여 민간교육 기관인 경당을 설립했다. 경당에서는 글과 활쏘기 등을 가르쳤다.

04 (가)에 들어갈 문화유산으로 가장 적절한 것은? [2점]

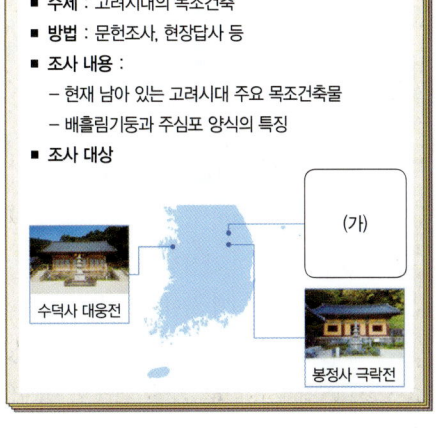

문화유산 조사 보고서
- 주제: 고려시대의 목조건축
- 방법: 문헌조사, 현장답사 등
- 조사 내용:
  - 현재 남아 있는 고려시대 주요 목조건축물
  - 배흘림기둥과 주심포 양식의 특징
- 조사 대상

수덕사 대웅전 — (가) — 봉정사 극락전

①  종묘 정전
②  경복궁 근정전
③  법주사 팔상전
④  부석사 무량수전

> 기출태그 #부석사 무량수전 #배흘림기둥
> #주심포 양식 #수덕사 #봉정사

해설
영주 부석사 무량수전은 현재 남아 있는 고려시대 목조건물 중 하나다. 기둥의 중간 부분은 두껍게 하고 위와 아래로 갈수록 굵기가 점차 줄어드는 배흘림기둥을 사용했다. 또한 지붕 처마를 받치기 위해 공포가 사용됐는데, 공포는 기둥 위에만 간결하게 짜 올리는 주심포 양식으로 제작됐다. 영주 부석사 무량수전과 함께 현재까지 남아 있는 고려시대 건축물로는 충렬왕 때 지어진 예산 수덕사 대웅전과 우리나라의 목조건물 중 가장 오래된 건물인 안동 봉정사 극락전 등이 있다.

01 ① 02 ④ 03 ② 04 ④

05 (가), (나) 사이의 시기에 있었던 사실로 옳은 것은? [3점]

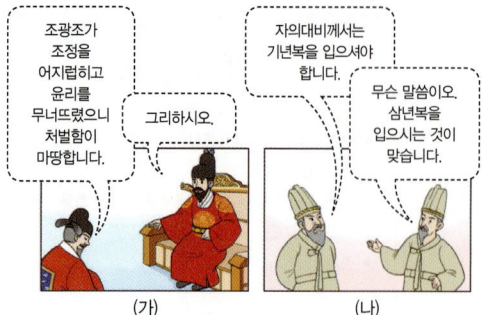

① 김옥균 등이 갑신정변을 일으켰다.
② 사림이 동인과 서인으로 나뉘었다.
③ 성균관 입구에 탕평비가 건립됐다.
④ 왕자의 난으로 정도전 등이 피살됐다.

기출태그 #기묘사화 #예송논쟁 #조광조 #자의대비
#훈구파 #사림파 #남인 #서인 #동인

해설
(가) 기묘사화(1519) : 조선 중종은 반정으로 왕위에 오른 뒤 훈구파를 견제하고 연산군의 잘못된 정치를 개혁하기 위해 사림파를 등용했다. 이때 발탁된 조광조는 개혁을 추진하며 반정공신들의 위훈 삭제를 주장했다. 이에 훈구파가 반발하여 기묘사화가 발생했고, 많은 사림세력들이 피해를 입었다.
(나) 예송논쟁(기해예송)(1659) : 조선 현종 때 효종의 국상 당시 인조의 계비인 자의대비가 상복을 입는 기간을 놓고 서인과 남인 사이에 예송논쟁이 발생했다. 이 당시 서인은 효종이 둘째 아들이므로 자의대비가 1년 동안 상복을 입어야 한다고 주장했다. 반면에 남인은 효종을 첫째 아들과 같이 대우해야 하므로 자의대비는 3년 동안 상복을 입어야 한다고 주장했으나 서인 세력이 승리했다.
② 조선 선조 때 사림세력이 이조전랑 임명권을 놓고 김효원을 중심으로 한 동인과 심의겸을 중심으로 한 서인으로 나뉘면서 붕당정치가 시작됐다(1575).

06 밑줄 그은 '이 인물'에 대한 설명으로 옳은 것은? [2점]

① 추사체를 창안했다.
② 지전설을 주장했다.
③ 사상의학을 정립했다.
④ 대동여지도를 제작했다.

기출태그 #의산문답 #홍대용 #지전설 #무한우주론
#담헌서 #실학자 #북학파

해설
② 조선 후기 실학자 홍대용은 서양과학을 적극적으로 수용할 것과 기술의 혁신을 주장했다. 또한 『담헌서』, 『의산문답』 등의 책을 통해 지구가 스스로 움직인다는 지전설과 무한우주론을 주장하면서 중국 중심의 성리학적 세계관을 비판했다.

07 (가)에 들어갈 기구로 옳은 것은? [2점]

노비제도가 폐지됐다는 소식 들었는가?

들었네. (가) 에서 과거 제도를 없애고 연좌제를 폐지하는 개혁 안건도 통과시켰다더군.

① 비변사
② 원수부
③ 홍문관
④ 군국기무처

08 (가)에 들어갈 단체로 옳은 것은? [1점]

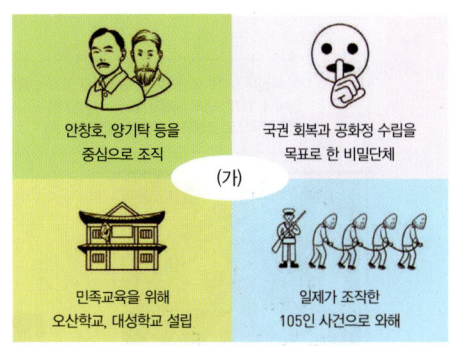

안창호, 양기탁 등을 중심으로 조직
국권 회복과 공화정 수립을 목표로 한 비밀단체
(가)
민족교육을 위해 오산학교, 대성학교 설립
일제가 조작한 105인 사건으로 와해

① 근우회
② 보안회
③ 신민회
④ 조선어 학회

기출 태그 #군국기무처 #김홍집 #갑오개혁 #개국 연호 #과거제 폐지 #노비제 폐지

해설
일본의 강요로 설치된 군국기무처는 영의정 김홍집이 총재를 맡아 정치, 군사에 관한 모든 사무를 담당했다. 제1차 갑오개혁을 주도하여 청의 연호를 폐지하고 개국 연호를 사용했으며, 능력에 따라 인재를 등용하기 위해 과거제를 폐지했다. 또한 사회적으로는 신분제를 비롯하여 연좌제, 조혼 등의 나쁜 관습을 폐지했다.

기출 태그 #안창호 #양기탁 #신민회 #대성학교 #오산학교 #105인 사건 #비밀결사

해설
신민회는 안창호와 양기탁 등이 주도하여 결성한 비밀결사 단체다. 국권 회복과 공화정체에 바탕을 둔 근대국가 건설을 목표로 했으며, 민족실력 양성을 위해 대성학교와 오산학교를 세우고, 무장투쟁을 위한 독립군을 양성하는 등 다양한 활동을 전개했다. 이후 신민회는 일제가 조작한 데라우치 총독 암살미수 사건인 105인 사건으로 인해 많은 독립운동가들이 옥에 갇히면서 해산됐다.

05 ② 06 ② 07 ④ 08 ③

09 밑줄 그은 '국회'에 대한 설명으로 옳은 것은?
[3점]

① 3선 개헌안을 통과시켰다.
② 농지개혁법을 제정했다.
③ 5·16 군사정변으로 해산됐다.
④ 국회의원의 3분의 1을 대통령이 추천했다.

기출 태그 #제헌국회 #농지개혁법 #농지개혁
#5·10 총선거 #제헌헌법 #임기 2년

해설
우리나라 역사상 최초의 민주주의 선거인 5·10 총선거를 통해 임기 2년의 국회의원이 선출됐다. 이를 통해 구성된 제헌국회는 국호를 '대한민국'으로 정하고 대통령제를 중심으로 하는 제헌헌법을 공포했다.
② 제헌국회는 농지개혁법을 제정하여 유상매수, 유상분배를 원칙으로 하는 농지개혁을 실시했다.

10 학생들이 공통으로 이야기하는 지역으로 옳은 것은?
[2점]

① 강릉
② 군산
③ 대구
④ 진주

기출 태그 #진주 #김시민 #진주성 전투 #고려 12목
#유계춘 #임술농민봉기 #조선형평사

해설
• 고려의 12목 : 고려 성종은 진주를 포함한 주요 지역 12곳에 12목을 설치하고 지방관을 파견했다.
• 진주성 전투 : 조선 선조 때 일본이 조선을 침입하여 임진왜란이 발생했다. 왜군이 전라도로 가는 길목인 진주를 공격하자 김시민이 이끄는 조선군이 진주대첩에서 왜군 2만명을 무찔렀다.
• 임술농민봉기 : 조선 철종 때 삼정의 문란과 경상우병사 백낙신의 수탈에 견디다 못한 농민들이 반발하여 진주지역의 몰락양반 유계춘을 중심으로 임술농민봉기를 일으켰다.
• 조선형평사 : 일제강점기에 백정들은 사회적 차별을 없애기 위해 진주에서 조선형평사를 결성하고 형평운동을 전개했다.

심화편(제60회)

01 (가) 시대의 생활 모습으로 옳은 것은? [1점]

이곳은 유네스코 세계유산으로 등재된 화순 고인돌 유적입니다. 여기에는 계급이 발생한 (가) 시대의 고인돌이 밀집되어 있고, 인근에서는 덮개돌을 캐낸 채석장이 발견되어 고인돌의 축조 과정을 살펴볼 수 있습니다.

① 소를 이용하여 깊이갈이를 했다.
② 주로 동굴이나 바위 그늘에서 살았다.
③ 반달돌칼을 사용하여 곡물을 수확했다.
④ 빗살무늬토기를 제작하여 식량을 저장했다.
⑤ 주먹도끼, 찍개 등 뗀석기를 만들기 시작했다.

기출태그 #고인돌 #청동기시대 #반달돌칼
#군장 #덮개돌 #유네스코 세계문화유산

해설
고창·화순·강화 고인돌 유적은 대표적인 청동기시대 유적지로 유네스코 세계유산으로 등재되어 있다. 청동기시대에는 정치권력과 경제력을 가진 군장이 등장했는데 고인돌은 당시 지배층인 군장의 무덤이다. 거대한 덮개돌의 크기를 통해 지배층의 권력을 확인할 수 있다.
③ 청동기시대에는 조, 보리, 콩 등의 밭농사와 함께 벼농사도 짓기 시작했으며, 반달돌칼을 이용하여 곡물을 수확했다.

02 다음 검색창에 들어갈 왕에 대한 설명으로 옳은 것은? [2점]

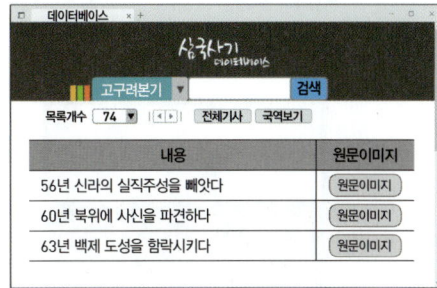

① 도읍을 국내성에서 평양으로 옮겼다.
② 낙랑군을 몰아내고 영토를 확장했다.
③ 을파소의 건의로 진대법을 실시했다.
④ 영락이라는 독자적 연호를 사용했다.
⑤ 전진의 순도를 통해 불교를 수용했다.

기출태그 #장수왕 #평양 천도 #남진정책
#실직주성 #한성 함락 #한강유역

해설
① 고구려 장수왕은 평양으로 천도하며 남진정책을 추진했다. 이에 신라와 백제가 군사동맹을 맺자 신라의 실직주성을 빼앗았으며, 백제의 수도 한성을 함락하고 백제 개로왕을 전사시킨 뒤 한강유역을 차지했다. 또한 장수왕은 재위기간 동안 중국의 분열을 이용해 외교를 적극적으로 진행했다. 즉위하던 해에는 동진에 사신을 파견했고, 북위가 강자로 부상하자 사신을 파견해 외교관계를 수립했다.

09 ② 10 ④ / 01 ③ 02 ①

03 (가) 인물에 대한 설명으로 옳은 것은? [2점]

이 사진은 (가) 이/가 세운 태봉의 철원 도성 터에서 촬영된 석등입니다. 일제강점기에 보물로 지정되기도 했으나 지금은 비무장지대 안에 있어 존재를 확인하기 어렵습니다. 관련 연구의 진전을 위해서는 남북한의 협력이 필요합니다.

① 금마저에 미륵사를 창건했다.
② 후당과 오월에 사신을 파견했다.
③ 일리천 전투에서 신검의 군대를 격퇴했다.
④ 폐정개혁을 목표로 정치도감을 설치했다.
⑤ 광평성을 비롯한 각종 정치기구를 마련했다.

기출 태그
#후고구려 #태봉 #궁예 #광평성
#송악 #철원 천도 #광치나 #서사 #외서

해설
신라 왕족의 후예인 궁예는 송악(개성)을 근거로 후고구려를 건국했다. 건국 초기에는 국호를 마진으로 했다가 철원으로 천도 후 태봉으로 바꿨다. 철원에는 궁예가 사용했던 어수정과 석등 등 많은 유적이 있었으나 현재는 대부분 파괴됐으며, 남아 있는 부분도 휴전선 비무장지대에 위치하고 있어 확인하기 어렵다.
⑤ 궁예는 후고구려를 건국하고 광평성을 중심으로 중앙 정치조직을 정비하여 장관인 광치나와 서사, 외서 등의 관원을 두었다.

04 ㉠~㉤ 기구에 대한 설명으로 옳은 것은? [2점]

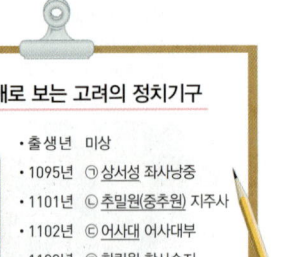

인물의 생애로 보는 고려의 정치기구

윤관
- 출생년 미상
- 1095년 ㉠ 상서성 좌사낭중
- 1101년 ㉡ 추밀원(중추원) 지주사
- 1102년 ㉢ 어사대 어사대부
- 1103년 ㉣ 한림원 학사승지
- 1108년 ㉤ 중서문하성 문하시중
- 1111년 별세

① ㉠ – 학술기관으로 경연을 관장했다.
② ㉡ – 실록을 보관하고 관리하는 업무를 맡았다.
③ ㉢ – 관리의 비리를 감찰하고 풍기를 단속했다.
④ ㉣ – 수도의 치안과 행정을 주관했다.
⑤ ㉤ – 화폐와 곡식의 출납에 대한 회계를 담당했다.

기출 태그
#어사대 #풍속 교정 #비리 규찰
#상서성 #고려 한림원 #중서문하성

해설
- 상서성 : 고려시대 중앙관제 중 하나로 이(吏)·호(戶)·예(禮)·병(兵)·형(形)·공(工)의 6부를 관할했다.
- 추밀원(중추원) : 왕의 비서기구로 군사기밀과 왕명 출납을 담당했다.
- 한림원 : 왕의 교서를 작성했던 기관으로 한림원의 관원들은 과거급제자 가운데에서도 학식이 높고 문장력이 뛰어난 이들로 선발됐다.
- 중서문하성 : 고려시대 중앙관제 중 하나로 국정을 총괄했으며, 중서문하성의 낭사와 어사대의 소속 관원은 대간으로 불리며 간쟁·봉박권과 함께 관리 임명에 대한 서경권을 행사할 수 있었다.
③ 고려의 어사대는 정치의 잘잘못을 논의하고 풍속을 교정하며, 관리의 비리를 규찰하고 탄핵했다.

05 밑줄 그은 '전하'의 재위시기에 있었던 사실로 옳은 것은? [2점]

> 세종대왕께서는 집현전 유신(儒臣)들에게 명하여 오례의를 상세히 정하게 하셨다. …… 예종대왕과 우리 주상 <u>전하</u>께서 선왕의 뜻을 이어 이 방대한 책을 완성하게 하셨다. …… 예(禮)를 기술한 것은 3,300가지나 되지만, 그 요점은 길례·흉례·군례·빈례·가례 다섯 가지일 뿐이다.

① 국가의 기본법전인 경국대전이 완성됐다.
② 성삼문 등이 상왕의 복위를 꾀하다가 처형됐다.
③ 육의전을 제외한 시전상인의 금난전권이 폐지됐다.
④ 반정공신의 위훈 삭제를 주장한 조광조가 사사됐다.
⑤ 이조전랑 임명을 둘러싸고 김효원과 심의겸이 대립했다.

기출태그 #조선 성종 #국조오례의 #경국대전 #기본법전 #유교 왕정

해설
조선 성종 때 예악정비 사업의 일환으로 유교 왕정에 필요한 의식들을 길례(吉禮)·가례(嘉禮)·빈례(賓禮)·군례(軍禮)·흉례(凶禮) 등의 오례(五禮)로 나누어 예법과 절차 등을 그림과 함께 기록한 『국조오례의』를 편찬했다(1474).
① 『경국대전』은 세조 때 편찬되기 시작해 성종 때 완성된 조선의 기본법전이다. 국가조직, 재정, 의례, 군사제도 등 통치 전반에 걸친 법령을 담고 있으며, 국가행정과 통치규범을 체계화하고 유교질서를 확립하기 위해 편찬됐다(1485).

06 다음 상황이 나타난 시기에 볼 수 있는 모습으로 적절하지 않은 것은? [1점]

> • 집집마다 인삼을 심어서 돈을 물 쓰듯이 한다고 하는데, 재산을 만드는 방법으로는 이보다 나은 것이 없다고 한다.
> • 어제 울타리 밖의 몇 되지기 밭에 담배를 파종했다.
> • 금년에는 목화가 풍년이 들었는데, 어제는 시장에서 25근에 100전이었다고 한다.
> – 『노상추일기』 –

① 한글소설을 읽어주는 전기수
② 시사를 조직하여 활동하는 역관
③ 주전도감에서 해동통보를 만드는 장인
④ 왕조 교체를 예언한 정감록을 읽는 양반
⑤ 한강을 무대로 상업에 종사하는 경강상인

기출태그 #공인 #대동법 #상품화폐경제 #상품작물 #객주 #사상

해설
조선 후기에는 대동법의 시행으로 국가에서 필요한 물품을 공인이 직접 조달하게 됐다. 공인은 각 지방의 객주와 거래함으로써 상품화폐경제의 발달을 촉진시켰다. 또한 인삼, 담배, 면화 등 상품작물의 재배가 활발해지고, 전국 각지에서 발달한 사상은 풍부한 자본을 바탕으로 상권을 장악했다.
③ 고려시대에 상업활동이 활발해지면서 국가재정 관리의 효율성을 위해 화폐발행의 필요성이 대두됐다. 이에 따라 숙종 때 화폐주조를 전담하는 관서인 주전도감을 설치하고 삼한통보, 해동통보, 해동중보 등의 동전과 활구(은병)를 제작했다.

03 ⑤ 04 ③ 05 ① 06 ③

07 (가) 시기에 있었던 사실로 옳은 것은? [3점]

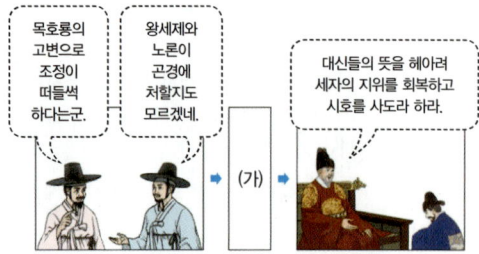

① 이괄이 반란을 일으켜 도성을 장악했다.
② 자의대비의 복상 문제로 예송이 전개됐다.
③ 왕위계승을 둘러싸고 왕자의 난이 발생했다.
④ 이인좌를 중심으로 소론세력 등이 난을 일으켰다.
⑤ 희빈 장씨 소생의 원자책봉 문제로 환국이 발생했다.

08 다음 사건이 일어난 이후의 사실로 옳은 것은? [2점]

> 우정국 총판 홍영식이 우정국의 개국 축하연을 열면서 각국의 공사도 초청했다. …… 8시를 알리는 종이 울리자 담장 밖에서 불길이 치솟았다. …… 우영사 민영익이 불을 끄려고 먼저 일어나서 문밖으로 나왔는데, 자객 다섯 명이 잠복하고 있다가 칼을 휘두르며 습격했다. 민영익이 중상을 입고 되돌아와서 대청 위에 쓰러졌다.
> ─ 『대한계년사』 ─

① 김기수가 일본에 수신사로 파견됐다.
② 평양 관민이 제너럴셔먼호를 불태웠다.
③ 일본군함 운요호가 영종도를 공격했다.
④ 박규수가 삼정이정청의 설치를 건의했다.
⑤ 청과 일본 사이에 톈진조약이 체결됐다.

기출 태그 #이인좌의 난 #소론 #남인 #조선 경종
#조선 영조 #정희량 #신임사화 #임오화변

해설
- 신임사화(1721~1722) : 조선 경종 때 노론과 소론이 갈등하는 과정에서 김일경의 상소와 목호룡의 고변으로 노론이 축출된 사건이다. 신축년과 임인년 사이에 일어나 신임사화라 부른다.
- 사도세자 사건(1762) : 조선 영조가 아들인 사도세자를 뒤주에 가두어 죽게 한 사건으로 임오년에 일어나 임오화변이라고도 부른다.
④ 조선 영조 때 이인좌, 정희량 등 정권에서 소외된 소론 세력이 남인 일부와 연합해 경종의 죽음과 영조의 정통성에 대해 의문을 제기하면서 반란을 일으켰으나 진압됐다(1728).

기출 태그 #톈진조약 #갑신정변 #14개조 정강
#개화당정부 #삼일천하 #우정총국

해설
임오군란 이후 청의 내정간섭이 심화되자 급진개화파는 근대화 추진과 민씨세력 제거를 위해 일본의 군사적 지원을 받아 우정총국 개국 축하연 자리에서 갑신정변을 일으켰다. 이후 개화당정부를 수립하고 14개조 개혁 정강을 발표한 후 입헌군주제, 청과의 사대관계 폐지, 능력에 따른 인재등용 등의 개혁을 추진했다. 그러나 청군의 개입과 일본의 군사지원이 약속대로 이행되지 않아 3일 만에 실패했다(1884).
⑤ 갑신정변 이후 청과 일본은 톈진조약을 체결해 향후 조선에 군대를 파견할 때 상호 통보하고 한쪽이라도 조선에 군대를 파견하면 다른 쪽도 바로 군대를 파견할 수 있도록 규정했다(1885).

09 (가) 민족운동에 대한 설명으로 옳은 것은? [2점]

① 통감부의 탄압으로 중단됐다.
② 국채보상기성회를 중심으로 전개됐다.
③ 자작회, 토산애용부인회 등이 활동했다.
④ 한성은행, 대한천일은행 등이 설립되는 계기가 됐다.
⑤ 일본, 프랑스 등지의 노동단체로부터 격려전문을 받았다.

기출 태그 #물산장려운동 #자작회 #토산애용부인회 #조만식 #민족자본 육성 #회사령 폐지

해설
1920년대 회사령 폐지 이후 민족기업을 통해 경제자립을 이루고자 조만식이 조직한 평양물산장려회(1920)를 중심으로 '조선 사람 조선 것을' 주장하며 국산품을 장려하는 물산장려운동이 전개됐다. 이는 서울에서 조선물산장려회가 조직되면서 전국적으로 확산됐다(1923).
③ 물산장려운동 당시 민족자본 육성을 통한 경제자립을 위해 자급자족, 국산품애용, 소비절약 등을 내세웠으며 자작회, 토산애용부인회 등의 단체가 활동했다.

10 밑줄 그은 '이 정부' 시기에 있었던 사실로 옳지 않은 것은? [2점]

① 서울올림픽이 개최됐다.
② 야간통행금지가 해제됐다.
③ 박종철 고문치사 사건이 발생했다.
④ 프로야구가 6개 구단으로 출범했다.
⑤ 남북 이산가족 고향 방문이 최초로 이루어졌다.

기출 태그 #전두환정부 #보도지침 #서울 올림픽 #민주화운동 #노태우정부 #북방외교

해설
민주화운동을 진압하고 무력으로 정권을 잡은 전두환정부는 언론을 규제하기 위해 언론통폐합을 단행했고(1980), 각 언론사에 기사보도용 가이드라인인 보도지침을 전달해 언론을 통제했다.
① 노태우정부는 자본주의 국가와 공산주의 국가가 함께 참여한 서울 올림픽대회를 성공적으로 개최했으며(1988), 이를 기점으로 적극적인 북방외교 정책을 추진했다.

이슈&시사상식
답변의 기술

면접에 자주 나오는
인성 관련 주요 질문들!

지난 칼럼에 이어 이번 칼럼에서도 NCS 직업윤리에 나오는 직업인의 '인성' 관련 질문을 살펴보겠습니다. 지난번에 다루지 않은 성실성과 책임의식, 직장예절, 그리고 시민의식에 대한 질문과 답변을 소개하려고 하는데요. 이중 시민의식은 인성 덕목에 포함되지는 않지만 최근 많은 기업에서 ESG 경영의 확대로 인해 지원자들에게 시민의식에 관한 질문을 하는 경우가 점차 늘어나는 추세입니다.

이번 칼럼에서 중점적으로 다룰 네 가지 인성 덕목을 간단히 설명하면 다음과 같습니다.

성실성	단순히 성향이나 성격을 의미하는 것이 아니라 자신이 맡은 직무에 대해 최선의 노력과 정성을 다하는 것으로 실제 업무 자질성과 유사한 개념
책임의식	자신이 맡은 직무를 충실히 이행하고, 그 과정에서 발생할 수 있는 모든 문제와 결과를 책임지려는 마음가짐
직장예절	직무수행능력 향상과 구성원 간 신뢰 구축, 조직의 목표 달성에 기여하는 행동양식
시민의식	민주주의 사회의 시민으로서 갖추어야 할 덕목으로 사회적 책임감, 준법의식, 봉사정신, 공동체 의식으로 구성됨

위의 내용을 기반으로 실제 면접현장에서 나올 수 있는 질문과 답변들을 살펴보겠습니다.

Q. 귀하는 지원직무에 대해 어떤 생각을 갖고 있고, 어떻게 수행할 의지를 가지고 있는지 말씀해 주십시오.

먼저 직업인의 성실성에 관해 묻는 일반적인 질문입니다. 여기서 성실성이란 근면성과 거의 유사한 의미이긴 하지만, '지원직무'를 강조하기 위한 질문이

므로 직업인으로서의 자질 또는 업무와 관련된 지원자의 자질(긍정적인 노력 등)을 묻는 것으로 이해할 수 있습니다.

지원자A

저는 제가 좋아하는 일이라면 언제든 시간 가는 줄 모르고 흠뻑 빠지는 성격입니다. 그래서 제가 좋아하는 일에 몰입을 잘하는 편입니다. 제가 지원하는 ○○업무는 평소에도 제가 하고 싶었던 일입니다. 그래서 만약 제가 합격하게 된다면 누구보다 더 ○○업무를 잘할 자신이 있습니다. 특히 사람을 좋아하고 대화하기를 좋아하는 성격이기 때문에 어떤 사람과도 잘 지낼 자신이 있습니다. 이러한 저의 외향적인 성격은 제가 무슨 일을 맡더라도 잘할 수 있는 자질이라고 확신합니다.

지원자A의 답변은 특별히 어떤 부분이 잘못되었다고 보기는 어렵습니다. 다만 전반적으로 무난한 내용임에도 불구하고 면접위원이 정말 알고자 하는 것들, 즉 업무를 수행하는 직업인으로서의 구체적인 자질을 분명하게 드러내지 못한 점은 아쉽습니다. 단순히 증명되지 않는 일반적인 성향이나 태도를 알고 싶은 것이 아니므로 일을 하는 직업인으로서의 구체적인 자질에 대해 지원자 본인의 특성이 드러나도록 답변하는 것이 좋습니다.

지원자 B

제가 맡은 일을 잘하기 위해서는 여러 가지 선행조건이 필요합니다. 첫 번째는 내적인 마음입니다. 그 일을 잘하기 위한 마음의 준비와 자긍심이 필요하다고 생각합니다. 다음은 행동적인 면에서 업무에 필요한 지식이나 기술을 습득할 수 있도록 많은 노력을 해야 합니다. 특히 저는 늘 담당자로서 시간관리의 중요성을 염두에 두고 있습니다. 또한 회사에서는 모든 업무가 혼자만의 일을 하는 것이 아니기 때문에 주위 팀원과의 협업을 중요하게 생각해야 합니다. 이러한 마인드를 바탕으로 업무자질이 뛰어난 구성원이 되도록 노력하겠습니다.

반면 지원자B는 업무자질성을 지원자A보다 구체적으로 잘 드러내고 있습니다. 직장이라는 사회에서는 친목도모나 인간관계보다 목표와 성과를 최우선으로 삼아야 합니다. 그리고 그러한 목표나 성과는 혼자서 이루는 것이 아니기에 주변사람과의 '협업'을 중시해야 합니다. 이런 관점에서 본다면 시간관리나 협업을 강조한 것은 조직을 구성하는 한 사람의 직업인으로서 지원자의 업무자질성과 장점을 구체적으로 드러낸 바람직한 답변이라 할 수 있습니다.

> Q. 귀하는 이전에 속했던 조직이나 팀에서 맡은 일을 수행할 때 어떤 마음으로 했고, 이에 대한 주위의 평판은 어떠했습니까?

두 번째는 직업인의 책임의식에 관한 질문입니다. 책임의식에 대한 지원자의 가치관이나 성향을 묻고 있지만 질문의 마지막에 '주위의 평판'을 단서조항으로 포함시켰습니다. 책임의식은 작게는 회사 내에서 자신이 맡은 업무에 대한 책임감을 뜻하고, 이를 확장한다면 사회적 책임이나 사회적 봉사, 천직의식, 소명의식 등도 포함될 수 있습니다. 면접위원은 이 질문을 통해 지원자가 단순히 개념을 알고 있는지 알기 위함이 아니라 주위 사람들에게 인정받을 만한 책임의식이 있는지를 알고 싶어 한다는 것을 인식하고, 이를 행동적인 측면에서 드러낼 수 있도록 표현하는 것이 중요합니다.

지원자 C

지금까지 저는 제가 맡은 일을 다른 사람에게 미루거나 도움을 요청한 적이 없습니다. 직장인으로서 가장 기본적인 책무 중 하나는 맡은 일에 대한 책임감이라 생각합니다. 저는 어떤 일을 맡더라도 성실하게 잘 해낼 수 있습니다. 이러한 제 모습을 자주 보았던 친구들은 저를 책임의식이 아주 강한 사람이라고 평가해 주었습니다. 그러한 측면에서 저는 스스로에 대한 자신과 믿음이 있습니다.

앞서 언급한 내용들을 고려했을 때 지원자C의 답변은 주위 평판을 언급하는 부분에서 조금 아쉬운 측면이 있습니다. 사실 책임의식을 가장 잘 드러낼 수 있는 것은 일과 관련된 구체적인 경험입니다. 또 이를 가장 객관화하거나 증명할 수 있는 사람은 가족이나 친구와 같은 지인이 아닌 직장상사나 선생님, 선배 등과 같은 제3자일 것입니다.

지원자 D

무엇보다 주어진 일에 성실하게 임하고, 성과를 창출하는 것은 업무의 기본이라 생각합니다. 어떤 일이든 혼자서만 잘할 수 있는 것은 없습니다. 직무를 잘하기 위해서는 자신이 맡은 일이 팀이나 소속 선세에서 어떻게 조화를 이루어야 하는지 늘 관심을 가지고 신경써야 한다고 생각합니다. 그래서 일할 때는 항상 '주위 사람들과 화합하고, 협업하며 조화를 이루는 것'을 염두에 두었습니다. 그 덕분에 학창시절 아르바이트를 할 당시 저를 이끌어 주셨던 매니저님께서 제게 책임감과 협업 마인드가 좋다는 평가를 해 주시면서 모범직원으로도 추천해 주셨습니다. 이러한 마음을 바탕으로 좋은 직원이 될 수 있도록 노력하겠습니다.

앞서 지원자C의 답변에서는 책임의식에 대한 평판의 주체가 친구일 뿐만 아니라 그에 대한 구체적인 논거가 확실하지 않은 반면, 지원자D는 평판의 주체가 매니저(관리자)라는 점에서 객관적인 판단이 가능한 주체임을 알 수 있습니다. 따라서 단순히 스스로의 생각이나 판단이 아니라 제3자가 인정할 만한 객관적인 평판이라는 것을 자연스럽게 드러낸 답변이라 할 수 있습니다.

> Q. 귀하는 원활한 직장생활을 위해 상사나 동료들에게 어떤 마음을 가지고 있습니까? 예를 들어 올바른 사내생활을 위해 지켜야 할 말씨나 태도는 무엇이라 생각합니까?

세 번째는 직업인의 직장예절에 대한 질문입니다. 표면적으로 의도가 명확하게 드러나지는 않았지만 직장예절에 대한 마인드가 어떤지를 묻기 위한 것입니다. 이때 단순히 개인의 올바른 행동특성만이 아니라 주위 사람들과 얼마나 잘 지낼 수 있는지와 같은 대인관계적 측면을 드러내는 것이 중요합니다.

> **지원자E**
> 저는 긍정적인 태도를 가지고 겸손한 마음으로 상사와 동료들과 소통하도록 하겠습니다. 특히 일을 할 때 상사의 지시에 잘 따르면서 긍정적으로 평가할 수 있는 사람이 되도록 최선을 다하겠습니다. 사회생활에서 가장 중요한 것은 다른 사람의 지시를 잘 따르는 것이라 생각합니다. 이러한 관점에서 저는 성격이 튀지 않는 편이라 그 누구와도 분란을 일으키지 않습니다. 그리고 직장생활을 하면서 제 생각을 드러내기보다는 언제나 상대방을 이해하는 이심전심(以心傳心)의 마음으로 상사의 지시를 잘 수긍하겠습니다.

지원자E의 답변은 전반적으로 무난한 내용이지만 면접위원의 관점에서 조금 아쉬운 부분이 있습니다. 예를 들어 '그 누구와도 분란을 일으키지 않는다'의 경우 현실적으로 모든 상황에서 그럴 수는 없습니다. 이런 단정적인 표현보다는 사소한 갈등이 있다고 하더라도 갈등을 해결하거나 잘 극복할 수 있는 특성을 드러내는 것이 더 자연스럽습니다. 또 '언제나 상대방을 이해하는 이심전심의 마음'이라는 대목 역시 다소 추상적인 표현으로 느껴집니다. 직장생활에서는 끊임없이 문제를 해결하고 이견을 조율하는 과정이 발생합니다. 따라서 이러한 답변은 너무 이상적이거나 형식적으로 받아들여질 수 있고, 지원자만의 특성이 잘 드러나지 않아 아쉽습니다.

> **지원자F**
> 직장 내에서 가장 중요한 태도 중 하나는 직장예절이라 생각합니다. 이제 막 사회생활을 시작하는 상황에서는 상사나 동료에게 많은 것을 배우려는 마음가짐이 필요하리라 생각합니다. 하지만 학생 때처럼 배운다는 의미는 아닙니다. 제가 맡은 일을 능동적으로 수행하는 과정에서 늘 최선을 다하는 모습을 통해 주위 분들에게 신뢰를 드릴 수 있도록 노력하겠습니다. 또 다른 사람이 다가오기 전에 제가 먼저 다가가는 솔선수범의 모습으로 생활하겠습니다. 그러한 과정에서 하나하나 성장하는 모습을 보여, 상사와 동료들에게 인정받는 사람이 되도록 하겠습니다.

반면 지원자F의 답변은 지원자E의 답변에서 지적한 '문제 해결자로서의 능동성'을 상대적으로 보완한 답변으로 구성했습니다. 기업에서 직장예절이 필요한 이유는 단순히 성격이 좋거나 겸손한 사람을 뽑으려는 것이 아니라 조직의 안정성을 높이고 성과를 창출하기 위함입니다. 따라서 지원자F의 답변은 면접위원의 관점에서 긍정적으로 평가할 수 있는 답변입니다.

> Q. 귀하는 직장에서 정해진 규칙이나 규범 등을 지키고 따르는 것에 대해 어떻게 생각하십니까? 만약 어떤 규칙이 본인의 관점과 차이가 있다면 어떻게 행동하시겠습니까?

마지막으로 직업인의 시민의식에 관한 질문입니다. 직업인에게 시민의식이 중요한 이유는 직업인으로서의 사회적 책임이 요구되기 때문입니다. 특히 대부분의 공공기관과 공기업 등에서는 이러한 측면을 매우 강조합니다. 시민의식은 어느날 갑자기 생기는 것이 아니라 개인의 성장과정에서 형성된 행동특성입니다. 따라서 만약 면접에서 시민의식에 대한 질문이 나온다면 지원하는 기관이나 회사의 기업비전을 미리 살펴보고, 이와 관련한 내용과 자신의 시민의식이 잘 드러날 수 있는 방향으로 답변을 구성하는 것이 좋습니다.

지원자G

시민의식은 사회적 다양성을 인정하는 것에서부터 시작된다고 생각합니다. 특히 공공기관인 우리 조직은 이러한 관점이 더욱 필요하다고 생각합니다. 제가 생각하는 시민의식이란 기업과 사회가 상생하며, 나눔을 실천할 수 있는 가치관입니다. 우리 기관을 구성하는 한 명으로서 사회에 기여할 수 있는 인재가 되도록 늘 노력하겠습니다.

지원자H

저는 우리 기관에 자긍심을 가지고 있습니다. 그 이유는 시민과 사회에 기여할 수 있는 비전을 가지고 있기 때문입니다. 단순히 기업철학이 아니라 ○○활동, ○○프로그램을 지역사회와 연계하여 꾸준히 시행하고, 직원들이 자율적으로 모임을 구성해 다양한 나눔의 봉사활동을 하는 것으로 알고 있습니다. 이는 외부에 보이기 위한 가시적인 모습이 아니라 진정성을 보여주는 활동을 하고 있다는 것이며, 이러한 기관의 비전과 가치는 제가 이 회사에 지원한 이유이기도 합니다. 앞으로 조직의 구성원으로서 이러한 시민의식을 발현하는 인재가 되겠습니다.

지원자G의 답변은 시민의식에 대한 일반적인 의미를 잘 표현했지만 시민의식에 대한 내용만 언급할 뿐 지원자 본인의 구체적인 경험이나 생각을 드러내지 못한 점이 아쉽습니다. 반면 지원자H는 지원자G와 전체적인 맥락은 유사하지만 본인의 경험이나 생각 등을 간결하게 잘 표현했습니다. 즉, 행동적인 측면이 더 강조된 답변이라 할 수 있습니다. 또 자신의 경험이나 생각(가치관)을 기관의 비전과 연결하여 답변했습니다. 이러한 점에서 면접위원들은 지원자H가 더 준비된 인재라는 인상을 받을 수 있습니다. 작은 차이라고 생각할 수 있지만 이러한 작은 차이가 면접위원에게는 지원자를 변별할 수 있는 두드러진 특성으로 인식될 수 있습니다.

이번 칼럼에서는 지난 칼럼에 이어 직업인의 인성과 관련하여 자주 나오는 키워드를 중심으로 살펴보았습니다. 최근 많은 기업에서 지원자의 인성 측면을 중요하게 여기고 있습니다. 인성은 단순히 한 개인의 성격이나 성향만을 의미하는 것이 아니라 회사에 대한 충성도, 근속기간, 갈등해결능력 등 많은 부분과 연결되어 있습니다. 따라서 이러한 덕목에 대해 미리 고민하고 자신만의 답변을 준비한다면 실전에서 큰 도움이 될 것입니다.

필자 소개
안성수, 경영학 박사(Ph.D.)
리더십/인사컨설팅 및 채용 관련 콘텐츠 개발
NCS 채용컨설팅/NCS 퍼실리테이터/전문평가위원
공무원/공공기관 외부면접위원
인사/채용 관련 자유기고가
저서 〈NCS와 창의적 사고기법〉, 〈NCS직무가이드〉 外

이슈&시사상식
직무분석

상품의 흐름을 설계하는 전략가
MD

MD 직군 소개

MD란?

MD는 머천다이저(Merchandiser)를 의미하며, 상품의 기획부터 발굴, 업체 선정, 계약, 제품의 입점, 매출실적 및 재고관리 등 다양한 업무를 진행하는 멀티플레이어라고 할 수 있다.

업종별 MD의 주요 업무

부서	주요 업무
리테일 (유통업)	• E커머스, 홈쇼핑, 편의점, 마트, 백화점 • BM(Brand Manager) 또는 CM (Category Manager) • 잘 팔릴 것이라 예상되는 상품을 선정해 구매가격 결정 및 판촉전략 수립 – 정보분석 : 효율적인 매입결정을 위해 소비자 파악 및 시장 트렌드 분석 – 상품기획 : 어떤 상품을 기획할지 설정, 제품구색·가격·마진율 등 결정 – 생산 : 원활한 유통을 위해 품질과 이미지 등을 고려한 공급업체 선정 – 판매촉진 계획 : 소비자 확보 및 유지를 위한 방법 고안
메이커 (제조업)	• 생활용품, 식품, 화장품, 패션·의류 • PM(Product Manager) • 기획부터 생산, 판매, 광고 등 모든 영역에서 책임을 지고 수행 – 제품의 선정 : 필요한 상품의 적절한 가격·품질 등을 예측해 사입 – 광고 및 판촉 : 소비자가 구매의욕을 가지도록 적절한 판촉전략을 제시 – 판매 : 판매를 위한 직원교육, 시간대별로 판매 점검 – 재고 관리 및 처리 : 악성재고 처리, 필요상품 재고 유지 – 시장조사 : 소비자 구매패턴 분석, 시장 및 경쟁업계 동향 파악

1. MD 직무에 어울리는 사람은?

MD는 크게 유통업의 MD와 제조업의 MD로 나뉘고, 유통업의 MD는 E커머스(E-Commerce)나 T커머스(T-Commerce) 등 온라인 리테일의 MD와 백화점, 대형마트, 편의점 등 오프라인 리테일의 MD로 나눌 수 있다.

유통업과 제조업 MD 모두가 갖춰야 할 가장 중요한 역량과 자질을 하나 꼽자면 바로 '덕후' 기질이라고 할 수 있다. MD 직무를 지원하는 이라면 스스로 자기소개서나 면접에서 어떤 하나의 품목에 대해 마니아로서의 모습을 어필해야 한다.

예를 들어 특정 품목과 관련해 상품기획 아이디어 공모전 또는 광고홍보 공모전 등에 적극적으로 참여했거나, 개인 블로그, 인스타그램 등 여러 SNS 플랫폼과 유튜브, 틱톡 등을 활용해 '내돈내산' 활동을 주기적으로 진행한 지원자라면 인사담당자나 면접위원의 입장에서는 눈여겨볼 수밖에 없다. 따라서 평상시에도 길을 돌아다닐 때 관심 품목에 대해 자연스럽게 눈이 돌아갈 정도로 꾸준히 관심을 갖고 있어야 한다.

2. MD가 되기 위해 필요한 자격증은?

결론부터 말하자면 MD가 되고자 하는 이에게 특별한 자격증이 필요한 것은 아니다. 의류업처럼 의류 관련 전문지식이 필요한 특정 상품군 MD에 지원할 때 전공이 의류나 패션 관련이 아닐 경우 패션 MD

와 관련된 자격증을 취득하면 유리할 수는 있겠지만, 일반적인 MD 직무에서는 특정 자격증을 요구하지 않는다.

물론 여기서도 컴퓨터활용능력 자격증은 필수다. MD 직무는 수많은 숫자들을 데이터화해서 트렌드를 읽는 능력이 필요하기 때문이다. 이 외에도 통계분석 관련 자격증이 있으면 시장조사와 수요예측을 위한 매출 트렌드 분석에서 남들보다 유리할 수 있으니 참고하도록 하자.

소비자의 구매욕구를 누구보다 먼저 읽고 시장을 리딩하는 멀티플레이어 MD가 되기 위해서는 어떤 역량과 자질이 필요한지, 이를 자기소개서나 면접에서 어떤 키워드로 어필하는 것이 좋은지 알아보자.

필요 역량과 자질
- 트렌드를 정확히 읽어낼 수 있는 분석력
- 담당 품목에 대한 관심과 이해력
- 협상 및 설득력
- 어학 능력(국내 MD라 하더라도 회사 입장에서는 다각적 활용 가능성을 고려)

MD 직무 지원자 핵심 키워드
- 큐레이션
- 트렌드 리더(Leader)
- 전천후 멀티플레이어
- 손익계산
- 협상력·설득력
- 시장을 리딩(Reading)하고 리딩(Leading)할 수 있는 능력

사전 준비항목
- 담당하고자 하는 제품군에 대한 철저한 이해와 관심
- 개인 블로그 등 SNS를 통해 해당제품 카테고리별 관리 경험
- 다양한 전시회, 박람회, 세미나 적극 참석 및 근거자료(사진, 동영상) 준비
- 기업체·기관 등 MD 교육과정 수료 시 유리

3. E커머스 MD에 대한 이해

오프라인 매장이 따로 없는 E커머스는 쿠팡과 같은 소셜커머스와 이베이나 11번가와 같은 오픈마켓 등이 대표적이다. 최근에는 O4O(Online for Offline, 오프라인을 위한 온라인)처럼 '기업이 온라인을 통해 축적한 기술이나 데이터, 서비스를 상품 조달, 큐레이션 등에 적용해 오프라인으로 사업을 확대하는' 방식의 차세대 비즈니스 모델이 대형 유통기업에서 활발히 성장하고 있다.

E커머스는 시장조사를 통해 트렌드와 고객의 니즈에 부합하는 상품 및 서비스를 개발하고, 담당 상품군·카테고리의 판매계획 및 운영전략을 수립하며, 필요에 따라 오프라인 전시매장 운영 등을 통해 해당 카테고리에서 지속적 수익을 창출하고 성장을 도모한다. 따라서 MD의 주요 업무는 영업전략 수립과 셀러 입점관리, 판촉활동이라고 할 수 있다.

주요 업무
- 카테고리 영업전략 수립
  - 담당 카테고리 월별 운영전략 수립
  - 셀러별 목표 설정
- 카테고리 내 상품구색 확대
  - 시장 트렌드에 적합하면서 고객들의 니즈를 충족시킬 수 있는 브랜드 또는 상품 선정
  - 단독상품 기획
  - 카테고리 활성화를 위한 다양한 셀러 영입
- 행사 기획 및 판촉
  - 주차별·월별 시즌에 맞는 행사 기획
  - 셀러별 주력상품 선정
  - 행사별 셀러와 협의를 통한 판촉계획 수립
- 매출관리
  - 일별·월별 매출실적 모니터링을 통한 목표달성률 점검
  - 행사별 실적관리 등

> **하루 일과 예시**
> - 출근 후 전일 실적 및 신규 등록상품 확인
> - 소비자 리뷰 확인 및 필요시 관련 부서 피드백·협업
> - 주력상품에 대한 온라인상 가격 비교 진행 및 추가 협의
> - 셀러 미팅
> - 행사 진행 시 온라인상 세팅 확인 및 주차별 행사계획 수립
> - 경쟁 온라인사이트 주력상품 및 동종상품 가격 조사
> - 주요 키워드 및 데이터 분석

4. 대형마트 MD에 대한 이해

오프라인 유통업 중 대형마트의 MD 직무를 조금 더 이해하기 쉽도록 한 가지 예시를 들어 설명해보겠다. 지금 여러분의 눈앞에 아래의 3명이 있다고 가정하자.

① 영업 담당인 C는 가장 먼저 마트 MD인 A를 만나 신제품 입점과 관련하여 수량과 시기 등을 논의한다.
② 이후 C는 마트 영업관리인 B와 함께 매장 내 제품진열 위치와 기존 제품 재고수량 처리에 대해 논의한다.
③ 또한 C와 B는 수시로 매출 확대를 위해서 프로모션 등에 대해 협의하고 실행한다.
④ A는 C와 함께 기존 제품의 재고수량에 대한 처리를 위한 가격 조정을 실시한다.
⑤ A는 수시로 여러 지역의 마트를 돌아다니며 매장 내 여러 협력사들의 라면상품에 대한 소비자 반응 및 진열상태를 확인한다.
⑥ 또한 A와 B는 해당 라면 코너의 여러 협력사 제품들의 전체적인 매출 확대를 위해 자체 프로모션을 기획하고 C 외에 다른 경쟁기업들과 매출 및 재고관리에 대해 협의한다.

이처럼 대형마트의 MD는 담당 품목의 2D2P (Distribution, Display, Price, Promotion)를 사내 영업관리 담당자, 그리고 협력사 영업 담당자와 협의해 매출과 수익을 확대시키는 일을 하게 된다.

대형마트 MD의 경우 바이어와 AS 바이어로 구분할 수 있다. 바이어는 상품 바잉(Buying) 및 매출, 이익률 목표달성을 위한 관리업무를 담당한다. 입점하는 모든 상품과 가격을 결정하고 신문광고, 행사상품 등 주요 행사에 대해 기획한다. 또한 매장 내 판매방법에 대한 지침과 관련해 유관부서와의 협업을 진행하기도 한다.

AS 바이어는 바이어가 매입에 집중할 수 있도록 지원하는 업무를 담당한다. 발주 및 재고, 전국 매장의 상품 요청사항을 관리한다. 또 신규 오픈매장이나 리뉴얼 매장의 레이아웃 및 진열작업을 지원하기도 한다.

> **필요 역량과 자질**
> - 데이터 분석력
> - 창의력
> - 협력사 관리 및 설득 능력
> - 상품에 대한 이해력
> - 멀티플레이어
> - 우수 PB상품 기획 능력

5. 의류업 MD에 대한 이해

의류업체에서의 MD는 기업 내에서도 가장 핵심이 되는 중요한 직무로 의류회사의 꽃이라고 볼 수 있다. 상품기획을 전문적으로 하면서 세부적으로는 '기획 MD', '생산 MD', '영업 MD', '바잉 MD' 등으로 나뉘어 있다.

먼저 의류업체의 전체적인 업무 프로세스를 한눈에 보기 쉽게 정리하자면 아래와 같다. MD는 '제품기획부터 판매 프로세스까지 모든 영역에 직·간접적으로 관여'하며 업무를 수행하게 된다.

주요 업무 및 세부 내용
- 기획 업무(의류기획 MD)
  - 시즌 콘셉트를 설정하고 '언제, 누구에게, 무엇을, 어떻게, 얼마나' 판매할 것인가를 총괄하는 핵심 업무
  - 카테고리·판매월·아이템·성별에 적합한 전체 상품구성 기획
- 상품개발 업무
  - 트렌드를 예측하고 이에 적합한 상품을 경쟁사와 차별화된 기능으로 어필할 수 있도록 지속 개발
  - 전략상품·판매상품을 구분해 '무엇을 보여줄 것인가'와 '얼마만큼 판매할 상품인가'를 기획
- 발주 업무
  - 상품을 '얼마만큼 만들어 얼마만큼 팔 것인가' → 정성·정량적 데이터를 기반으로 상품 발주
  - MD의 가장 중요한 능력인 '상품을 구별하는 안목과 트렌드 예측'을 통한 상품 발주
- 생산 업무
  - 원하는 소재를, 필요한 공장에서, 가장 합리적인 가격으로, 안정적으로 생산될 수 있도록 컨트롤
  - 상품을 생산하면서 발생하는 다양한 문제점을 효과적으로 빠르게 처리하는 업무
- 사업계획 : 필요한 비용을 사전 예측하고, 어느 정도의 매출을 만들지 예측하는 업무
- 판매촉진 : 마케터, VMD(Visual Merchandiser)와 협업을 통해 기획 MD가 기획한 상품의 의도가 소비자에게 전달될 수 있도록 커뮤니케이션

의류업 MD는 영업, 개발, 디자인, 생산, 원단업체, 인플루언서 등 많은 부서와 업체, 개인 미팅이 지속적으로 진행된다. 때문에 다양한 유형의 사람들과 원활하게 소통할 수 있고, 변화하는 상황에 유연하게 대처할 줄 아는 역량이 필요하다. 주요 업무 및 필요 역량을 참고하여 나의 강점을 어필한다면 지원하고자 하는 분야에 합격할 수 있을 것이다.

하루 일과 예시
- 출근 후 전일 미결업무 처리
- 신규 입고상품 체크 및 매출현황 파악
- 일·주·월별 업무계획 대비 실적 점검
- 소재업체 미팅 : 신규 소재 상담, 필요 소재 신청, 개발 요청 등
- 유관부서 미팅(디자인, 마케팅, VMD, 영업 MD 등)
- 상품 설명자료 작성
- 발주 업무 등

필요 역량과 자질
- 수많은 유관부서와의 협업 능력
- 상황대처 능력
- 데이터 분석 및 활용 능력
- 모니터링을 통한 비교분석 능력
- 체력관리

구글도 모르는 직무분석집

취업준비 왕초보부터 오버스펙 광탈자까지! 취업 성공 사례로 알아보는 인문상경계 및 이공계 직무에 대한 모든 것을 총망라했다.

저자 류정석
CDC취업캠퍼스 대표로서 15년간 대기업 인사팀 외 다양한 부서에서 근무한 경험을 바탕으로 직무 중심의 취업 전략을 제공한다.

심층 취업컨설팅 문의 ceo@cdcjob.co.kr

이슈&시사상식
신입사원

좋은 보고서의 조건과
보고서 작성 원칙

회사 업무에 있어서 문서의 중요성은 크다고 할 수 있습니다. 하지만 생각을 꺼내서 글로 표현하고 문서로 정리하는 일은 그리 쉽지 않습니다. 그래서일까요? 리더들을 대상으로 강의를 하면서 알게 된 가장 큰 불만 중에 하나가 직원들의 보고서였습니다. 핵심이 잘 보이게, 정리해서 가져오면 좋겠다고 하소연합니다. 아래와 같이 '4가지가 없는 보고서'는 오래 보고 있기 힘들다며 입을 모아 이야기합니다.

논리성 이슈
- 전체적인 흐름이 연결되어 있지 않음
- 의견이나 주장만 있고, 그에 대한 근거가 없음

간결성 이슈
- 핵심은 없고, 하고 싶은 말이 너무 많음
- 내용이 정리되어 있지 않음

표현력 이슈
- 문장 표현이 모호하고 어려움
- 자신의 생각은 없고, 정보들만 잔뜩 늘어놓음

구체화 이슈
- 구체적인 실행계획이 없음
- 검토 후 결정사항이 뭔지 모르겠음

어쩌면 상사들은 위 이슈들로 점철된 보고서를 보면서 진짜로 이렇게 말하고 싶을지도 모릅니다.

'보고서 진짜 싸가지 없이 썼네.'

그럼 좀 더 예의 바르면서도 설득력 있는 보고서는 어떻게 쓰는 걸까요? 보고서 작성의 대원칙 세 가지를 이야기해보겠습니다.

첫째, 보고서 그 자체로 완결성을 갖춰야 합니다.
▶ 사장지시, 이슈 발생, 문제의식, 트렌드 변화 등 무슨 이유로 보고서를 쓰게 됐는지 보고의 목적을 정확히 기술해야 합니다.
▶ 보고 후에 수요자가 '그래서, 뭘 어떻게 해야 하는 건가?'라는 의문이 생기지 않도록 수요자의 결정사항을 명확히 제시해야 합니다.
▶ 보고서는 실천 가능하고 구체적인 방안을 제시하여 보고서 자체만으로 더 이상 추가보고 없이 의사결정이 가능해야 합니다.

둘째, 보고서는 간결하고 명확해야 합니다.
▶ 보고서에 너무 많은 내용을 담으려는 욕심을 자제하고, 수요자가 알아야 할 핵심내용만 간결하게 작성해야 합니다.

- 작성자의 이해관계 및 선입견을 배제하고 모든 관련 사실을 확인하여 수요자의 정확한 판단에 도움이 되도록 작성해야 합니다.
- 특히 단편적이거나 특정 부서 의견만을 반영하지 않고, 과거사례 및 타 부서 의견 등을 포괄적으로 검토해야 합니다.
- 명료한 어휘를 사용하고, 단어의 지나친 압축으로 본래 뜻이 왜곡되지 않도록 해야 합니다.

셋째, 보고서는 상대방 입장에서 씁니다.

- 보고서는 수요자의 눈높이에 맞춰 작성하며, 전문용어나 어려운 한자, 불필요한 외래어 등의 사용을 지양하고 예시, 사례, 그래프, 그림 등으로 보고서의 가독성을 높여야 합니다.
- 작성자는 작성 내용을 충분히 이해하고 써야 하며, 작성자가 이해하지 못한 내용은 보고를 받는 사람도 이해할 수 없음을 명심해야 합니다.
- 보고 전 수요자의 입장에서 의문사항을 체크하고, 보고서가 이에 대한 답을 제시하고 있는지 점검한 뒤 보고서를 작성해야 합니다.

세상에는 다양한 유형의 보고서가 존재합니다. 회의보고서, 출장보고서, 상황보고서, 현황보고서, 서비스 제안서 등 셀 수도 없을 정도입니다.

수많은 유형의 보고서를 정리하기 위해 기준이 필요했습니다. 그래서 시간 관점에 따라 결과(과거), 현황(현재), 기획(미래) 보고서로 구분해 보았습니다. 비록 모든 조직에 통용되는 분류는 아니겠지만, 어느 정도 보고서 유형을 정리하기에는 충분하다고 생각합니다.

가장 중요한 보고서가 뭘까 생각해 봤습니다. 결론은 '기획보고서'였습니다. 현황을 바탕으로 계획을 수립하고, 결과를 예측하는 종합예술과도 같은 보고서이기 때문입니다. 조직을 운영함에 있어 가장 중요하고 난도가 높은 보고서로 판단됩니다. 상대적인 어려움은 있겠으나, 기획보고서라는 장벽을 넘는 순간 더이상 보고서 작성의 어려움은 사라지고 자신감이 그 자리를 대신할 것이라 믿습니다.

구분	결과보고서	현황보고서	기획보고서
시점	과거	현재	미래
정의	이미 수행한 일에 대한 보고서	현재 수행하고 있는 일에 대한 보고서	향후 수행할 일에 대한 보고서
주요 내용	업무 개요, 주요 성과, 개선사항, 향후 일정 등	실적/이슈, 현황, 시사점, 조치사항 등	배경, 현황, 과제, 일정, 예산, 추진체계, 목표, 기대효과 등
종류	회의결과보고서, 출장보고서, 업무추진결과보고서, 고객만족도 조사 결과보고서 외	시장/매출현황 보고서, 클레임현황보고서, 소비자동향보고서, 경쟁현황보고서 외	사업계획서, 프로젝트보고서, 서비스 제안서, 상품기획서, IT시스템 개발 기획서 외

신입사원 비법서

입사 후 모든 게 낯선 신입사원들을 위해! 첫 직장생활 3년간 활용하면 좋은 내용으로 알차게 구성한 신입사원 기본 입문서

저자 임영균
한국능률협회와 캐논 코리아 등에서 약 15년간 기획 업무를 담당했으며, 현재는 대기업에서 기획서 관련 컨설팅과 강의활동을 하고 있다.

최신 자격 정보

재경 분야 실무 전문가
회계관리 자격제도 소개!

회계관리 자격제도란?
회계, 세무, 원가, 경영관리 등에서 이론과 실무능력을 겸비한 재경 분야 실무 전문가임을 입증하는 대한민국 회계표준 국가공인 자격시험으로 수준에 따라 회계관리 2급, 회계관리 1급, 재경관리사로 구분

- 회계관리 2급 : 회계 입문자에게 필요한 기본적 회계지식과 재무제표의 기본개념을 이해했는지를 평가
- 회계관리 1급 : 재무회계, 세무회계에 관한 지식을 갖추고 기업의 회계실무자 및 중간관리자로서 업무를 수행할 수 있는지를 평가
- 재경관리사 : 재무회계, 세무회계, 원가관리회계 지식과 실무능력을 갖춘 재경전문가로서의 역할을 수행할 수 있는지를 평가

 시험과목과 응시자격은?

회계관리 자격시험은 삼일회계법인이 주관하고 있으며, 응시자격에 제한이 없습니다. 100점 만점 기준 과목별 70점 이상이어야 하고, 합격 시에는 영구자격을 취득할 수 있습니다.

구분	시험시간	시험과목	출제형태
회계관리 2급	11:00 ~ 11:50 (50분, 1과목 시행)	회계원리	객관식 4지선다형 40문항
회계관리 1급	14:00 ~ 15:40 (100분, 2과목 동시 시행)	재무회계, 세무회계	객관식 4지선다형 80문항
재경관리사	14:00 ~ 16:30 (150분, 3과목 동시 시행)	재무회계, 세무회계, 원가관리회계	객관식 4지선다형 120문항

 ## 회계·재경 분야 실무 전문가가 필요한 이유는?

기업을 경영하는 입장에서 회사의 성과평가와 재무상태 파악, 원가관리 등을 담당하는 회계파트 및 납세의무자로서 정확한 세금신고와 납부를 담당하는 세무파트를 전담할 수 있는 전문인력을 필요로 하는 경우는 많지만, 그 공급은 턱없이 부족한 것이 현실입니다. 이러한 시대 요구에 부응하기 위해 삼일회계법인에서는 국가공인 회계관리 자격제도를 도입해 회계와 세무 전문가를 양성하고 준비된 재원들이 취업할 수 있도록 일조하고 있으며, 이러한 회계관리 자격은 회계·세무 분야의 필수 자격으로 자리잡고 있습니다.

 ## 회계관리 자격 우대사항은?

회계관리 자격을 취득하면 대학교에서는 졸업시험 면제 및 관련 수업 학점이 인정되기도 하며, 채용 및 승진 평가 시에 가산점을 얻을 수도 있습니다. 또 시험 합격자를 대상으로 삼일회계법인 고객회사와 전문 취업사이트인 노동부 워크넷, 어카운팅피플 등을 통한 지원(구인) 기회가 제공되며, 기업에서 회계, 세무, 경리, 원가, 경영관리 등 재경 분야 인력이 필요할 경우 이들 채용업체에 구인의뢰 신청을 하면 자격시험을 통해 선발된 우수 재경인력을 추천해주기도 합니다.

2025년 하반기 회계관리 1·2급, 재경관리사 시험일정

회차	원서접수기간	시험일자	합격자발표
5회	07.01.(화) ~ 07.08.(화)	07.26.(토)	08.01.(금)
6회	08.28.(목) ~ 09.04.(목)	09.27.(토)	10.02.(목)
7회	10.23.(목) ~ 10.30.(목)	11.22.(토)	11.28.(금)
8회	12.02.(화) ~ 12.09.(화)	12.20.(토)	12.26.(금)

회계관리 자격 시리즈
최신 출제기준 및 최근 개정세법을 반영한 도서입니다. 엄선한 핵심이론을 표와 수식을 통해 한눈에 파악할 수 있도록 구성했습니다. 또한 빈출유형만 골라 담은 과목별·단원별 적중문제와 기출문제를 풀어보며 실전감각을 키울 수 있습니다.

상식 더하기 +

생활정보 톡톡!	**154**
초보자를 위한 말랑한 경제	**156**
유쾌한 세계사 상식	**158**
세상을 바꾼 세기의 발명	**160**
지금, 바로 이 기술	**162**
잊혀진 영웅들	**164**
발칙한 상상, 재밌는 상식	**166**
일상을 바꾸는 홈 스타일링	**168**
문화가 산책	**170**
3분 고전	**172**
독자참여마당	**174**

충격사건 경험한 아이들
트라우마 조심해요

잇따르는 교육현장의 사건사고, 트라우마 우려돼

지난 2월 10일 대전의 한 초등학교에서 40대 교사가 초등생을 살해하는 끔찍한 사건이 있었습니다. 그런가 하면 4월 28일에는 청주의 한 고등학교에서 특수교육 대상 학생이 교직원을 상대로 흉기난동을 벌이는 위험천만한 일이 있었죠. 이러한 강력사건뿐 아니라 어린이가 어린이보호구역에서 교통사고로 숨지는 스쿨존 사고도 매년 끊이지 않고 있습니다.

안타까운 사건·사고가 교육현장에서 잇달아 벌어지면서 어디보다 안전해야 할 학교가 위협받고 있습니다. 또한 한순간에 소중한 가족과 친구를 잃거나 상처를 입은 이들의 정신적인 충격과 후유증을 우려하는 목소리도 커지고 있습니다. 의료계는 이러한 트라우마가 사건 직후뿐만 아니라 장기적으로 악영향을 줄 수 있다며 주의를 당부합니다.

아이들의 트라우마, 눈치채기 어려워

아이들은 화면, 소리 등 외부자극으로부터 자신을 보호하기 어렵기 때문에 트라우마에도 취약한데요. 배승민 가천대 길병원 정신건강의학과 교수는 "피해자와 같은 학교나 같은 지역에 있다든가 개인적인 연결고리에 있는 아이들은 심리적인 취약성이 더 높다고 볼 수 있을 것 같다. 또 기질적으로도 불안정성이 높았던 아이들의 경우에는 위험성이 훨씬 더 높아서 부모와 교사의 관심과 배려가 필요할 수 있다"고 설명했습니다.

트라우마는 일반적으로 긴장·불안을 높여 수면이나 식사 패턴을 변화시키고 집중력을 떨어뜨리는 등 일상생활에 어려움을 겪는 증상을 일으킵니다. 하지만 아이들의 경우 트라우마 반응을 제대로 표출하기 어려워 겉으로 보기엔 평소와 별로 차이가 없는 것처럼 느껴질 수 있다고 하죠.

부모와 교사가 아이들을 세심히 관찰해야

트라우마로부터 아이들을 지키기 위해서 어떤 조치가 필요할까요? 미취학 아동의 경우 화면·소리 등 환경에 쉽게 영향을 받을 수 있어 주변 사람들의 세심한 관찰이 필요합니다. 반면 스마트폰 등을 통해 자극에 노출되기 쉬운 연령대의 경우에는 이를 선별해 받아들이는 연습이 필요하죠. 이때 부모의 역할이 중요한데요. 배 교수는 "스트레스가 지나치게 누적되기 전에 아이가 스트레스를 제일 잘 회복하는 방법으로 개입해서 도와줄 수 있는 존재는 바로 부모"라고 말했습니다. 학교 내에서 교사의 세심한 관찰도 중요하죠. 아울러 트라우마는 사건 직후는 물론 시간이 지나면서 나타날 수도 있기 때문에 지속적인 관찰이 필요하다고 합니다.

갑자기 숨 가쁘고 두근두근 ··· 공황장애 의심해봐야

최근 '재난 트라우마'와 함께 '공황장애'에 대한 관심과 우려도 높아지고 있습니다. 일상생활 중 갑자기 숨이 가빠지고 두근거리며, 마치 죽을 것 같은 두려움이 느껴진다면 공황장애를 의심해볼 필요가 있습니다.

공황장애는 생각보다 흔하게 발생하며, 전체인구의 23%가 겪을 수 있는 질환이라고 합니다. 20~30대의 젊은 층에게 발병하는 경우가 많지만, 노년층과 청소년에서도 발생하고 있는데요. 극심한 경쟁사회와 잦은 대형 사건사고 등 개인적 긴장감을 초래하는 외부요인의 영향이 크다고 합니다. 다시 말해 누구나 겪을 수 있는 질환이라는 의미죠.

공황장애는 언제 찾아올지 모르는 불안감 때문에 환자를 더욱 힘들게 합니다. 공황장애의 대표적 증상은 '공황발작'인데 갑작스럽게 심장박동수가 늘어나고 식은땀과 현기증, 극한의 두려움을 느끼게 하죠. 이런 증상들이 예고 없이 찾아오다 보니 환자는 늘 '예기불안'을 느끼게 되고 일상생활에 지장이 생깁니다. 공황장애의 증상이 심근경색이나 여타 호흡기질환과 유사한 측면이 있어 오진이나 치료지연이 발생하는 경우도 있는데요. 전문가들은 공황장애가 충분히 치료 가능한 질환이니 증상이 의심된다면 내과 등 일반진료과뿐 아니라 정신의학과 등을 찾아 다각도로 질환을 관찰해볼 것을 권합니다.

전 세계가 주목하는 무역전쟁
관세가 뭐길래?

2기 트럼프행정부 출범 이후 전 세계의 이목이 가장 쏠린 이슈 중 하나가 바로 '관세 인상'인데요. 4월 2일(현지시간) 도널드 트럼프 대통령이 미국으로 수입되는 모든 제품에 기본관세 이상의 상호관세를 적용하겠다고 전격 발표하면서 각국의 정부와 산업계에 비상이 걸렸습니다. 특히 중국에는 145%의 관세가 적용돼 트럼프 1기 때에 이어 미중 간 무역전쟁이 또다시 격화하는 것이 아니냐는 우려가 커졌습니다. 대체 관세가 뭐길래 이렇게 연일 화제가 되는 걸까요?

기본적으로 관세는 다른 나라로부터 물건을 사 오거나 다른 나라에 물건을 팔 때 부과하는 세금을 말합니다. 관세는 크게 외국의 물건을 국내로 들여올 때 부과하는 수입관세와 자국의 중요한 자원을 보호하기 위해 부과하는 수출관세, 다른 나라를 거쳐 가는 물건에 부과하는 통과관세로 나눌 수 있는데요. 대부분의 경우 수입관세를 부과하고, 수출관세와 통과관세는 특수한 경우에만 부과하고 있습니다.

대다수의 국가가 관세를 필수적으로 부과하고 있는데요. 수입품에 관세를 부과함으로써 가격이 비싸지면 상대적으로 자국 제품의 가격경쟁력을 높여 국내 산업을 보호하는 효과가 있고, 무역균형을 맞출 수 있을 뿐만 아니라 국가를 운영하는 데 필요한 세금을 걷을 수 있기 때문입니다. 이러한 관세는 단순한 세금을 넘어 국가 경제정책의 중요한 도구로 활용되고 있습니다.

보편관세와 상호관세의 차이는?

최근 경제뉴스에서는 보편관세와 상호관세라는 개념도 자주 등장합니다. 보편관세가 품목의 구분 없이 모든 국가에 같은 세율을 매기는 것이라면 상호관세는 국가 간 관계에 따라 다른 세율이 매겨지는 것이 특징입니다.

구분	보편관세	상호관세
적용대상	모든 국가에 동일 적용	협정국가에 따라 다르게 적용
관세율 결정방식	정부가 일괄 결정	국가 간 협상을 통해 결정
변동가능성	일정기간 고정	협정에 따라 변동 가능
장점	공정한 무역환경 조성, 무역안정성 상승	국가 간 무역 활성화, 경제협력 강화
단점	외교나 산업변화에 따라 빠른 대응 불가	유동성이 높고 정치·경제적 상황에 따라 보복관세로 이어질 수 있음

보편관세는 모든 국가에 일괄적으로 적용되기 때문에 정책이 상대적으로 단순하고 행정부담이 적지만, 그 대상국에 동맹국까지 포함되는 경우에는 반발이 커질 수 있습니다. 반면 상호관세는 협정이 체결된 국가를 대상으로 유연하게 대응할 순 있지만, 정치·경제적 상황에 따라 관세가 계속 오르면 양국 간 무역분쟁으로 번질 가능성이 있습니다.

불확실한 미국의 관세정책이 세계경제에 미치는 영향은?

이처럼 관세가 한 국가의 경제정책 및 산업과 직접적인 연관이 있는 만큼 각국의 정부와 기업에서는 관세 변화에 예의주시하며 발 빠르게 대응하고 있습니다. 트럼프 대통령의 말 한마디가 연일 경제뉴스 1면에 오르는 것도 이러한 이유 때문이죠. 그러나 일관적이지 않은 트럼프행정부의 관세정책으로 인해 기업들은 관세 부담과 공급망 불확실성을 이유로 투자와 고용을 보류하고 있고, 소비자들 역시 물가상승 우려에 지출을 줄여 소비심리가 급격히 위축됐습니다. 이 같은 혼란이 지속될 경우 향후 경제성장에 부정적인 영향을 미칠 가능성이 높습니다. 이 때문에 스태그플레이션을 우려하는 목소리도 커지고 있습니다.

관세(Tariff)란?
모든 수입·수출품에 매겨지는 세금
= 물건이 한 나라의 국경을 통과할 때 내야 하는 세금

스태그플레이션(Stagflation)

❶ 개념
: 경기침체에도 불구하고 물가가 오르는 저성장·고물가 상태

❷ 원인
: 생산비용의 상승, 과도한 통화 공급, 임금-물가 상승의 악순환

❸ 스태그플레이션 우려가 커진 이유
: 트럼프행정부의 관세정책이 경기침체를 부추기면서 물가상승(인플레이션)을 압박하는 요인이 되고 있음

한국경제에 미치는 영향

❶ 원·달러 환율 상승
: 미국의 스태그플레이션 우려가 커지면 달러강세가 지속되면서 환율이 오르고, 한국의 수입물가도 전반적으로 상승할 수 있음

❷ 경기침체
: 2025년 1월 산업활동 동향에 따르면 생산·소비·투자가 모두 감소하는 '트리플 감소' 현상이 나타남
→ 코로나19 시기인 2020년 2월 이후 가장 큰 감소 폭

❸ 기업의 물가 압박 지속
: 원자재 가격 상승, 인건비 증가 등 생산비용이 증가하면서 소비자물가도 함께 상승

이슈&시사상식
세 계 사

깨달음을 전파하다
불교

"과거에 머물지 말고,
미래를 꿈꾸지 말며,
현재 순간에 마음을 집중하라"

- 붓다(Buddha, 부처)

기원전 700년부터 400여 년간 이어진 혼란스러운 인도의 16대국 시대에 카스트제도와 브라만교를 비판하는 종교 지도자들이 등장했다. 마치 중국의 춘추전국시대에 백가쟁명(百家爭鳴) 철학자들이 등장한 것과 비슷하다. 당시 인도에 등장한 여러 종교 중에서도 현재까지 그 명맥이 이어지고 있는 것 중 하나가 바로 불교(Buddhism)다.

깨달음을 전파하는 불교의 등장

불교는 '붓다(Buddha, 부처 : 깨달은 자)'의 가르침을 따르며 수행하는 종교로서 과거 고려의 국교(國敎)이기도 했던 만큼 우리에게도 매우 익숙하다. 불교를 창시한 고타마 싯다르타(B.C. 560~480년경)는 아리아족의 하나인 샤카족이 세운 카필라 왕국의 왕자였는데, '샤캬족의 성인'을 한자로 옮긴 '석가모니(釋迦牟尼)'라고도 불린다.

그는 '욕심과 이기심을 버려야 고통에서 벗어날 수 있고, 사람은 누구나 평등하며, 깨달음을 얻으면 그 누구라도 부처가 될 수 있다'라는 것을 진리로서 널리 퍼뜨렸으며, 신분과 관계없이 제자를 받아들여 특히 크샤트리아, 바이샤, 수드라 계층에게 큰 환영을 받았다. 또한 당시 불교보다 조금 더 이른 시기에 인도에 등장했던 자이나교가 23명의 '지나(Jina, 깨달은 자)'만을 지도자로 인정한 것과 달리 부처는 한 분이 아니라고 했으며, 극도의 고행을 수반하지 않아도 된다는 점도 달랐다. 그럼에도 불구하고 300여 년간 브라만교에 밀리던 불교는 마침내 마우리아 왕조 아소카(B.C. 304~232년) 대왕의 선택을 받으며 국제적 종교로 발돋움하게 됐다.

국제적 종교로 확장된 불교

싯다르타가 살아 있을 때 인도는 16개의 아리아족 나라가 통일전쟁을 벌여서 매우 혼란했는데, 주도권은 동북쪽 벵갈지역의 마가다 왕국이 잡고 있었다. 원래는 코살라 왕국이 더 강했지만, 마가다 왕국의 정복왕 아자타샤트루(아사세) 왕이 등장하면서 상황이 바뀌었다. 그는 뛰어난 전략과 투석기, 쇠몽둥이 등 신무기를 바탕으로 16년간의 전쟁 끝에 코살라 왕국을 정복했다. 하지만 인도 북부의 16대국 시대 종결을 눈앞에 두고 귀족들이 일으킨 반란으로 왕조가 바뀌었다.

마가다 왕국이 무너진 뒤 마우리아 제국이 인도 전역을 거의 통일하게 되는데, 3대 아소카 대왕은 피비린내 나는 정복전쟁 후 새로운 정치철학과 종교관이 필요하다고 여겨 불교를 새로운 국교로 내세웠다. 그는 전국 곳곳에 불교 사찰을 세우고 경전을 체계화하는 것에 만족하지 않고 해외로도 널리 전파했다. 그 결과 동쪽으로는 동남아시아 국가들에 전파되고, 서쪽으로는 그리스까지 승려를 파견하게 됐다. 당시 이집트와 그리스 일대에서 사절단을 맞이하면서 유럽인들에게 인도가 알려졌고, 서구 중심의 세계사에서도 아소카 왕의 비중이 높아지게 됐다.

그러나 이 당시 중국이나 한반도, 일본으로는 불교가 제대로 전파되지 않았다. 티벳고원과 동남아 루트는 지형이 험난했고, 중앙아시아 루트는 이미 여러 나라가 장악하고 있어 인적 교유가 어려웠기 때문으로 분석된다. 이후 마우리아 제국을 이은 쿠샨제국(A.D. 30~375년)의 카니슈카 왕도 불교 포교에 적극적이었다. 그런데 이때는 제국 중심지가 지금의 파키스탄과 아프가니스탄 지역이었다. 중앙아시아 교역 투르를 장악하고 있었다는 의미다. 그 결과 승려가 중국으로 파견됐고, 삼국시대였던 한반도를 거쳐 일본까지 전래됐다.

다만 이 시기에는 불교의 성격이 바뀌면서 개인의 수양을 중시하는 소승불교보다는 인류 모두가 구원받아야 할 존재이며 부처 등 선각자에 대한 숭배가 강화된 '대승불교'가 대세였다. 여기에 처음으로 그리스풍의 간다라 미술양식을 적용한 불상 제작이 시작된 상황에서 우리나라에 전해질 것이다.

알아두면 쓸데 있는 유쾌한 상식사전 -사라진 세계사편-

내가 알고 있는 상식은 과연 진짜일까?
단순한 호기심에서 출발할 수 있는 많은 의문들을
수많은 책과 연구 자료를 바탕으로 파헤친다!

저자 조흥석
아폴로 11호가 달에 도착하던 해에 태어났다.
유쾌한 지식 큐레이터로서
'한국의 빌 브라이슨'이라 불리길 원하고 있다.

이슈&시사상식
세기의 발명

의식을 잃고 삶을 구하다
마취제

> 여호와 하나님이 아담을
> 깊이 잠들게 하시니 잠들매
> 그가 그 갈빗대 하나를 취하고 살로 대신 채우시고
> 여호와 하나님이 아담에게서 취하신
> 그 갈빗대로 여자를 만드시고
> …
> - '창세기' 2장 21~22절

14세 때 에든버러대학에 입학해 의학을 공부하고 29세에 이미 에든버러대학 산부인과 교수가 된 스코틀랜드 출신 제임스 심슨(James Simpson, 1811~1870)의 고민은 항상 성경 구절에서 시작됐다. 갈비뼈 하나를 떼어내는 큰 수술에서 아담이 깊은 잠에 취해 고통을 전혀 느끼지 못했다는 것이 그것이다. 수술이나 시술을 해야 하는 의사로서 환자의 고통은 고통 자체로서도 안쓰러운 일이었지만, 고통으로 인한 환자의 몸부림이 수술이나 시술을 방해하는 큰 요인이었기 때문이다. 물론 이미 아산화질소나 에테르가 마취제로서 실험되고 있었지만 아산화질소는 그 적용시간이 짧다는 점에서, 에테르는 역한 냄새로 구토를 유발한다는 점에서 또 다른 문제를 일으키고 있었다.

이런 그의 고민은 수술용 마취제 개발에 대한 의지로 이어졌고, 그 과정에서 그는 클로로포름(Chloroform)을 선택했다. 하지만 임상시험에 나서는 사람이 없었다. 그러던 어느 날, 그는 자신의 연구실에서 그의 조수이자 친구였던 키스 박사, 던컨 박사와 함께 정신을 잃고 쓰러진 채 발견됐다. 컵에 클로로포름을 붓고 그 증기를 조금씩 흡입한 결과였다. 한참 후 정신을 차린 그들은 클로로포름 증기를 흡입했을 때 유쾌한 기분이 되었고, 수다스러워졌으며, 향긋한 향기를 느꼈다고 회상했다. 그리고 별다른 부작용이 없다는 것도 확인했다.

심슨은 1847년 11월에 클로로포름 액체를 마취제로 사용할 수 있다는 내용의 논문을 발표했다. 그리고 괴사한 팔뼈를 잘라내야 하는 소년에게, 아이를 낳는 산모에게, 충치를 뽑는 사내에게 사용했다. 여덟 번째 아이 출산을 앞둔 빅토리아 여왕에게도 사용해 여왕의 무통순산을 이끌었다. 덕분에 그는 스코틀랜드 출신 의사로서는 처음으로 '경(Sir)'의 칭호도 받았다.

자신에게 마취제를 투여하고 쓰러진 심슨(목판화, 19세기)

그런데 뜻밖의 저항에 부딪혔다. 무통수술이 의사와 환자가 짜고 하는 쇼에 불과하다는 비난이었다. 여기에 '잉태의 고통을 받는 것은 하나님의 섭리인데, 이를 피해가는 것은 하나님의 말씀을 거역하는 것'이라며 종교계도 들고일어났다. 이런 비판에 심슨은 이렇게 답했다.

**마취는 쇼가 아니다.
마취제의 효과를 믿지 못하겠다고
반대하는 사람들은
마취를 하는 대신 통증을 느끼고, 비명을 지르면서
수술 등의 치료를 받으면 될 것 아닌가?**

클로로포름 등장 전 마취제가 아예 없었던 것은 아니다. 중국의 전설적인 의사로 외과학의 창시자로도 꼽히는 화타(145~208)는 마비산이라는 약을 사용해서 수술을 했다고 한다. 마비산을 구성하는 것으로 추정되는 약재는 대마, 만다라화(흰독말풀), 초오, 백지, 천남성 등인데 마취와 환각 작용을 하는 대마를 비롯해 대부분 독성이 있으면서 진균, 진통에도 효과가 있는 것들이다. 화타는 조조의 두통을 고치기 위해 이 마비산을 이용한 뇌수술을 제안했다고 한다. 하지만 조조는 이를 암살의도로 받아들이고 화타를 죽였다고 하는 설도 있다.

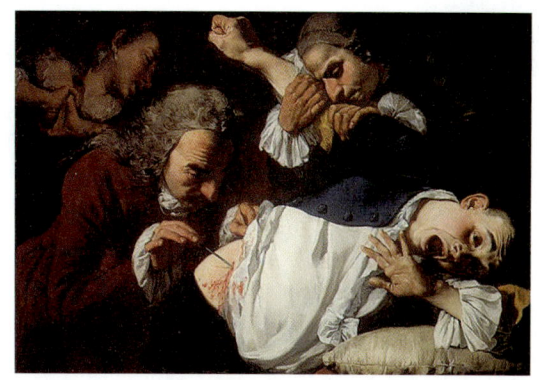
마취 없이 수술하는 상황을 묘사한 삽화(18세기)

대마는 서양에서도 마취제로 사용됐다. 그 외에도 아편이나 상추, 홉, 맨드레이크, 오디 등을 사용했으며, 때로는 알코올 함량이 높은 독한 술도 마취를 위해 사용했다. 로마제국 네로 황제 때 군의관이었던 디오스코리데스는 '약초학의 대가'라는 명성답게 진정효과가 있는 식물들을 이용한 다양한 마취법을 정리해놓기도 했다.

하지만 이런 약초들은 수술이 아닌 시술 정도에는 어느 정도 효과가 있었지만, 절단이나 개복이 필요한 수술에는 무용지물이었다. 그러다 보니 환자는 수술에 따른 고통을 고스란히 견뎌야 했고, 그 과정에서 쇼크로 사망하는 일도 적지 않았다. 이런 시대가 18세기까지 이어졌고, 아산화질소와 에테르 등에 이어 심슨의 클로로포름에 이르러 비로소 죽음의 고통에서 벗어나게 된 것이다.

물론 현재 클로로포름은 마취제로 사용되지 않는다. 심정지, 간 손상 등 치명적 부작용과 위험성이 발견되면서 살충제나 곰팡이 제거제 등 다른 용도로 많이 사용한다. 하지만 클로로포름이 '수술에는 마취제가 필요하다'는 인식을 일반상식으로 만든 동시에 마취학 발전에 중요한 역할을 했다는 점을 부인할 수 없다.

독화살을 맞은 관우를 치료하는 화타('삼국지', 19세기 일본 풍속화)

이슈&시사상식
지금, 이기술

가격이 변하지 않는 코인?
스테이블코인

원화 기반 '스테이블코인'의 국내 제도권 도입을 두고 5월 12일 한국은행(한은)은 스테이블코인의 편입 인가단계에서 금융위원회에 앞서 한은이 먼저 개입할 수 있어야 한다고 주장했다. 스테이블코인이 원화수요를 대체해 통화주권을 침해할 것이라는 우려로 원화 기반의 스테이블코인 도입이 거론되고 있다. 일반 가상화폐가 단순 투기의 수단으로 취급되는 것과 달리 이 스테이블코인은 실생활 속에서 이미 거래에 사용되고 있다고 한다. 스테이블코인은 과연 무엇이고 거래과정에서 위험성은 없는 것일까?

가상화폐의 가치 변동성이 극심하다는 것은 누구나 알고 있는 사실이다. 이 때문에 가상화폐는 으레 투자 또는 투기의 수단으로 활용되며 수많은 투자자들을 울고 웃게 만들고 있다. 그러나 화폐의 제1목적은 어디까지나 가치교환과 거래에 있다. 그런데 가상화폐의 변동성이 워낙 심하다 보니 실제 화폐로서의 역할은 제대로 해내지 못한다는 한계도 존재한다. 그런 의미에서 최근 가상화폐 시장에서는 '스테이블코인(Stablecoin)'이라는 용어가 눈에 띄고 있다.

스테이블코인은 상기한 가상화폐의 변동성을 최소화하는 가상화폐의 일종이다. '안정성'을 뜻하는 스테이블이라는 명칭처럼 명목화폐의 '가치 고정화'를 특징으로 하고 가상화폐의 장점인 '거래 투명성'을 겸비하고 있다. 스테이블코인은 현재 달러와 유로화 등 특정 명목화폐와 동일한 가치를 갖도록 만들어진다. 스테이블코인을 발행하는 측에서는 코인의 가치가 연결된 해당 명목화폐 가치와 1:1 비중을 담보한다고 설명한다. 다만 이 스테이블코인의 안정성이 완전무결하지는 않다. 연결된 명목화폐의 가치가 변하면 스테이블코인의 가치도 그만큼 변하기 때문이다.

2014년 미국 달러와 연결된 가상화폐 '테더(Tether)'가 탄생하면서 각 국가의 통화를 바탕으로 하는 수많은 스테이블코인이 줄을 이어 등장했다. 사실상 스테이블코인은 어느 국가의 통화와도 연결돼 발행될 수 있다. 이는 원화도 마찬가지다.

영역을 넓히고 있는 스테이블코인
스테이블코인에는 크게 세 가지 유형이 있다. 먼저 상술했

듯 달러 등 명목화폐의 가치에 고정돼 발행되는 가장 안정적인 형태의 스테이블코인이 있다. 가령 나의 통장에 100달러가 예치돼 있다면 이와 동일한 가치만큼의 스테이블코인을 발행받을 수 있는 것이다. 아울러 명목화폐뿐 아니라 금이나 은 같은 실물자산과도 연결시킬 수 있다. 이밖에도 다른 가상화폐를 담보로 하는 가상자산 스테이블코인과 자동화된 공급과 수요를 통해 가치를 고정시키는 알고리즘 기반의 스테이블코인도 존재한다.

이제 실생활에서도 이 스테이블코인을 사용하는 사례가 나오고 있다. 가상화폐 결제전용 카드인 '리닷페이(Redot Pay)'를 발급받아 보유 중인 스테이블코인을 리닷페이 계좌로 옮겨 어디서든 자유롭게 현금처럼 사용할 수 있다. 최근에는 국내에 체류 중인 외국인 노동자들이 급여로 원화 대신 스테이블코인을 요구하는 경우도 늘고 있다. 원화로 급여를 받아 해외로 송금하려면 시간과 비용이 드는데, 스테이블코인은 은행 영업시간과 무관하게 언제든 적은 수수료로 보낼 수 있기 때문이다.

스테이블코인 '테더'

실제 스테이블코인 시장도 빠르게 성장 중이다. 관련 업계에 따르면 지난해 2월 1,960만개였던 스테이블코인 지갑 수는 1년 만에 3,000만개로 53% 증가했다. 전 세계 스테이블코인 시가총액도 올해 4월 기준 약 2,380억달러로 전년동월 대비 50.6%나 증가했다. 이런 영향으로 원화를 기반으로 하는 스테이블코인의 제도권 편입도 차차 진행되고 있다. 현재 스테이블코인 법제화를 포함하는 디지털자산기본법 입법이 국회에서 준비 중이다.

스테이블코인의 위험성도 존재해

그러나 스테이블코인이 가진 위험성도 물론 존재한다. 먼저 스테이블코인을 송금할 때 신고를 할 필요가 없어 자금세탁이나 불법송금 등의 문제가 발생할 수 있다. 송금하는 지갑 주소를 잘못 입력하거나 사기를 당했을 때 은행 같은 중개자가 없으니 마땅히 구제를 받을 길도 없다.

특히 현재 스테이블코인의 기축통화 역할을 하고 있는 것은 달러인데, 달러 기반의 스테이블코인 사용이 국내에서 늘어나다 보면 우리 통화인 원화의 수요 감소가 일어날 수 있다. 우리의 통화주권이 위기를 맞을 수 있다는 말이다. 이러한 이유 때문에 원화 가치와 연동된 스테이블코인을 도입해야 한다는 목소리가 나오고, 입법이 준비되고 있는 것이다. 그리고 원화 기반 스테이블코인이 일으킬 충격에 대비해 한국은행이 진입단계에 개입하고 규제하려는 움직임을 보이고 있는 것이다.

이 밖에 또 하나의 위험성은 스테이블코인을 발행하는 측이 스테이블코인과 상응하는 통화 예치금을 가지고 있지 않다면 환전에 문제가 발생할 수 있다는 것이다. 실제로 테더의 경우 예치된 달러보다 더 많은 양의 스테이블코인을 발행하고 있다는 지적이 나온 바 있다. 다만 테더 측에서는 자신들이 이미 미국국채 규모인 1,100억달러를 예치금으로 보유하고 있다고 주장하고 있다.

이슈&시사상식
잊혀진 영웅들

조국을 위해 투사가 되리
유상근 의사

중국 랴오닝성 뤼순시에는 오래된 감옥이 있다. 1902년 러시아가 동북3성에 항의하는 중국인들을 제압하기 위해 만든 '뤼순감옥'이다. 안중근 의사의 순국장소로 더 많이 알려진 곳이다. 현재는 중국정부에서 박물관으로 운영하고 있다. 감옥에 수감됐던 11개국의 항일운동가 약 2만여 명의 참상으로 일제의 만행을 고발하는 역사현장, 그곳에는 뜻을 이루지 못한 채 통한의 세월을 보낸 청년의 이름이 있다. 유상근 의사다.

1932년 4월 27일, 청년은 윤봉길이 훙커우공원 의거에 사용한 것과 같은 수통형 폭탄을 김구에게 받아서 다롄으로 출발했다. 다롄에 도착한 후 현지상황을 파악하고는 동년배 동지 최흥식을 만나 김구의 밀명을 실행하기 위한 논의를 했다. 구체적인 준비를 위해 다롄에 거주하고 있던 이성원·이성발 형제에게도 협조를 구했다.

애초 청년이 김구에게 받은 밀명은 다롄에 파견돼 있던 최흥식과 함께 다롄 현지의 상황에 맞춰 거사를 도모하라는 것이었다. 거사란 일제요인의 처단이었다. 하지만 상하이를 떠나는 그에게 김구는 처단 대상을 구체적으로 밝히지 않았다. 물론 떠나는 청년도, 보내는 김구도 조만간 만주사변 조사를 위해 국제연맹의 릿튼조사단이 다롄에 도착할 때 이들을 영접하기 위해 나서는 일제의 고위요인들 중 한 명이 되리라는 것은 알고 있었다.

청년은 먼저 정보수집을 위해 조사단이 다롄에 도착하기 전 방문지인 하얼빈으로 향했다. 동지들에게조차 '하얼빈에 사는 누이를 만나러 간다'고 말할 정도로 조심하면서. 청년이 하얼빈에 도착하고 이틀 뒤 조사단 일행이 하얼빈에 도착했다. 청년은 경비상황과 일제 고위요인 중에서 누가 마중을 나가고 영접하는지 등을 조사한 후 다롄에서 최종거사를 결행하기로 했다. 거사장소를 하얼빈이 아닌 다롄으로 한 데는 다롄이 일제의 영토나 다름없는 조차지였기 때문이었다. 청년은 다롄에서 거사를 결행하면 일본의 책임 소재와 함께 국제적인 관심을 끌 수 있다고 판단했다.

구체적인 거사 방법과 장소는 두 가지로 압축됐다. 고위요인들이 조사단의 마중을 나올 다롄역에서 폭탄을 던지는 것, 또 하나는 국제연맹 조사단을 방문

김구 선생(앞 가운데)과 찍은 한인애국단 입단 기념사진(뒤 가운데)

하는 장소에서 결행하는 것이 그것이었다. 청년과 동지들은 접근성, 요인들의 고위 정도 등을 파악하기 위해 현지에서 발행되는 각종 신문을 수집해 정보를 확인했다. 그리고 다롄역 도착 일시, 회견장소와 일시 등도 파악했다.

중국 선박편으로 운반돼 인계된 폭탄과 권총은 거사일에 이성원·이성발 형제가 운반하기로 하고, 거사는 청년과 최흥식이 직접 맡기로 했다. 마침내 조사단이 1932년 5월 26일 오후 7시 40분 다롄역에 도착하고 5월 30일 오전 9시경에 다음 조사지로 떠난다는 것과 이들의 영접에 나서는 일제요인들의 정보를 입수했다. 이를 바탕으로 처단대상을 정했다. 관동군사령관이자 군사 참의관으로 만주사변의 정점이었던 혼조 시게루. 결행일시도 정했다. 5월 30일 오전 9시 30분. 그리고 거사를 결행한 다음에는 준비한 권총으로 자결할 것까지 계획했다.

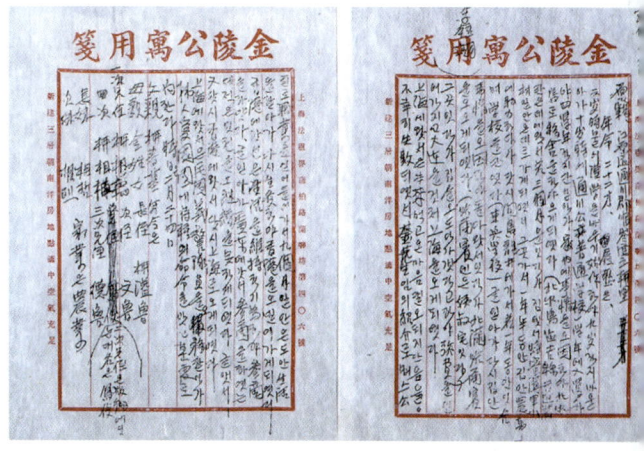

유상근 의사의 한인애국단 입단 자필 이력서
(국가등록문화유산 제773-2호)

이에 김구 선생은 "유상근 등 4명의 의사는 일본 관동군사령관 혼조 시게루 등 중국 동북지역을 침략한 군 수뇌부 등 주요인물을 처단하려 했으며, 결코 국제연맹 조사단을 해하려는 것이 아니었다", "한인애국단의 '폭렬한 행동'은 인류의 진정한 행복을 위한 것이며, 조국의 독립을 쟁취하는 날까지 계속될 것"임을 분명히 강조했다.

유상근 의사
(1911.8.1.~1945.8.14)

그러나 의거를 준비하는 과정에서 김구 선생과 주고받은 전보가 빌미가 돼 밀정과 일제 군경에게 꼬리를 밟혔다. 결국 조사단이 다롄에 도착하기 이틀 전인 24일 최흥식을 시작으로 차례로 체포되고 말았다. 일제는 이들이 한인애국단 소속으로 국제연맹 조사단 일행을 폭사시키려 했으며, 이를 사전에 포착해 체포한 것이라고 왜곡해 대대적으로 보도했다. 그리고 그 보도 한쪽에 청년의 이름이 새겨졌다. 강원도 출신의 스물두 살 조선인, 아니 대한국인 청년 유상근이었다. 한인애국단 입단 석 달 만이었다.

일제에 붙잡힌 유상근 의사를 비롯한 한인애국단원 4명은 다롄법원에서 재판을 받았다. 일제가 유 의사에게 물은 죄는 '치안유지법 위반, 살인예비, 폭발물 취체규칙 위반'이었다. 판결은 무기징역이었다. 그렇게 유 의사의 청춘은 안중근 의사가 순국한 곳이자 신채호, 박희광 등 수많은 독립운동가가 갇혔던 뤼순감옥에서 빛을 잃어갔다. 그리고 다시 피우지 못한 채 꺼지고 말았다. 1945년 8월 14일, 광복 하루 전이었다.

한 번도 독립된 조국을 갖지 못했던 청년 유상근. 대한민국 정부는 그의 독립운동사 공훈을 기려 1968년 건국훈장 독립장을 추서했다.

있는 놈의 갑질?
고등식물의 기생

관광지로도 유명한 강원도의 정선장. 흔한 시골 장터처럼 노점들도 즐비하고 동네 할머니들이 벌여놓은 좌판도 빼곡한, 즐거운 곳이다. 그런데 곤드레, 곰취 한 줌을 더 넣네 마네로 실랑이를 벌이는 모습이 심심치 않다. 1,000원 한 장을 깎겠다고 배짱을 부리는 손님도 많다. 물론 그들 모두가 백화점 명품매장에서 수천만원씩 턱턱 결제하고 번쩍번쩍한 차를 끌고 다니는 것은 아니다. 하지만 손가락 마디마다 빛나고 있는 눈알만큼이나 큰 광물이 달린 장신구를 보고 있자면 그런 생각이 의심만은 아니라는데 삐딱함이 고개를 든다. 그런 경우 장사꾼이 손님 뒤통수에 대고 조용히 투덜거릴 말은 뻔하다.

"쯧, 있는 놈이 더한다더니…."

사람만 '더한, 있는 놈'이 되는 건 아니다. 타고나기를 잘나게 태어나 다른 것보다 생태학적으로 우월한데도 남에 기대어 빼앗으며 살아가는 것들이 있다. 일단 기생(寄生)이란 한쪽이 일방적으로 다른 한쪽에 기대서 살아가는 것이다. 이런 경우 기댐을 강요받는 쪽, 즉 숙주는 주기만 할 뿐 도움을 받지 못하거나 오히려 해만 입는다. 제 알을 남의 둥지에 낳아 대리육아를 시키는 뻐꾸기가 대표적인 기생동물이다.

식물 중에도 기생하는 것들이 있다. 이들은 다른 식물의 잎이나 줄기 등에 뿌리는 내리고 물과 양분을 빼앗아 흡수하는 방법으로 생존한다. 이런 기생식물은 지구상에 알려진 것만 4,100종이 넘는다.

그런데 기생식물의 특이한 점은 동물에게 기생하는 기생충들이 열등한 것과는 달리 대부분 뿌리, 잎, 줄기의 세 부분을 갖추고 체제가 복잡하게 진화한 고등식물이라는 것이다. 그래서 '좁은 의미의 기생식물'이라고 하면 '다른 식물에 붙어 양분을 취하며 사는 고등식물'을 가리키기도 한다. 곧 자신의 광합성과 뿌리로의 양분흡수가 가능한데도 다른 식물에 빌붙어 살아간다는 의미다.

남극을 제외한 전 세계에 1,400여 종이 고루 분포하며 주로 참나무에 기생하는 겨우살이도 잎이 있어 광합성을 할 수 있고, 꽃도 피고 열매도 맺는다. 땅이 아닌 참나무 등의 가지이기는 하나 뿌리와 줄기가 있어 몸을 지탱하고 양분을 흡수한다. 때문에 겨우살이에 몸을 내준 나무나 그 가지는 성장속도가 느려지고 심지어는 고사하기도 한다. 이런 이유로 겨우살이는 한때 유해종으로 분류되기도 했다.

그러나 최근 연구로 겨우살이와 같은 기생식물이 숲을 보다 건강하게 만드는 촉진제 역할을 한다는 게 밝혀졌다. 기생식물들이 크고 오래된 나무에 기생해 그 나무의 생명을 다하게 함으로써 숲을 젊고 건강하게 만든다는 것이다.

또 나무가 고사하면 보다 넓은 면적에 햇빛이 비치면서 다양한 생물들의 서식지로 변모하게 된다. 숙주가 되는 기주식물의 양분으로 키워낸 열매가 새들을 건강하게 하는 건 보너스!

'있는 놈이면서 더한 놈'이긴 한데, 아주 몹쓸 것이라고 하기에는 그 쓰임새에 영양가가 제법이다. 그럼 '있는 놈이 더한다'는 비아냥을 들을 수 있는 건 결국 사람뿐인 건가? 시대

'아이네아스가 황금가지(겨우살이)를 찾다'(오브리 비어즐리의 삽화 일부)

건강한 삶의 첫걸음이 되는 공간
주방

주방은 단순히 식사를 준비하는 공간을 넘어서 생활습관과 건강에도 영향을 미치는 중요한 장소라고 할 수 있다. 주방을 정리하는 일은 결국, 더 나은 라이프스타일을 위한 첫걸음인 셈이다.

복잡한 주방, 수납으로 질서 찾아주기

주방은 냉장고와 전자레인지 외에도 에어프라이어, 커피머신, 식기세척기 등 자리를 차지하는 가전들이 많아 싱크대나 수납공간을 활용하기 어렵다. 싱크대 위는 조리공간을 확보하는 것이 중요하므로 주방 수납장을 추가해서 해결할 수 있다. 전기포트, 커피머신 근처에 칸막이트레이나 히든서랍을 활용해 커피캡슐, 티백 등을 정리해서 함께 두고, 전자레인지 근처에 데워 먹는 식품을 함께 두면 동선이 편하다. 밥솥은 뚜껑을 위로 열어야 하고 수증기로 인해 가구 변형이 생길 수 있으므로 레일이 있는 수납장에 두는 것이 좋다.

주방 그릇들은 정리하기 편하도록 설거지 건조대와 가까운 위치의 상부장에 사용빈도가 높은 그릇을 둔다. 접시정리대를 활용하면 겹겹이 쌓아두는 것보다 안전하고 편하게 사용할 수 있다. 가벼운 플라스틱 제품보다 무거운 유리 제품을 꺼내기 쉬운 위치에 두고, 큰 반찬통보다 작은 반찬통을 손이 닿기 쉬운 곳에 두는 것이 좋다.

상부장에 조미료를 둔다면 회전형 트레이가 편하고, 라면이나 통조림처럼 부피가 작은 식품은 바구니에

담아두면 쓰러지지 않는다. 꺼내기 힘든 위 칸은 사용빈도가 낮은 가볍고 큰 반찬통을 두거나 키친타월, 행주 등 교체용 주방용품을 두면 된다.

싱크대 하부장에는 냄비, 프라이팬과 같이 부피가 크고 무거운 쿡웨어를 수납한다. 겹쳐두면 꺼내 쓰기도 불편하고, 코팅에 스크래치가 생기기 때문에 싱크대 정리선반이나 프라이팬 정리대를 활용한다. 폭을 조절해 설치가 가능한 제품도 있고 세로로 정리할 수 있는 것도 있다. 그릇이 많아서 하부장에도 수납해야 할 경우 사용빈도가 낮은 것을 안쪽에 넣어 두면 되는데, 슬라이딩 그릇정리대를 활용하면 편하게 꺼낼 수 있다.

주방을 쾌적하게 만드는 싱크대 정리

싱크대 위는 물건이 많고 정리가 안 될수록 비위생적인 느낌이 든다. 눈에 보이는 물건을 최소화하는 것이 가장 좋지만, 꺼내 두고 사용하는 게 편한 기본 조미료와 식용유 등은 통일된 양념통에 소분하는 것을 추천한다. 하지만 소분해두면 유통기한 확인이 어렵고 매번 옮겨 담기 번거로우니 기존의 용기를 바구니에 넣기만 해도 훨씬 깔끔해 보인다.

싱크대 위 공간이 부족하다면 상부장 하부에 설치하는 부착식 식기건조대, 창문에 거치할 수 있는 창문형 식기건조대 등 다양한 제품이 있다. 그 외에도 주방에서 사용하는 행주, 냄비장갑, 수세미 등 눈에 보이는 것들도 거치대나 걸이에 비치하고 통일감 있는 색상으로 맞춘다면 정돈된 느낌을 줄 수 있다. 또, 주방에서 나오는 일반쓰레기를 바로 버리는 용도로 싱크대걸이 쓰레기통을 두면 생각 이상으로 동선이 편하고 주방이 쾌적해진다.

청소용품은 싱크대 위에 두는 것이 좋다. 특히 물티슈나 세정티슈는 가까이 있어야 청소를 습관화하는 데 도움이 된다. 가스레인지가 있지만 요리를 자주 하지 않거나 인덕션을 선호한다면 가스레인지 덮개로 덮고 전기를 꽂아서 사용하는 인덕션을 올리면 공사나 교체 없이 원상복구가 가능하다.

셀프 홈 스타일링

누구나 손쉽게 해볼 수 있는 인테리어 가이드북! 변화를 시도하고 싶지만 저마다의 이유로 망설이는 사람들에게 맞춤형 솔루션을 제공한다.

저자 심지혜
실내디자인 전공 후 인테리어 회사에서 공간기획 및 브랜딩 일을 한다. 유튜브 채널 '심지썸띵'을 통해 시작한 홈 스타일링 활동을 병행하고 있다.

영화와 책으로 보는 따끈따끈한
문화가 소식

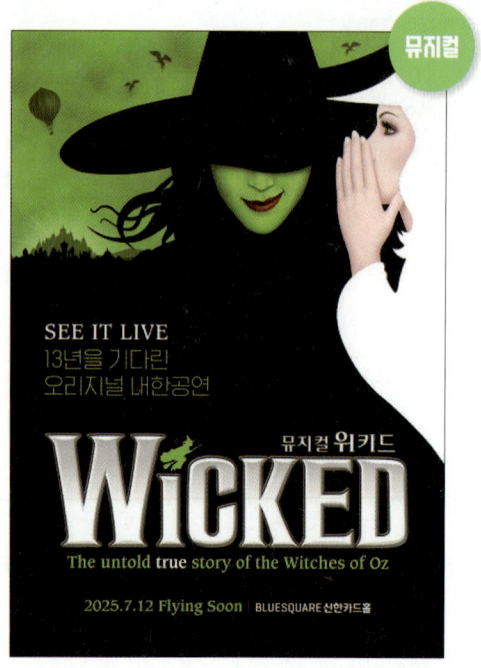

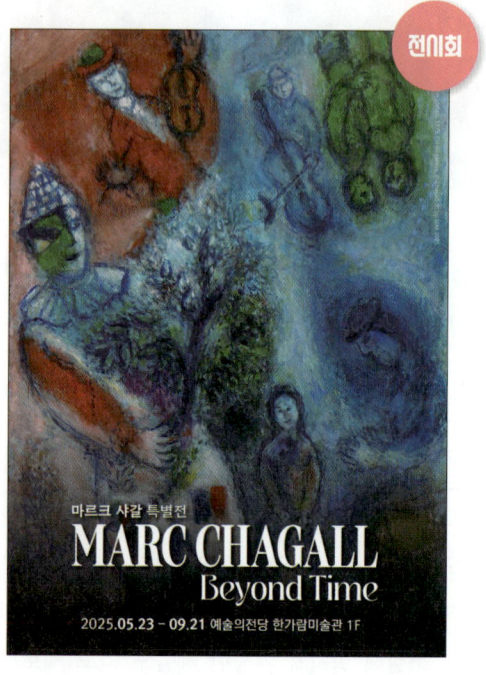

위키드

2012년 초연 이후 〈위키드〉 오리지널 팀이 13년 만에 내한 공연을 펼친다. '오즈의 마법사' 스토리를 기반으로 한 뮤지컬 〈위키드〉는 역사상 최초로 브로드웨이 주간 박스오피스 500만달러를 돌파한 작품으로서 22년째 브로드웨이에서 공연을 이어오고 있다. 스티븐 슈왈츠의 수려한 음악이 라이브 무대를 감싸는 가운데 소형 경비행기 크기의 타임 드래곤, 595번의 조명 큐, 5,000여 개의 에메랄드 빛 LED 조명 등이 다양한 특수효과와 함께 동원된다. 〈위키드〉 오리지널 내한은 원어로 공연되고 한국어 자막이 무대에 설치된 자막기를 통해 제공될 예정이다.

장소 블루스퀘어 신한카드홀
주요 출연진 코트니 몬스마, 셰리든 아담스 등
날짜 2025.07.12~2025.10.26

마르크 샤갈 특별전

세계 최초로 공개되는 미공개 원화 7점을 포함해 회화, 석판화 등 샤갈의 작품 총 170여 점이 한국을 찾는다. 전시는 총 8개 섹션으로 나뉘어 각 테마에 맞는 작품이 배치된다. 이를 통해 시적 감정이 녹아 있는 샤갈의 예술세계가 어떻게 현실과 환상의 경계를 허무는지를 엿볼 수 있다. 큐레이터, 건축가 등이 동원된 기획과 연출은 샤갈의 색채실험이 전시공간과 어우러지도록 세밀히 조성됐다. 그중 파리 오페라 가르니에의 천장화와 하다사 의료센터의 스테인드 글라스를 미디어 아트로 재해석해 관람객들이 체험형 몰입 전시를 경험할 수 있는 공간도 마련됐다.

장소 예술의전당 한가람미술관
날짜 2025.05.23~2025.09.21

조성진 피아노 리사이틀

전 세계에서 인정받는 피아노 연주자 조성진이 2025년 프랑스 작곡가 모리스 라벨 탄생 150주년을 기념해 라벨 피아노곡 전곡을 연주하는 월드투어를 진행하고 있다. 1월 빈에서 시작돼 마침내 6월 국내에 상륙한 이번 공연은 외신이 '현시대 최고의 라벨 해석'이라고 극찬한 연주를 만날 기회다. 조성진은 라벨 피아노곡 전체를 녹음했는데, 이는 그가 처음으로 한 작곡가의 전곡을 녹음한 것으로서 공연의 의미를 더했다. 공연은 두 파트로 나뉘어져 첫 번째 프로그램에서는 라벨 피아노 독주곡 전곡이 3시간에 걸쳐 이어진다. 두 번째 프로그램은 '자연'을 테마로 해 물의 이미지, 밤의 정취 등을 음악으로서 선사할 예정이다.

장소 예술의전당 콘서트홀   **날짜** 2025.06.14, 06.17

노화는 느리게 해독은 빠르게 몸은 가볍게

한의학 드라마 〈마의〉의 자문을 맡기도 했던 방성혜 한의사가 동의보감 속 '담음', '어혈', '식적'이라는 독소가 몸을 병들게 만들고 노화를 가속화한다고 주장하며, 이를 해소하는 방법을 제시한 신간을 출간했다. 저자는 책에서 동의보감이 인체의 '해독 메커니즘'을 깊이 있게 다룬 해독 의학서임을 설명하면서 실제 사례를 예시로 들어 직접 개발한 동의보감식 해독 프로그램을 선보인다. 책에는 만성질환을 고치거나 생활 속 불편한 증상을 완화한 사례와 더불어 해독을 위한 식재료와 레시피도 소개돼 있다. 끝으로 플랜 노트를 추가해 독자들이 직접 해독 프로그램을 체험할 수 있도록 구성했다.

저자 방성혜   **출판사** 트로이목마

현대 사회 생존법

정치적 불안정, 전쟁 등으로 전 세계적인 혼란이 심화되는 가운데 많은 사람들이 평온함과 안정감을 추구하고 있다. 이 책은 현대사회를 근본적으로 진단해 사람들이 불안감을 어떻게 다뤄야 하는지 해결방법을 모색한다. 이는 독자들이 사회를 다각도로 바라보며 불안의 이유를 찾고 받아들이는 과정이 된다. 또한 저자인 알랭 드 보통은 신선하고 독창적인 인사이트를 제시하며, 현대인에게 중요한 삶의 주제를 선정해 이성적인 관점을 통해 우리의 삶을 재평가할 수 있도록 한다. 이 책은 실질적인 지혜를 추구하면서 앞으로 어떤 인생을 살아갈지 방향을 찾아가는 독자에게 가이드가 돼준다.

저자 알랭 드 보통, 인생학교   **출판사** 스피어인

박재희 교수의 마음을 다스리는 고전이야기

내 인생을 바꾸는 모멘텀

남의 불행을 차마 보지 못하는 마음

불인지심(不忍之心) − 〈맹자(孟子)〉

인간에게는 남의 불행을 차마 눈뜨고 보지 못할 마음이 있다고 합니다. 굶어서 고통받는 어린이의 사진을 보고 가슴이 찡해지는 것이나 고통에 빠져 절망하는 사람을 보고 그냥 지나치지 못하는 것은 바로 인간이 가지고 있는 착한 본성 때문이라는 것인데요. 맹자는 이런 인간의 마음을 '불인지심(不忍之心)'이라고 했습니다.

맹자는 백성이 굶어 죽고 전쟁으로 쓰러지던 전국시대 당시 지도자들에게 '불인지심'을 가지고 '백성의 고통을 차마 두고 보지 못하는 정치'를 하라며 강력히 일갈했습니다. 또 "백성이 굶주리는 것이 어찌 내 잘못인가? 세월이 그렇게 만든 것이지!"라며 책임을 회피하는 지도자들에게는 "살인자가 칼로 사람을 죽여 놓고 내가 죽인 것이 아니라 칼이 사람을 죽인 것이라고 한다면 당신은 그 말을 인정하겠는가?"라고 꾸짖었습니다. 그러면서 백성의 불행을 차마 두고 보지 못하는 마음으로 정치를 하라고 했습니다. 이러한 마음을 가진 리더가 이상적인 정치 지도자라는 의미입니다.

> **人皆有不忍人之心**
> 인개유불인인지심
>
> 사람들은 모두 다른 사람의 불행을
> 차마 두고 보지 못하는 마음을 가지고 있다.

자영업자들이 무너지고 실업자가 넘쳐나고 있습니다. 리더는 이런 사람들의 아픔을 내 아픔으로 여기고 해결을 위해 애써야 합니다. 당장 눈앞의 선거에 눈이 멀어 하늘 탓, 다른 정당 탓만 외치는 것은 살인을 하고 발뺌하는 것과 다르지 않습니다.

**당신의 불행을 차마
눈 뜨고 보지 못하겠습니다.**

不	忍	之	心
아니 불	참을 인	어조사 지	마음 심

이야기로 읽는 고사성어

출전 / 《전국책(戰國策)》〈위책 혜왕(魏策 惠王)〉

삼인성호(三人成虎)

중국 전국시대 위(魏)나라 혜왕(惠王) 때였습니다. 위나라는 평야지대에 자리하고 있는 데다가 국경을 맞대고 있는 나라가 많았습니다. 그래서 매번 외침에 시달려야 했습니다. 혜왕 때도 마찬가지였습니다. 심지어 전쟁에서 잇달아 패배하면서 영토를 빼앗겼고, 급기야 조(趙)나라에게는 왕위계승자인 태자를 볼모로 보내라는 요구까지 받아야 했습니다. 결국 전쟁에 패하고 힘이 없었던 위나라 조정은 중신인 방총(龐葱)을 함께 보내 태자를 보필하게 한다는 데 의견을 모을 수밖에 없었습니다.

조나라의 수도 한단으로 출발하기 며칠 전이었습니다. 혜왕을 알현한 방총이 심각한 얼굴로 물었습니다.

"전하, 지금 누가 저잣거리에 호랑이가 나타났다고 한다면 전하께서는 믿으시겠나이까?"

"믿지 않을 것이다."

"두 사람이 호랑이가 나타났다고 하면 믿으시겠나이까?"

"역시 믿지 않을 것이다."

"세 사람이 똑같이 아뢴다면 믿으시겠나이까?"

"그땐 믿을 것이다."

"전하, 왕궁에서 멀지 않은 저잣거리에 호랑이가 나타날 수 없다는 것은 명백한 사실이옵니다. 허나 세 사람이 똑같이 아뢴다면 저잣거리에 호랑이가 나타난 것이 사실이 되옵니다. 내일 신이 가게 될 한단은 이 왕궁과 저잣거리까지의 거리보다 억만 배나 더 먼 곳이옵니다. 게다가 신이 떠난 뒤 신에 대해서 모함을 하는 자는 세 사람만이 아닐 것입니다. 그러니 바라옵건대 전하께오서는 그들의 헛된 말을 귀 담아듣지 마옵소서."

"염려할 것 없다. 과인이 두 눈으로 직접 본 것이 아니면 믿지 않을 것이다."

혜왕은 자신만만하게 대답했습니다. 그러나 태자와 방총이 한단으로 떠나자마자 방총을 모함하는 자들이 다수 나타났고, 그들의 모함은 수년 동안 이어졌습니다. 결국 세월이 흐르고 태자도 귀국하게 됐습니다. 그러나 그 귀국행렬 속에 방총은 없었습니다. 오랫동안 이어진 모함과 참언에 혜왕이 방총에게 의심을 품어버렸기 때문이었습니다.

어떤 사람이 길 한가운데 서서 하늘을 바라보고 있었습니다. 그러자 지나가는 사람들은 하늘과 사람을 한 번씩 힐끔거릴 뿐 제 걸음을 멈추지 않습니다. 두 사람이 하늘을 바라보고 있으면 사람들이 하늘에 관심을 갖기는 하지만 아직은 하늘보다는 제 갈 길이 더 중요해서 이내 발길을 재촉할 뿐입니다. 그런데 세 사람이 하늘을 보고 있으면 그들 주변으로 하늘을 바라보는 사람들이 늘어납니다. 이것을 제3의 법칙이라고 합니다. 1은 단수로서 개인일 뿐입니다. 2는 집단이기는 하지만 여전히 개인으로 인식합니다. 그러나 3은 어느 정도 갖춰진 수로서 집단, 즉 사회로 인식합니다.

한 사람의 의견에는 반대할 수도 있고 무시할 수도 있습니다. 두 사람의 의견에도 마찬가지입니다. 집단이기는 해도 여전히 개인 또는 패거리로 인식하기 때문입니다. 하지만 세 사람의 의견에는 참과 거짓을 구별하려 하기보다 일단 따라가려 합니다. 가짜뉴스가 판을 치고 있습니다. 처음에는 거짓이라고 치부했다 하더라도 주위에 같은 주장을 하는 사람들이 늘어나면 어느새 가짜가 진짜가 돼버립니다. 흔들리지 않고 사리에 맞게 세상을 보는 눈이 정말 필요한 시대입니다.

三	人	成	虎
석 삼	사람 인	이룰 성	호랑이 호

독자참여마당

완전 재미있는 낱말퀴즈

가로

② 법령의 위헌 여부를 심판하는 특별재판소
④ 한 번도 경험한 적 없는 상황이나 장면이 이미 경험한 것처럼 친숙하게 느껴지는 일
⑥ 한 나라가 다른 나라에 대해 전쟁을 시작한다는 것을 공식적으로 알리는 일
⑦ 종류별로 나눠서 버린 쓰레기를 거두어 감
⑧ 어떤 것이 남긴 표시나 자리

세로

① 1948년 대한민국 헌법 공포를 기념하는 국경일
③ 갑자기 세차게 쏟아지다가 곧 그치는 비
⑤ 자신의 비위에 따라서 사리의 옳고 그름을 판단함을 이르는 사자성어
⑥ 일정한 조직·집단이 대표자나 임원을 뽑는 일
⑧ 몸의 영양을 좋게 하는 성분

참여방법: 문제를 보고 가로세로 낱말퀴즈를 풀어보세요. 낱말퀴즈의 빈칸을 채운 사진과 함께 <이슈&시사상식> 208호에 대한 감상평을 이메일(issue@sdedu.co.kr)로 보내주세요. 선물이 팡팡 쏟아집니다!
❖ 아래 당첨선물 중 받고 싶으신 도서와 이름, 주소, 전화번호를 함께 남겨주세요.

<이슈&시사상식> 207호 정답

¹국	민	안	⁶전	의	날
	민		공		
	연		⁷의	⁸욕	
²작	금			심	
	달			보	
³비	몽	사	⁴몽		
		⁵상	관	관	계

당첨선물

정답을 맞힌 독자분들 중 가장 인상적인 감상평을 남기신 분께는 〈날마다 도시락 DAY〉, 〈가볍게 읽는 부동산 왕초보 상식〉, 〈냥꽃의 사계정원〉, 〈미국에서 기죽지 않는 쓸만한 영어 : 일상생활 필수 생존회화〉 등 푸짐한 선물을 드립니다!
❖ 참여하실 때는 반드시 희망 도서를 하나 골라 기입해주세요.

참여해주신 모든 분들께 감사드립니다.
당첨되신 분께는 개별적으로 연락드립니다.

박학다식을 꿈꾼다면

 정*선(대전 중구)

〈이슈&시사상식〉은 많은 정보와 자료, 이슈가 수록되어 있어서 읽고 나면 굉장히 박식해진 듯한 느낌을 받는다. 무심코 지나친 뉴스에서 봤던 내용들이 심층적으로 분석돼 있고, 이에 대한 다양한 의견을 접할 수 있어 취준생뿐만 아니라 중고등학생들이 활용해도 좋을 법한 도서다. 특히 컬러 이미지가 활용되어 시각적으로 눈에 띄고, 중요한 내용에는 별도로 표기가 돼 있어 핵심을 파악하기에도 좋다. 또 면접에서 제시될 수 있는 여러 질문과 예시답변을 다룬 칼럼 코너는 취업면접이나 대학 입학시험에서 활용할 수 있는 부분들이 많아 눈여겨볼 만하다.

상식은 선택이 아니라 필수!

 고*석(서울 중구)

최근 공무원 시험을 비롯해 각종 고시를 준비하는 수험생들에게 시사상식은 더 이상 선택이 아닌 필수가 됐다. 특히 다양한 이슈가 빠르게 변화하는 요즘에는 더욱 그럴 것이다. 이러한 상황에서 〈이슈&시사상식〉은 수험생들의 든든한 길잡이 역할을 훌륭히 해내는 도서다. 국내외 정치·경제·사회·문화 등 최신 시사이슈를 총망라해 체계적으로 정리·제공하고 있어 수험생들에게 필수적인 자료가 돼 준다. 특히 함께 제공되는 무료강의는 QR코드나 웹사이트를 통해 쉽게 접속할 수 있고, 강사의 설명은 내용과 개념을 심도 있게 이해하는 데 큰 도움이 된다.

실용적 구성이 돋보이는 책

 조*연(경기 남양주시)

이 책은 중요한 시사이슈를 심도 있게 다루면서도 독자들이 쉽게 이해할 수 있도록 구성된 유익한 교양잡지다. 최근 주요 사건들을 상세히 다루고 있어 시의성이 돋보이고, 정치·사회·경제 등에 관한 변화와 현안을 객관적인 시각으로 조망하고 있어 우리 사회가 직면한 구조적 문제를 이해하는 데 도움이 된다. 또 단순히 시사이슈만 제시하는 것이 아니라 시사용어에 대해서도 상세히 설명해주어 내용을 얼마나 이해했는지 점검할 수 있다. 최신시사에 관한 무료강의와 취업에 도움되는 여러 정보도 함께 제공하고 있어 시간이 부족한 취준생들에게 많은 도움이 될 것 같다.

뉴스보다 더 재밌는!

 김*준(전남 완도군)

〈이슈&시사상식〉은 주요 이슈와 중요한 내용만 간추려서 구성된 도서라 읽기 편했다. 다양한 분야의 시사이슈와 그와 관련된 이야기가 풍부하게 수록돼 있어 몰랐던 내용을 알 수 있었고, 학교 가기 전 보는 아침뉴스보다 더 재밌게 느껴졌다. 처음엔 일반 잡지책을 읽듯 술술 읽히다가도 문제가 나오는 부분에서는 퀴즈를 풀면서 머릿속에 상식이 콕콕 박히는 듯했다. 며칠을 고심해서 샀는데 세상 돌아가는 이슈와 시사상식을 습득하는 데 도움이 돼 참으로 고마운 책이라는 생각이 든다. 친구들과 선생님께도 꼭 추천해주고 싶다.

독자 여러분 함께해요!

〈이슈&시사상식〉은 독자 여러분의 리뷰를 기다리고 있습니다. 분야·주제 모두 묻지도 따지지도 않습니다. 보내주신 리뷰 중 채택된 리뷰는 다음 호에 수록됩니다.

참여방법 ▶ 이메일 issue@sdedu.co.kr
당첨선물 ▶ 정답을 맞힌 독자분들 중 가장 인상적인 감상평을 남기신 분께는 〈날마다 도시락 DAY〉,〈가볍게 읽는 부동산 왕초보 상식〉,〈냥꽃의 사계정원〉,〈미국에서 기죽지 않는 쓸만한 영어 : 일상생활 필수 생존회화〉 등 푸짐한 선물을 드립니다!
❖ 참여하실 때는 반드시 희망 도서를 하나 골라 기입해주세요.

나눔시대

함께 배우고 성장하는 배움터! (주)시대고시기획 시대교육(주) 입니다.
앞으로도 희망을 나누는 기업으로서 더 큰 나눔을 실천하겠습니다.
나눔은 행복입니다.

재외동포재단, 경인교육대학교
한국어능력시험 관련 **교재 기증**

장병 1인 1자격,
학점 취득 지원

전국 야학 지원
청소년, 어린이 **장학금 지원**

〈이슈&시사상식〉, 전국 도서관
및 희망자 **나눔 기증**

"〈이슈&시사상식〉을 함께 나누세요!"

대학 후배들이 하루의 대부분을 보내고 있을 동아리 사무실에
〈이슈&시사상식〉을 선물하고 싶다는 선배의 사연에서
마을 도서관에 〈이슈&시사상식〉이 비치된다면 그동안 아이들과 주부들이 주로 찾던 도서관을
온 가족이 함께 이용하게 될 것 같다는 바람까지…

시대에듀

양서가 주는 감동은 나눌수록 더욱 커집니다. 저희 〈이슈&시사상식〉도 힘을 보태겠습니다.
기증 신청 및 추천 사연을 보내주세요. 사연 심사 후 희망 기증처로 선정된 곳에 1년간 〈이슈&시사상식〉을 무료로 보내드립니다.

★ 보내주실 곳 : 이메일 issue@sdedu.co.kr

★ 희망 기증처 최종 선정은 2025 나눔시대 선정위원이 맡게 됩니다. 선정 여부는 개별적으로 알려드립니다.

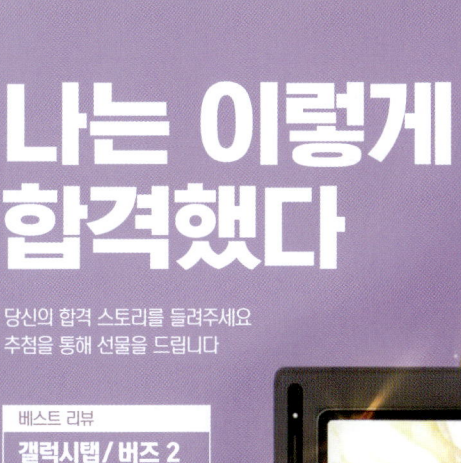

나는 이렇게 합격했다

당신의 합격 스토리를 들려주세요
추첨을 통해 선물을 드립니다

베스트 리뷰
갤럭시탭 / 버즈 2

상/하반기 추천 리뷰
상품권 / 스벅커피

인터뷰 참여
백화점 상품권

이벤트 참여방법

합격수기
시대에듀와 함께한 도서 or 강의 선택 ▸ 나만의 합격 노하우 정성껏 작성 ▸ 상반기/하반기 추첨을 통해 선물 증정

인터뷰
시대에듀와 함께한 강의 선택 ▸ 합격증명서 or 자격증 사본 첨부, 간단한 소개 작성 ▸ 인터뷰 완료 후 백화점 상품권 증정

이벤트 참여방법
다음 합격의 주인공은 바로 여러분입니다!

QR코드 스캔하고 ▶▶▶
이벤트 참여하여 푸짐한 경품받자!

합격의 공식

시대에듀

각종 자격증, 공무원, 취업, 학습, IT, 상식부터 외국어까지!

이 시대의 모든 **합격**을 책임지는 **시대에듀**

 보장! 각종 '자격증' 취득 대비 도서

각 분야의 전문가들과 집필! 각종 기능사·기사·산업기사 및 국가자격·기술자격, 경제·금융·회계 분야 자격증 등 각종 자격증 '취득'을 보장하는 도서!

직업상담사 2급

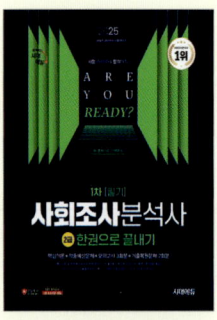
사회조사분석사 2급

스포츠지도사 2급

사회복지사 1급

영양사

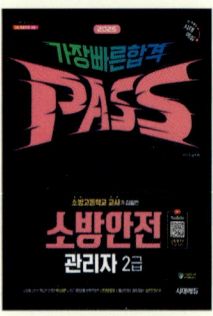
소방안전관리자 2급

화학분석기능사

전기기능사

드론 무인비행장치

운전면허

유통관리사 2급

텔레마케팅관리사

"100만명 이상 수험생의 선택!"

독자의 선택으로 검증된 시대에듀의 명품 도서를 소개합니다.

 보장! 각종 '시험' 합격 대비 도서

각 분야의 1등 강사진과 집필! 공무원 시험부터 NCS 및 각종 기업체 취업시험, 중졸·고졸 검정고시와 같은 학습 관련 시험 및 매경테스트, 그리고 IT 관련 시험 및 TOPIK, G-TELP, ITT 등의 어학시험 등 각종 시험에서의 '합격'을 보장하는 도서!

지텔프(G-TELP)

NCS 기출문제

SOC 공기업

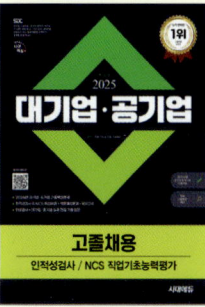
대기업·공기업 고졸채용

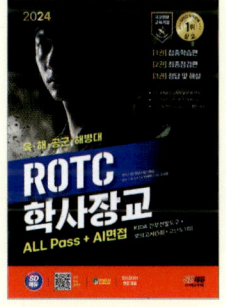
ROTC 학사장교

육군 부사관

한국사능력검정시험

영재성 검사

일본어 한자

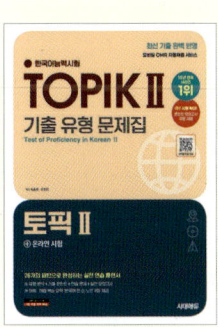
토픽(TOPIK)

영어회화

엑셀

시사특강
면접·논술·인적성 취업준비를 한 번에!

매회 업데이트 되는

이슈&시사상식 무료 시사특강!

 언제 어디서나 수강
 매회 신규 업데이트
 실물 도서로도 확인
 쉽게 공부하는 시사상식

 시대에듀 무료특강 ▶
기업체/취업/상식 ▶ 상식
▶ 이슈앤상식

 유튜브 시대에듀 이슈&시사상식 검색 ▶
해당 강의 클릭 ▶ 무료 강의 수강

www.sdedu.co.kr